JN098583

特進

最 高 水 準 問 題 集

中2英語

文英堂

本書のねらい

　いろいろなタイプの問題集が存在する中で，トップ層に特化した問題集は意外に少ないといわれます。本書はこの要望に応えて，難関高校をめざす皆さんの実力練成のための良問・難問をそろえました。

　本書を大いに活用して，どんな問題にぶつかっても対応できる最高レベルの実力を身につけてください。

本書の特色と使用法

1 　国立・私立難関高校をめざす皆さんのための問題集です。
　実力強化にふさわしい，質の高い良問・難問を集めました。

▶ 二度と出題されないような奇問は除いたので，日常学習と並行して，学習できます。もちろん，入試直前期に，ある章を深く掘り下げて学習するために本書を用いることも可能です。

▶ 当学年で履修する内容を応用した入試問題も掲載しました。かなり難しい問題も含まれていますが，これらを解いていけば，中学2年生として最上級の内容をマスターしたと言えます。

2 　各章末にある「実力テスト」で実力診断ができます。
　それまでに学習したことを応用して考える力が身につきます。

▶ 各章末にある**実力テスト**で，実力がついたか点検できます。60分で70点以上取ることを目標としましょう。

▶ **実力テスト**では，複数の文法事項にまたがった内容の問題を掲載しました。より総合的で幅広い見方や，より深い考え方が必要とされる問題です。

3 時間やレベルに応じて，学習しやすいようにさまざまな工夫 をしています。

▶ 重要な問題には ◁頻出 マークをつけました。時間のないときには，この問題 だけ学習すれば短期間での学習も可能です。

▶ 各問題には1〜3個の★をつけてレベルを表示しました。★の数が多いほど レベルは高くなります。学習初期の段階では★1個の問題だけを，学習後期で は★3個の問題だけを選んで学習するということも可能です。

▶ 特に難しい問題については 難 マークをつけました。_{か かん}果敢にチャレンジして ください。

▶ 欄外にヒントとして 着眼 を設けました。どうしても解き方が見つからない とき，これらを頼りに方針を練ってください。

4 くわしい 解説 つきの別冊「解答と解説」。どんな難しい問題 でも解き方が必ずわかります。

▶ 別冊の**解答と解説**には，各問題の考え方や解き方がわかりやすく解説されて います。わからない問題は，一度解答を見て方針をつかんでから，もう一度自 分1人で解いてみるといった学習をお勧めします。

▶ 必要に応じて *トップコーチ* を設け，知っているとためになる知識や情報を載せ ました。

もくじ

● 過　去

		問題番号	ページ
1	一般動詞の過去形	*1 ～ 7*	*6*
2	was, were	*8 ～ 15*	*10*
3	過去進行形	*16 ～ 24*	*14*

● 未来・助動詞

4	be going to	*25 ～ 29*	*18*
5	will	*30 ～ 37*	*20*
6	Shall I ～?, Will you ～?	*38 ～ 42*	*24*
7	can, may	*43 ～ 50*	*26*
8	must, have to など	*51 ～ 57*	*30*
第**1**回 **実力テスト**			*34*

● 不定詞・動名詞

9	不定詞の名詞的用法	*58 ～ 64*	*38*
10	不定詞の形容詞的用法	*65 ～ 69*	*40*
11	不定詞の副詞的用法	*70 ～ 76*	*42*
12	疑問詞＋不定詞	*77 ～ 82*	*46*
13	It is ...（for 人）＋不定詞	*83 ～ 87*	*48*
14	動名詞	*88 ～ 97*	*50*

● 文の種類と文型

15	There is ～ .	*98 ～ 105*	*54*
16	命令文・感嘆文	*106 ～ 112*	*58*
17	付加疑問	*113 ～ 118*	*62*
18	文型（SVC, SVO）	*119 ～ 126*	*64*
19	文型（SVOO, SVOC）	*127 ～ 132*	*68*
第**2**回 **実力テスト**			*72*

● 比 較

20 比較級・最上級 (1)··· *133～139* ··· *76*

21 比較級・最上級 (2)··· *140～147* ··· *80*

22 asを用いた比較 ·· *148～155* ··· *84*

● 接続詞・前置詞

23 and, or, but ·· *156～160* ··· *88*

24 when, because, thatなど ································· *161～167* ··· *90*

25 前置詞 (1) ··· *168～179* ··· *94*

26 前置詞 (2) ··· *180～184* ··· *100*

第3回 **実力テスト** ··· *102*

● 受動態

27 受動態 (1) ··· *185～191* ··· *106*

28 受動態 (2) ··· *192～197* ··· *110*

● 現在完了

29 現在完了 (1) ·· *198～203* ··· *114*

30 現在完了 (2) ·· *204～211* ··· *118*

31 現在完了進行形 ··· *212～216* ··· *122*

● 重要表現

32 some, any, one ··· *217～220* ··· *124*

33 数量の表し方 ··· *221～228* ··· *126*

34 副 詞 ··· *229～234* ··· *130*

第4回 **実力テスト** ··· *132*

別冊 **解答と解説** [くわしい解き方と解説つき]

1 一般動詞の過去形

解答 別冊 p.3~p.5

*1 次の語の意味を（　　）内に，過去形を[　　]内に書きなさい。 ◀頻出

意味　　　過去形

(1) begin （　　）[　　]	(2) blow （　　）[　　]
(3) break （　　）[　　]	(4) choose （　　）[　　]
(5) do （　　）[　　]	(6) draw （　　）[　　]
(7) drink （　　）[　　]	(8) eat （　　）[　　]
(9) fall （　　）[　　]	(10) fly （　　）[　　]
(11) give （　　）[　　]	(12) go （　　）[　　]
(13) grow （　　）[　　]	(14) know （　　）[　　]
(15) lie （　　）[　　]	(16) rise （　　）[　　]
(17) see （　　）[　　]	(18) speak （　　）[　　]
(19) steal （　　）[　　]	(20) swim （　　）[　　]
(21) take （　　）[　　]	(22) throw （　　）[　　]
(23) wear （　　）[　　]	(24) write （　　）[　　]
(25) build （　　）[　　]	(26) catch （　　）[　　]
(27) find （　　）[　　]	(28) forget （　　）[　　]
(29) get （　　）[　　]	(30) have （　　）[　　]
(31) lay （　　）[　　]	(32) lend （　　）[　　]
(33) lose （　　）[　　]	(34) make （　　）[　　]
(35) meet （　　）[　　]	(36) pay （　　）[　　]
(37) say （　　）[　　]	(38) sell （　　）[　　]
(39) send （　　）[　　]	(40) shine （　　）[　　]
(41) sit （　　）[　　]	(42) spend （　　）[　　]
(43) stand （　　）[　　]	(44) teach （　　）[　　]
(45) tell （　　）[　　]	(46) think （　　）[　　]
(47) win （　　）[　　]	(48) become （　　）[　　]
(49) run （　　）[　　]	(50) cut （　　）[　　]
(51) hit （　　）[　　]	(52) put （　　）[　　]
(53) read （　　）[　　]	(54) set （　　）[　　]
(55) shut （　　）[　　]	

2 次の文の（　）内の語を適当な形になおしなさい。

(1) They painted their bodies, and (sing), danced and made music. （大阪・開明高）

(2) I (buy) this camera at that shop last week. （愛知・滝高）

(3) The train (leave) Hiroshima at noon, but because of the accident, we arrived at Tokyo late at night. （神奈川・日本女子大附高⃞⃞）

(4) He (drive) very fast then.

(5) The man started his bike and (ride) away slowly. （大阪・関西大倉高）

(6) He never (stop) learning in his schooldays.

(7) They (hear) many speakers last night.

(8) Gina agreed to look the horse over, and the next week Paul (bring) it round to her home. （東京・開成高）

(9) My mother (study) hard in her childhood.

(10) I (sleep) well last night.

(11) Did you receive my postcard? I (send) it last week.

（神奈川・日本女子大附高⃞⃞）

3 次の文の（　）内に入れるのに最も適当なものを下から選び，記号で答えなさい。

(1) Sue (　) at the station at 6:00. （兵庫・啓明学院高）
ア reached　イ went　ウ got　エ arrived

(2) "Where did you find this pen?" "(　)" （京都外大西高）
ア Yes, I did.　イ I found the table.
ウ No, I didn't.　エ Under the table.

(3) He (　) me about his plan. （大阪・明星高）
ア said　イ spoke　ウ talked　エ told

(4) Daisuke (　) from Kansai Airport to San Francisco, and drove to a hotel from there. （福岡大附大濠高）
ア rode　イ flew　ウ took　エ spent

(5) I (　) him to an Italian restaurant and we had a good time.
ア went　イ took　ウ brought　エ came

（広島・如水館高）

着眼
2 (3) because of ～ ～のせいで圃 (6) in one's schooldays ～の学生時代に
(9) in one's childhood ～の子供時代に
3 (1) 最初のatに注目。 (4) Kansai Airport 関西空港 (5) have a good time 楽しい時を過ごす

★4 次の文の（　　）内に，[　　]から適当なものを選び，適当な形になおして入れなさい。

(1) The boy and the girl (　　　　) hands with each other then.

（北海道・函館ラ・サール高図）

(2) We (　　　) to the station at 11:00 yesterday.

(3) Taro came home and (　　　) his hands.

(4) We (　　　) in the sea last summer.

(5) I (　　　) my homework last night.

[wash / do / get / swim / shake]

★5 次の文を（　　）内の指示に従って書きかえなさい。

(1) She read the book last night. （否定文に）　　　　（近畿大附和歌山高）

(2) He paid 15,000 yen for that CD player.
（下線部が答えになる疑問文に）　　　　（高知・土佐塾高）

(3) His mother cuts the big cake. （then をつけて過去の文に）

(4) He ate beef stew last night. （下線部をたずねる疑問文に）

(5) He bought a nice watch two hours ago.
（下線部をたずねる疑問文に）

(6) My brother put the big box on the table. （否定文に）

(7) His father took him to the zoo yesterday.
（疑問文にし，No で答えて）

(8) She stayed in Hokkaido for four weeks.
（下線部をたずねる疑問文に）

(9) Professor Hawking lectured on time and space.
（下線部をたずねる疑問文に）

(10) I visited my aunt last Saturday. （下線部をたずねる疑問文に）

着眼

　5 (2) paid [péid ペイド]＜pay [péi ペイ] 支払う　(4) beef stew ビーフシチュー
　7 〈take＋人＋to ～〉「人を～に連れて行く」　(9) on ～について（普通，on は何か特定の内容について，about は一般的な内容について用いられる）

★6 日本文の意味を表すように，（　　）内の語句を並べかえなさい。

(1) あなたは彼にいつ会いましたか。 （大阪工大高）

(see / did / when / you / him)?

(2) 私は彼を待ったが，その部屋からはだれも出てこなかった。 （熊本学園大付高図）

I waited for him, but (no / of / out / one / came) the room.

(3) その女性はパーティーで何語を話しましたか。

(at / speak / the / language / did / what / lady / party / the)?

(4) ぼくはテレビで野球の試合を見た。

(a baseball / game / I / on / TV / watched).

(5) 私のおじさんは去年の夏そこへ魚釣りに行った。

(my / went / there / summer / last / fishing / uncle).

(6) 私たちは昨日ピクニックに行った。

(we / a picnic / went / yesterday / on).

(7) あなたは今朝早く起きましたか。

(early / did / this / you / up / get / morning)?

(8) 髪の長い女の子が門の前に立っていました。

(gate / hair / girl / stood / front / a / the / long / in / with / of).

★★7 次の文を英語になおしなさい。

(1) 日本を訪れて楽しい時を過ごしました。 （京都・同志社高）

(2) 当時，彼には全くお金がありませんでした。

(3) 今朝，朝食に何を食べましたか。

(4) 今日，どうやってこの学校に来ましたか。

(5) 私たちはそのパーティーで数人の外国人と親しくなりました。

(6) 6月にたくさん雨が降りました。

(7) だれがテーブルの上のケーキを食べたのですか。——メアリーです。

(8) あなたは昨夜どのくらいテレビを見ましたか。

───────────────────────────────

(着眼)

6 (3)「何語」→「何の言語」と考える。　(4)「テレビで」on TV
(5)「〜しに行く」go -ing　(8) with 〜 〜を持った（特性・所有・携帯を表す）

7 (2)「全く〜ない」no 〜 = not any 〜　(3)「朝食に」→「朝食のために」　(5)「外国人」
foreigner [fɔ́(:)rinər フォ(ー)リナァ]　(8)「どのくらい（の間）」と考える。

2 was, were

解答 別冊 *p.5~p.6*

*8 次の文の（　）内に，ア～エより適当なものを選んで入れなさい。 ◀頻出

(1) My parents (　　) in Australia last month.
　　ア is　　　　イ are　　　　ウ was　　　エ were

(2) We (　　) at school then.
　　ア were　　　イ is　　　　ウ was　　　エ am

(3) I (　　) sick in bed yesterday.
　　ア is　　　　イ were　　　ウ was　　　エ am

(4) (　　) your sister in Japan two years ago?
　　ア Was　　　イ Is　　　　ウ Were　　エ Are

(5) You (　　) a high school student last year.
　　ア were not　　　イ was not
　　ウ am not　　　　エ is not

(6) One of them (　　) in the box yesterday.
　　ア is　　　　イ are　　　　ウ was　　　エ were

(7) John and Tom (　　) students at that time.
　　ア isn't　　　イ aren't　　　ウ wasn't　　エ weren't

*9 次の(1)～(5)の質問の答えとして正しいものを，ア～オから選びなさい。

(1) Were you at home yesterday?
(2) How old was she last year?
(3) Who was in the kitchen then?
(4) Where was Tom last night?
(5) Who was the lady with a pretty cat?
　　ア She was fifteen years old.
　　イ My mother was.
　　ウ She was my mother.
　　エ Yes, I was.
　　オ He was at his friend's house.

*10 次の英文の（　　）内に適当なbe動詞を入れなさい。 ◀頻出

(1) John (　　　) at home every Sunday.

(2) My grandfather (　　　) a doctor fifteen years ago.

(3) All of them (　　　) in the library at that time.

(4) The stars (　　　) beautiful last night.

(5) (　　　) you tired yesterday? —— Yes, I (　　　).

(6) (　　　) you nurses in those days?
　　—— Yes, we (　　　).

(7) Where (　　　) your father and mother thirty minutes ago?
　　They (　　　) in the living room.

(8) Who (　　　) in the park then? —— My friends (　　　).

*11 日本文の意味を表すように，（　　）内に適当な1語を入れなさい。

(1) 今朝は寒くありませんでした。　　　　　　　　　　　　（広島・如水館高）
　　(　　　) (　　　　) not cold this morning.

(2) マイクの姉は昨日どこにいましたか。
　　(　　　) (　　　　) Mike's sister yesterday?

(3) 子どもたちは教室にいましたか。
　　(　　　) the children in the classroom?

(4) 映画はどうでしたか。　(　　　) (　　　　) the movie?

(5) 私はそのとき，トムといっしょではありませんでした。
　　I (　　　) (　　　　) with Tom at that time.

(6) 昨年，だれがあなたの音楽の先生でしたか。
　　(　　　) (　　　　) your music teacher last year?

(7) だれが学校に遅刻してきたのですか。
　　Who (　　　) (　　　　) for school?

(8) スミス夫妻は私に親切でした。
　　Mr. and Mrs. Smith (　　　　) kind to me.

(9) ニューヨークは今朝，くもりでしたか。——はい，そうです。
　　(　　　) (　　　　) cloudy in New York this morning?
　　—— Yes, (　　　) (　　　　).

着眼
11 (9)「くもりの」cloudy [kláudi クラウディ]

★12 各組の2文がほぼ同じ意味を表すように，（　　）内に適当な1語を入れなさい。

(1) He was our math teacher last year. （大阪・明星高⊠）

　　He (　　　　　) math to (　　　　　) last year.

(2) He played baseball in his school days.

　　He (　　　　) a baseball (　　　　　) in his school days.

(3) I had a very good time at the party yesterday.

　　I (　　　　) very happy at the party yesterday.

(4) My sisters spoke English very well.

　　My sisters (　　　　) very (　　　　) (　　　　　) of English.

(5) Did you belong to the tennis club then?

　　(　　　　) you a (　　　　) (　　　　　) the tennis club then?

★13 次の文を（　　）内の指示に従って書きかえなさい。

(1) He is a good volleyball player.

　　　　　　　　　　　　　　　　　　（twenty years ago を加えて）

(2) Her mother was <u>in the kitchen</u> then.

　　　　　　　　　　　　　　　　　（下線部をたずねる疑問文に）

(3) They were American <u>girls</u>.

　　　　　　　　　　　　　　　　　　（下線部を単数形にして）

(4) Was this <u>man</u> a pilot thirty years ago?

　　　　　　　　　　　　　　　　　　（下線部を複数形にして）

(5) John was a baby ten years ago.

　　　　　　　　　　　　　　　　　　　　　　（否定文に）

(6) His parents were in Nara <u>yesterday</u>.

　　　　　　　　　　　　　　　　　（下線部をたずねる疑問文に）

(7) Kate was very kind to old people.

　　　　　　　　　　　　　　　　　（疑問文にし，Yes で答えて）

(8) <u>Tom's sisters</u> were in the kitchen.

　　　　　　　　　　　　　　　　　（下線部をたずねる疑問文に）

着眼
　12 (5) belong to ～ ～に所属する
　13 (4) pilot [páilət パイロト] パイロット　(7) old people 老人

★14 日本文の意味を表すように，(   )内の語句を並べかえなさい。

(1) 私は去年コーラス部員でした。

(the / I / was / a / of / member / chorus / club / year / last).

(2) 東京は今朝くもっていましたか。

(Tokyo / was / cloudy / it / in / this / morning)?

(3) 昨夜は星がきれいでした。

(night / the / last / beautiful / stars / were).

(4) あなたは昨日だれといっしょでしたか。

(with / who / you / was / yesterday)?

(5) 彼女は去年の夏ハワイにいました。

(last / Hawaii / she / was / in / summer).

(6) 彼女はそのときあまり幸せではありませんでした。

(not / then / she / was / happy / very).

(7) 私のおばあさんは10年前看護師をしていました。

(nurse / ten / my grandmother / a / was / ago / years).

★15 次の文を英語になおしなさい。

(1) あなたはそのときどこにいましたか。——彼の家です。

(2) 去年あなたの身長はどのくらいでしたか。

(3) 昨日はあまり寒くありませんでした。

(4) 彼は先週忙しくなかった。

(5) 外はまだ暗かった。

(6) 今朝，彼はなぜ会議に遅れたのですか。

(7) 私は先週の水曜日，学校を欠席しました。

(8) 一昨日，たくさんの人々がそのパーティーに出席しました。

(9) トムは昨日の午後，サッカーの試合に間に合いましたか。

(10) そのとき，私の車は駅前にありました。

着眼

14 (1)「～の一員」a member of ～ (7)「看護師」nurse[nə́:rs ナ〜ス]

15 (2) How tall で身長をたずねる言い方。 (3)「あまり～ない」not very ～

(5)「外は」outside[autsáid アウトゥサイド] (7) school は無冠詞で「(学校教育の意味での) 学校」「授業・学業」 (8)「一昨日」the day before yesterday (10)「～の前に」in front of ～

3 過去進行形

解答 別冊 *p.6~p.8*

*16 次の文の（　）内に，ア～エより適当なものを選んで入れなさい。 ◁ 頻出

(1) I (　　　) sitting next to her then.
　　ア is　　　　イ was　　　　ウ are　　　エ were

(2) They (　　　) playing baseball in the park at that time.
　　ア is　　　　イ was　　　　ウ are　　　エ were

(3) He (　　　) listening to music in his room now.
　　ア is　　　　イ am　　　　ウ were　　　エ was

(4) (　　　) you doing your homework last night?
　　ア Are　　　　イ Is　　　　ウ Was　　　エ Were

(5) (　　　) it raining in Kobe yesterday?
　　ア Was　　　　イ Were　　　ウ Is　　　エ Am

(6) Who broke the window? —— Tom (　　　).
　　ア is　　　　イ was　　　　ウ does　　　エ did

(7) (　　　) Betty and Jack tired of their homework?
　　ア Was　　　　イ Were　　　ウ Do　　　エ Did

(8) A : You didn't answer the telephone last night.
　　B : I'm sorry. I (　　　) a bath.　　　　　　　　(東京・日本女子大附高⦿)
　　ア take　　　　イ took　　　　ウ am taking　　エ was taking

*17 次の文の（　）内に，[　　]から適当なものを選び，適切な形になおして入れなさい。 ◁ 頻出

(1) I was (　　　　) a letter to my mother then.

(2) We are (　　　　) the big cake in two now.

(3) The cat was (　　　　) with a ball.

(4) They were (　　　　) on the grass in the park.

(5) Were you (　　　　) my dictionary in that time?
　　[use / play / cut / write / lie]

着眼
16 (1) next to ~ ~のとなりに　(7) tired of ~ ~に飽きた　(8) take a bath ふろに入る
17 (4) grass [grǽs グラス] 芝生

*18 次の文の（　）内の語を適当な形になおしなさい。

(1) I was (dance) with my darling.　　　（大阪・帝塚山学院高）

(2) He read all the books again and (draw) pictures.（大阪・帝塚山学院高）

(3) John (study) English for two hours every day.　（大阪・太成学院大高）

(4) Is it still (rain) outside?　　　　　　（京都・聖母学院高）

(5) Gold, diamonds and other precious stones were (lie) on the ground.　　　　　　　　　　　（東京・開成高）

**19 次のア〜エの文から，誤りのある文を1つ選びなさい。　　（大阪・明星高）

ア He was smoking in his office.

イ He was washing his father's car at that time.

ウ He was taking a bath then.

エ He was belonging to the tennis club last year.

*20 次の文の（　）内に適当な1語を入れ，会話文を完成しなさい。

(1) A : (　　　　　) he go to school yesterday?
　 B : No, he (　　　　). He (　　　　) absent from school yesterday.

(2) A : (　　　　　) you in the park then?
　 B : No, we (　　　　). Because it (　　　　) raining heavily.

(3) A : (　　　　　) Ken listening to classical music at that time?
　 B : No, he (　　　　). He (　　　　) washing his father's car.

(4) A : What (　　　　) Ken and Tom doing that day?
　 B : (　　　　) (　　　　) studying with (　　　　) friends in the library.

(5) A : Where (　　　　) you yesterday afternoon?
　 B : I (　　　　) in the gym and (　　　　) playing volleyball.

着眼
　18 (1) darling [dɑ́ːrliŋ ダーリング] 最愛の人　(5) precious [préʃəs プレシャス] 貴重な
　19 (1) smoke [smóuk スモゥク] タバコを吸う
　20 (3) classical [klǽsikəl クラスィカル] クラシックの　(5) gym [dʒím ヂム]
　　　（gymnasium [dʒimnéiziəm ヂムネイズィアム] の短縮形）体育館

★21 次の文を（　）内の指示に従って書きかえなさい。

(1) Who cut the trees? （進行形の文に）　　　　　　　　　（高知・土佐塾高）

(2) He read an interesting book. （進行形の文に）　　　　（熊本・真和高）

(3) Bob was running in the park. （否定文に）

(4) Paul was studying Japanese in his room.

　　　　　　　　　　　　　　　（疑問文にし, Yesで答えて）

(5) She was watching TV with her mother last night.

　　　　　　　　　　　　　　　（下線部をたずねる疑問文に）

(6) They were playing tennis at school. （下線部をたずねる疑問文に）

★★22 日本文の意味を表すように,（　）内に適当な1語を入れなさい。

(1) そのとき, 私たちはクッキーを作っているところでした。

　　We (　　　　) (　　　　　) cookies at that time.

(2) ケンとメアリーはパーティーで楽しい時を過ごしていました。

　　Ken and Mary (　　　　) (　　　　　) a good time at the party.

(3) あなたはそこで何をしていたのですか。

　　(　　　) (　　　　　) you (　　　　　) there?

(4) あなたはどこで野球をしていたのですか。

　　(　　　) (　　　　　) you (　　　　　) baseball?

(5) ぼくは1時間前には, ここに立っていなかったよ。

　　I (　　　) (　　　　　) here an hour ago.

(6) あなたは昨日何を探していたのですか。

　　(　　　　) were you (　　　　) for yesterday?

(7) 教室でうたっていたのはだれですか。——ケンです。

　　(　　　　) was (　　　　) in the classroom?

　　—— Ken (　　　　).

★**23** 日本文の意味を表すように，（　　）内の語句を並べかえなさい。

(1) 昨日名古屋では雨が降っていましたか。　　　　　　　　　　（三重・暁高）

　　(it / Nagoya / was / in / raining) yesterday?

(2) 彼はそのとき，プールで泳いでいました。

　　(was / he / the / swimming / in / pool / then).

(3) 犬を連れた人がベンチに座っていた。　　　　　　　　　　（東京・十文字高）

　　(the dog / the man / the bench / sitting / with / on / was).

(4) 私たちはそのとき，駅へ行くところでした。

　　(the / we / were / to / that / going / station / at / time).

(5) 私は2時間前，母と朝食を食べていました。

　　(my mother / I / breakfast / was / with / having / ago / two / hours).

(6) 川の中のたくさんの魚が死にかけていました。

　　(dying / many / in / fish / the river / were).

(7) あなたは公園で写真をとっていましたか。

　　(in / pictures / were / you / taking / the park)?

★★**24** 次の文を英語になおしなさい。

(1) 彼女はいすに座り，雑誌を読んでいました。

(2) 弟はラジオで音楽を聴いているところです。　　　　　　　（京都・同志社高）

(3) あなたは学生時代，どこに住んでいましたか。

(4) あなたはそのとき，部屋で眠っていましたか。——いいえ。本を読んでいました。

(5) 京都では昨夜，激しく雪が降っていました。

(6) その当時，まだこのホテルは建設途中でした。

(7) 私は学校から帰宅する途中で新しいレストランを見つけました。

(8) 先日，飛行機でオーストラリアに行きました。　　　　　　（兵庫・関西学院高）

着眼

23 (6) die(s) – died – dying 死ぬ　(7) 「写真をとる」take a picture [pictures]

24 (1) 「雑誌」magazine [mǽɡəzíːn マガズィーン]　(2) 「ラジオで」on the radio
(3) 「学生時代に」in one's school days　(4) 「眠る」sleep（「寝る」go to bed）
(5) 「激しく」heavily [hévili ヘヴィリィ]　(6) 「当時」in those days　(7) 「～から帰宅する途中で」on one's way home from ～　(8) 「先日」the other day

4 | be going to

解答 別冊 *p.9*

★25 次の対話文を完成するのに最も適当なものをア～エから選び，記号で答えなさい。

(1) A : Are you traveling alone?　　　　　　　　　（福岡・西南学院高図）
　　B : Yes.　I'm going to study art in France.
　　A : Oh, I see.　(　　　　　)
　　B : Yes.　For six months.　I'm going to stay with a family in Paris.
　　ア　Did you stay there before?
　　イ　Are you going to spend your summer vacation there?
　　ウ　Are you going to stay long?
　　エ　Are you going to go home soon?

(2) A : What are you going to do this summer?　　（福岡大附大濠高）
　　B : (　　　　　)
　　ア　No, I'm staying home.
　　イ　I'm thinking of visiting Korea.
　　ウ　I went to Tokyo.
　　エ　Yes, I'm listening.

★26 次の文を日本語になおしなさい。

(1) I am going to help my father tomorrow.
(2) Are you going to play with your dog in the park?
(3) When is he going to leave for London?

着眼
25 (1) travel [trǽvl トゥラヴル] 旅行する，Paris [pǽris パリス] パリ，summer vacation 夏休み
26 (3) leave for ～　～に向けて出発する

*27 次の文を（　　）内の指示に従って書きかえなさい。◀頻出

(1) I am going to cook breakfast for you. （否定文に）

(2) Your father is going to take you to the museum tomorrow.

（疑問文にし，Yesで答えて）

(3) They are going to play baseball after school.

（下線部をたずねる疑問文に）

(4) She is going to read a book tonight. （下線部をたずねる疑問文に）

*28 日本文の意味を表すように，（　　）内の語句を並べかえなさい。

(1) この狭い部屋にどれだけいるつもりなのですか。 （獨協埼玉高）

(be / going / long / to / you / this / how / in / are) small room?

(2) 彼は来月カナダを訪れるつもりです。 （広島・如水館高）

(to / Canada / he / next / is / visit / going / month).

(3) あなたは将来何になるつもりですか。

(be / going / are / future / to / in / what / the / you)?

(4) あなたは来月どこにいますか。

(you / where / are / to / going / be / month / next)?

(5) トムはいつ大阪に向けて羽田から出発するつもりですか。 （東京・十文字高）

(Tom / when / Osaka / Haneda / to / for / going / leave / is)?

*29 次の文を be going to を用いて英語になおしなさい。

(1) 彼らは来月このホテルに滞在します。

🔴(2) 私は次の木曜日現代音楽について話をします。

(3) 私の父は来月の初めに海外へ旅行する予定です。

(4) トムはそのお金で何を買うつもりですか。

(5) あなたは今週末に何をするつもりですか。

着眼

27 (2) museum [mju:zi(:)əm ミューズィ(ー)アム] 美術館・博物館
(4) tonight [tənáit トゥナイト] 今夜

28 (1) 「どれだけ」How long

29 (2) 「現代の」modern [mádərn マダン] (3) 「～の初めに」at the beginning of ～.「海外旅行をする」travel abroad

5 will

解答 別冊 *p.10~p.12*

*30 次の文の( )内に，ア～エより適当なものを選んで入れなさい。◀頻出

(1) He will ( ) here soon. （東京・駒込高）
　ア comes　　イ come　　ウ coming　エ to come

(2) What time will you ( ) the station? （長崎・青雲高）
　ア reach at　イ get　　ウ arrive　エ get to

(3) Will Ken ( ) me his dictionary? （東京・中央大杉並高囡）
　ア borrow　イ use　　ウ rent　　エ lend

(4) A : Let's go out for dinner today.　What time will you be free?
　B : ( )　　　　　　　　　　　（福岡大附大濠高）
　ア Every Tuesday.　　イ No.　You'll be there.
　ウ After seven.　　　エ OK, I will.

*31 各組の2文がほぼ同じ意味を表すように，( )内に適当な1語を入れなさい。

(1) Ken and I ( ) ( ) tennis next Sunday.
　Ken and I are going to play tennis next Sunday. （香川誠陵高囡）

(2) It will rain here.
　It ( ) ( ) ( ) ( ) here.

(3) I will visit my uncle in London next month. （広島・如水館高）
　I am ( ) ( ) visit my uncle in London next
　month.

(4) They ( ) go shopping this afternoon.
　They are not going to go shopping this afternoon.

(5) Will Jane be a mother soon? ——Yes, she will.
　( ) Jane ( ) ( ) ( ) a mother
　soon? ——Yes, she ( ).

着眼

30 (3) borrow [bá(ɔ́)rou バ[ボ]ロウ] (移動可能なもの)を借りる，use (一時的に・その場
で使うもの)を借りる，rent [rént レント] (土地・家屋など)を(使用料を払って)借りる，
lend [lénd レンド] ～を貸す

★32 次の文の（　）内に，適当な1語を入れなさい。

(1) A : (　　　　　) you going to visit your uncle next Monday?
　　B : Yes, I (　　　　).

(2) A : (　　　　　) you be busy tonight?
　　B : No, I (　　　　).

(3) A : (　　　　　) you finish your homework this morning?
　　B : No, I (　　　　).

(4) A : (　　　　　) you and Ken late for the meeting last night?
　　B : Yes, (　　　) (　　　　).

(5) A : When (　　　) he (　　　　) to leave Tokyo?
　　B : He's (　　　) (　　　　) leave next Friday.

(6) A : Where (　　　) you (　　　　) after school?
　　B : I went to the zoo.

(7) A : Who (　　　　) help you this evening?
　　B : My friend Kate (　　　　).

(8) A : What (　　　　) you (　　　) (　　　　) do next spring vacation?
　　B : I (　　　) (　　　　) (　　　　) visit my grandmother.

(9) A : (　　　　) they come to Japan next summer?
　　B : Yes, they (　　　　).

(10) A : (　　　　) you (　　　) free this afternoon?
　　B : No, I (　　　　). I have a lot of work today.

★33 次の文を日本語になおしなさい。

(1) I will visit America next month.

(2) Will it rain tonight? ——No, it won't.

(3) Kate's brother will be a high school student next year.

着眼

32 (10) work「仕事・勉強・職・勤め先」などという意味では不可算名詞。ただし，「作品」という意味では可算名詞になる。

34 次の文を（　）内の指示に従って書きかえなさい。

(1) The train arrives at the station.　　　　（in ten minutesを加えて）
(2) I am fifteen years old <u>now</u>.　　　（下線部をnext yearにかえて）
(3) Akio will buy a new bike at that shop.　（疑問文にし，Yesで答えて）
(4) He will travel to China <u>next March</u>.　（下線部をたずねる疑問文に）
(5) <u>Mike</u> will teach math to us tomorrow.　（下線部をたずねる疑問文に）
(6) How is the weather in London?　　　　　（tomorrowをつけて）
　　How （　　　）（　　　）（　　　）（　　　）（　　　）
　　（　　　）tomorrow?　　　　　　　　　　　　　　　（愛知・滝高）

35 次の日本文に合うように，（　）内に適当な1語を入れなさい。

(1) 私は，放課後彼とテニスをするつもりです。
　　I （　　　）（　　　　　）tennis with him after school.
(2) 明日は雪が降るでしょうか。
　　（　　　）it （　　　　　）tomorrow?
(3) あなたは，来年の夏，どこへ行くつもりですか。
　　（　　　）（　　　　　）you go next summer?
(4) 明日は学校は休みです。
　　There （　　　）（　　　　　）no school tomorrow.
(5) ケイトは明日，パーティーでバイオリンを弾く予定です。
　　Kate （　　　）（　　　　　）the violin at the party tomorrow.
(6) 来週だれが動物園に連れて行ってくれるの。
　　（　　　）（　　　　　）take you to the zoo next week?
(7) 今晩外出するつもりはありません。
　　I （　　　）（　　　　　）out tonight.

34 (4) travel to ～ ～に旅行する　(5) math [mæθ マス]（mathematics [mæθəmǽtiks マセマティックス]の短縮形）数学
35 (2)「雪が降る」snow　(4) schoolには「授業」という意味もある。　(6)「人を～に連れて行く」take＋人＋to ～　(7)「外出する」go out

★36 日本文の意味を表すように，（　　）内の語句を並べかえなさい。

(1) 来週の大阪の天気はどうなるのでしょう。(1語不足)　　　　　　　（大阪・樟蔭高）
(going / is / how / the / to / weather) in Osaka next week?

(2) 1分か2分したら戻ります。(1語不足)　　　　　　　　　　　　（徳島文理高）
(two / back / minute / will / or / be / a / I).

(3) あなたは将来何になるつもりですか。
(become / what / you / will / the / in / future)?

(4) 来月，英語の試験があります。
(examination / we / have / will / English / an / month / next).

(5) なぜあなたはその村に行くつもりなのですか。
(the / to / why / go / will / you / village)?

(6) 私のおじいさんは明日の朝散歩に出かけるでしょう。
(tomorrow morning / for / my grandfather / go / will / a walk).

(7) 今年の冬はあまり雪が降らないでしょう。
(snow / we / much / won't / have / this winter).

★★37 次の文をwillを用いて英語になおしなさい。

(1) 明日の午後，どこで昼食をとるつもりですか。

(2) 明日は良いお天気になるでしょう。

(3) あなたはどれくらい日本にいる予定ですか。

(4) 娘はすぐに家に帰ってくるでしょう。

(5) 彼はフランスで何を勉強するつもりですか。

(6) この夏休みの間に，あなたはどこに行く予定ですか。

(7) トムは今夜，そのコンサートに間に合うでしょうか。

(8) 今日の午後は何をするつもりですか。――パイ (pie) を焼くつもりです。
（大阪・明浄学院高）

(難)(9) この国の北部は冬になるととても寒くなります。　　　　　（大阪薫英高改）

(10) 私は3月1日にシドニー (Sydney) へ向けてロンドンを出発する予定です。
（大阪・清風高改）

着眼
36 (3)「将来」in the future　(4)「試験」examination [igzæmənéiʃən イグザミネイション]（短縮形でexam [igzǽm イグザム]）　(6)「散歩に行く」go for a walk
37 (7)「～に間に合う」be in time for ～　(8)「パイを焼く」bake a pie　(9)「北の」northern [nɔ́:rðərn ノーザン]　(10) 日付を表すときはonを用いる。

6 Shall I 〜 ?, Will you 〜 ?

解答 別冊 *p.12〜p.13*

*38 次の会話を完成するのに最も適当なものをア〜エから選び，記号で答えなさい。
＜頻出

⑴ (　　) you tell me the time, please?　　　　　（茨城・江戸川学園取手高）

　ア Shall　　　イ Must　　　ウ Will　　　エ Do

⑵ A : Will you have another cup of tea?　　　　（東京・穎明館高）

　B : No, (　　).

　ア thank you　　　　　イ you're welcome

　ウ I'm afraid　　　　　エ I'm sorry

⑶ A : Will you help me with my homework?　　　（大阪・開明高）

　B : (　　). Show me your notebook.

　ア No, thank you　　　　イ You're welcome

　ウ All right　　　　　　エ Not at all

⑷ A : Shall we go shopping?　　　　　　　　　（神奈川・湘南学園高）

　B : (　　).

　ア Yes, let's　　　　　イ Never mind

　ウ Yes, we are　　　　エ See you tomorrow

*39 各組の2文がほぼ同じ意味を表すように，（　　）内に適当な1語を入れなさい。

⑴ Let's have some tea at that café?　　　　　（神奈川・慶應高）

　(　　) (　　) have some tea at that café?

⑵ How about (　　) for a walk after dinner?　　（大阪・明星高改）

　Shall we go for a walk after dinner?

⑶ Will you show me the way to the station?　　（熊本・真和高）

　(　　) can I get to the station?

⑷ (　　) (　　) open the door?　　　　　　　（熊本・真和高）

　Please open the door.

⑸ Why don't we have lunch at one o'clock?　　（兵庫・雲雀丘高）

　(　　) (　　) have lunch at one o'clock?

着眼
39 ⑴ café [kæféi キャフェイ] 喫茶店

★40 日本文の意味を表すように，（　）内に適当な1語を入れなさい。

(1) テニスをしましょう。――ええ，そうしましょう。　　　　（東京工業大附科学技術高）

（　　　　　）（　　　　　　） play tennis?　――Yes, let's.

(2) この数学の問題を手伝ってもらえませんか。　　　　（広島大附高囲）

Will you （　　　　） （　　　　） （　　　　　） this math problem?

(3) 電話に出てくれませんか。　　　　（愛知・滝高）

Will you （　　　　　） the phone?

(4) 始めましょうか。――そうしましょう。　　　　（熊本学園大付高）

Shall we begin?　――（　　　　），（　　　　）.

(5) 窓を開けましょうか。――いいえ，けっこうです。　　　　（広島・如水館高囲）

（　　　　） （　　　　） open the window?
　――No, （　　　　） （　　　　）.

★41 日本文の意味を表すように，（　）内の語句を並べかえなさい。

(1) 私のためにギターを弾いてくれませんか。

(me / will / play / you / the guitar / for)?

(2) 来週の日曜日，何をしましょうか。

(next / what / shall / do / we / Sunday)?

(3) お部屋まであなたの荷物を運びましょうか。

(your room / shall / carry / I / your luggage / to)?

★★42 次の文を英語になおしなさい。

(1) コーヒーをもう1杯いかがですか。――はい，お願いします。

(難)(2) 明日，家にいてくださいませんか。――もちろんいいですよ。

(3) 博物館に行きましょうか。――いいえ，やめておきましょう。

(4) 次はいつどこであなたに会いましょうか。

（着眼）
40 (2)「～の…を手伝う」help ～ with...
41 (3)「荷物」luggage [lʌ́gidʒ ラゲヂ]《おもに英》(baggage [bǽgidʒ バゲヂ]《おもに米》)
42 (1)「～をもう1杯」another cup of ～ (2)「家にいる」be at home (3)「博物館」museum (4)「次に」next

7 : can, may

解答 別冊 *p.13~p.14*

*43 次の文の（　　）内に，ア～エより適当なものを選んで入れなさい。 < 頻出

(1) Can your father (　　　　)? （広島・如水館高）

　　ア cook 　　　イ cooks 　　　ウ cooking 　エ to cook

(2) May I (　　　) your phone for a minute? （熊本・真和高）

　　ア use 　　　イ give 　　　ウ lend 　　　エ make

(3) He often lies. He (　　　) be an honest man. （茨城・江戸川学園取手高図）

　　ア can 　　　イ cannot 　　ウ will 　　　エ may

(4) I was not (　　　) to understand the book. （福岡・西南学院高）

　　ア possible 　イ able 　　　ウ hard 　　　エ easy

*44 次の文を日本語になおしなさい。

(1) Excuse me, but may I have your name, please?

(2) They may be angry with me.

(3) You may be able to pass the examination.

*45 次の文を（　　）内の指示に従って書きかえなさい。 < 頻出

(1) Mary can swim very well. （next yearを加えて） （埼玉・開智高）

(2) We can read the book. （yesterdayを加えて）

(3) I may stay here. （疑問文にし，Noで答えて）

(4) What can he do for her? （未来の文に） （大阪・興国高）

(5) David is sick. （「～かもしれない」という意味を加えた文に）

着眼

43 (2) for a minute ちょっとの間 (3) lie [lái ライ] うそをつく

44 (1) Excuse me, but ~ すみませんが，~ (3) ×may can → ○may be able to

45 (5) David [déivid ディヴィド] デイビッド（男子の名，愛称はDave, Davy）

*46 次の対話文の (　　) 内に，ア〜エより適当なものを選んで入れなさい。

(1) A : May I speak to Takeshi, please? (福岡大附大濠高)

　　B : He's not here now. (　　)

　　ア　What are you doing?

　　イ　Shall I take a message?

　　ウ　Where are you?

　　エ　Will you wait for a moment?

(2) A : Could you tell me the way to the new bank? (広島・如水館高)

　　B : (　　)

　　ア　About ten minutes.

　　イ　It's behind the station.

　　ウ　It is new.

　　エ　Not too bad.

(3) A : May I help you? (佐賀・東明館高)

　　B : Yes.　I'm looking for a blue shirt.

　　A : How about this one?

　　B : That looks nice. (　　)

　　A : Sure, go ahead.　Please use that room.

　　ア　Will you show me a cheaper one?

　　イ　May I try it on?

　　ウ　This is a little big.

　　エ　I'll take it.

(4) A : May I have some more coffee? (佐賀・東明館高)

　　B : (　　)

　　ア　Sure, of course.

　　イ　Oh, don't you?

　　ウ　May I have not?

　　エ　No, I have enough.

着眼

46 (1) speak to ～ ～に話す・話しかける，take a message 伝言を受ける，for a moment [minute] ちょっとの間　(2) behind [biháind ビハインド] ～の後ろに
(3) shirt [ʃə́ːrt シャ〜ト] シャツ，go ahead 先に進む，cheaper [tʃíːpər チーパァ] もっと安い，try ～ on ～を試着する　(4) some more ～ ～をもっと

★47 各組の文がほぼ同じ意味を表すように，（　　）内に適当な1語を入れなさい。

(1) Jane can play the piano very well.
Jane (　　　　) (　　　　　) (　　　　　　) play the piano very well.
Jane (　　　　) a very (　　　　) (　　　　).

(2) We couldn't get to the station then.
We (　　　) (　　　　) (　　　　) (　　　　　) to the station then.

(3) My brother won't visit Hawaii this summer.
My brother (　　　) (　　　) (　　　　) visit Hawaii this summer.

(4) What can I do for you?
(　　　) I (　　　　) you?

(5) Perhaps he doesn't know anything about it.
He (　　　) not know anything about it.

★48 日本文の意味を表すように，（　　）内に適当な1語を入れなさい。

(1) いらっしゃいませ。　　　　　　　　　　　　　　　（和歌山・初芝橋本高）
(　　　) I (　　　　) you?

(2) トイレをお借りしてもいいですか。　　　　　　（千葉・昭和学院秀英高）
May I (　　　　) your bathroom?

(3) 彼は動くことができなかった。　　　　　　　　　　　（大阪・開明高）
He was not (　　　　) to move.

(4) 今晩，雨が降るかもしれません。
It (　　　) (　　　　) tonight.

(5) あなたはその難しい質問に答えることができましたか。
(　　　) (　　　　) answer the difficult question?

(6) 水をもう1杯いただけますか。　　　　　　　　　　　（京都・洛南高）
(　　　) I (　　　　) (　　　　) (　　　　) of water?

47 (3) Hawaii [həwáii: ハワイイー] ハワイ　(5) perhaps [pərhǽps パハップス] 多分・おそらく
48 (2)「トイレ」bathroom [bǽθru(:)m バスル (ー) ム]　(3)「動く」move [múːv ムーヴ]

⭐49 日本文の意味を表すように，（　）内の語句を並べかえなさい。

(1) サンポートへ行く道を教えてください。　　　　　　　　　　（香川誠陵高）

(the / me / you / could / to / way / tell / Sunport)?

(2) 来年あなたの国を訪問できるかもしれません。　　　　　　（福岡大附大濠高）

(country / be / to / may / I / visit / able / your) next year.

(3) 彼は1週間で退院できるでしょう。（1語不要）　　　　　（佐賀・東明館高）

(a week / be / he / can / leave / able / will / to / in / the hospital).

(4) 生徒は職員室に入ってはいけません。

(not / the teachers' room / students / enter / may).

(5) あなたは乗馬ができますか。

(a horse / are / ride / you / to / able)?

(6) 私は今朝早く起きることができませんでした。

(morning / I / up / wasn't / to / able / get / early / this).

⭐50 次の文を英語になおしなさい。

(1) ここで写真をとってもいいですか。

(2) 質問してもよろしいですか。

(3) 彼はその大きな魚を捕まえることができた。

(4) 彼女はすぐに英語を話せるようになるでしょう。　　　（北海道・函館ラ・サール高）

(5) 2，3日の間，このCDを借りてもいいですか。

(6) トムは病気のはずがない。昨日図書館で会ったもの。

(7) あなたは午後5時までに宿題を終わらせることができますか。

(8) この映画館ではどんな種類の映画が見られますか。

着眼
49 (3)「退院する」leave the[a] hospital　(4)「職員室」teachers' room
50 (1)「写真をとる」take a picture[pictures]　(3)「捕まえる」catch　(4)「すぐに」soon [at once]　(5)「2, 3日の間」for a few days　(7)「～を終わらせる」finish,「～までに」by ～　(8)「映画館」theater [θíətər スィアタァ],「どんな種類の～」What kind of ～

8 ┃ must, have toなど

解答 別冊 p.14~p.17

*51 日本文の意味を表すように，（　　）内に適当な1語を入れなさい。

(1) 私は将来，ミュージシャンになりたい。　　　　　　　　　　（大阪・関西大倉高改）

I (　　　　　) like to be a musician in the (　　　　　).

= I (　　　　　) to be a musician in the (　　　　　).

(2) 今すぐ出かけなければだめですか。――いいえ，かまいません。

(　　　　　) I go right now?

= (　　　　　) I (　　　　　) (　　　　　) go right now?

―― No, you don't (　　　　　) (　　　　　).

(3) あなたはその本を彼に貸さなくてもよいのです。　　　　　（愛知・東海高改）

You (　　　　　) (　　　　　) (　　　　　) lend the book to him.

= You (　　　　　) (　　　　　) lend the book to him.

(4) 彼は昨日の朝，早起きしなければなりませんでした。

He (　　　　　) (　　　　　) get up early yesterday morning.

(5) 私たちはいつの日か，そこを訪れなければならないでしょう。

We (　　　　　) (　　　　　) (　　　　　) visit there some day.

(6) その女性はルーシーのお母さんにちがいありません。

The woman (　　　　　) (　　　　　) Lucy's mother.

(7) お年寄りには親切にすべきです。

We (　　　　　) (　　　　　) kind to old people.

(8) 今日は学校を休んだほうがいい。

You (　　　　　) (　　　　　) (　　　　　) absent from school today.

(9) 今日は学校を休まないほうがいい。

You (　　　　　) (　　　　　) (　　　　　) (　　　　　) absent from school today.

(10) あなたはそこへ行く必要がありません。　　　　　　　　（東京・駒込高改）

You don't (　　　　　) (　　　　　) go there.

着眼
51 (2)「今すぐ」right now　(5)「いつの日か」some day　(9) not の位置に注意。

*52 次の文の（　　）内に入れるのに最も適当な語句を下から選び，記号で答えなさい。◁頻出

(1) Yumi (　　) to study hard. (京都・東山高)
　　ア must　　イ can　　ウ has　　エ makes

(2) You traveled all day. You (　　) be tired. (広島・修道高)
　　ア can't　　イ must　　ウ mustn't　　エ don't have to

(3) I (　　) see the movie. (北海道・函館ラ・サール高改)
　　ア must　　イ don't want　　ウ am not　　エ would like

(4) Beth (　　) be sick in bed. I saw her just an hour ago.
　　ア must　　イ should　　ウ can't　　エ won't
(東京・江戸川女子高)

(5) Would you like to (　　) some bread for supper? (福岡大附大濠高)
　　ア help　　イ lose　　ウ have　　エ spend

*53 各組の2文がほぼ同じ意味を表すように，（　　）内に適当な1語を入れなさい。

(1) Wash your hands before dinner. (東京・成城学園高)
　　You (　　　　) (　　　　) your hands before dinner.

(2) You must not swim in the river. (東京・堀越高)
　　(　　　　) swim in the river.

(3) I would like to see your camera. (大阪・関西大倉高改)
　　Please (　　　　) your new camera to (　　　　).

(4) Must I do the work? (徳島文理高)
　　Do I (　　　　) (　　　　) do the work?

(5) I am sure you are hungry. (京都・同志社国際高)
　　You (　　　　) be hungry.

(6) You may get up late tomorrow. (京都・洛南高)
　　You (　　　　) (　　　　) (　　　　) get up early tomorrow.

着眼
　52 (2) all day 一日中　(5) supper [sʌ́pər サパァ] 夕食（本来，dinner は「正餐」）
　53 (5) I am sure (that)〜 きっと〜だと思う　(6) get up late 遅く起きる

★54 次の文を（　　）内の指示に従って書きかえなさい。

(1) Taro must wash his father's car. （yesterdayを加えて）（高知・土佐塾高）

(2) She must help her mother in the kitchen. （否定文に）

(3) I must clean my room. （疑問文にして，Noで答えて）

(4) Nancy would like to go to a movie. （下線部をたずねる疑問文に）

(5) We must fly to Europe. （next weekを加えて）

★55 次の文を日本語になおしなさい。

(1) We must be home before five.

(2) You must watch your head here.　Our doors are low.

(3) Tom is absent from school today.　He must be sick in bed.

(4) You should take an umbrella with you.　It must rain in an hour.

(5) You must not make a noise in the library.

(6) Would you like to visit the castle?

(7) We'll have to leave Japan next Sunday.

(8) You need not be afraid of making mistakes.　　　（兵庫・関西学院高國）

難▶(9) An artist has to look at life as a child looks at it.　（奈良・帝塚山高）

難▶(10) I will have to buy a larger dictionary, but I think that the little dictionary will always be my good friend.　　　（大阪・城星学園高）

着眼
　　54 (5) fly to ～ = go to ～ by plane [airplane]　飛行機で～に行く
　　55 (2) watch 気をつける　(3) be sick in bed 病気で寝ている　(4) in ～ ～(以内)で
　　　　(5) make a noise 騒ぐ　(6) castle [kǽsl キャスル] 城　(8) be afraid of -ing ～することを恐れる　(9) life 人生，as ～のように　(10) I think that ～ 私は～だと思う

★**56** 日本文の意味を表すように，(6)は英文の意味が通るように，（　　）内の語句を並べかえなさい。

(1) お茶を1杯いかがですか。　　　　　　　　　　　　　　　　（神奈川・日本大学高図）

　　(to / tea / cup / like / of / would / you / a / have)?

(2) 私は日曜日にはそれほど早く起きなくてもいいのです。(1語不要)

　　(in / on / to / don't / get / have / I / up / so / Sundays / early).　　　　　　　　　　　　　　　　　　　　　（大阪・関西大倉高図）

(3) 私は彼を博多駅で待たなくてはならないでしょう。　　　　（福岡大附大濠高）

　　(I / him / have / Hakata Station / will / for / to / at / wait).

(4) どこで切符を買えばいいですか。

　　(I / the ticket / buy / where / should)?

(5) この川で泳いではいけません。

　　(this river / you / in / must / swim / not).

(6) It snowed very heavily and the airport was closed.（東京・早稲田実業高）

　　(to / nights / we / in / for / London / had / two).

　　〔 miss, spend, stay, waste のいずれかが不足〕

★★**57** 次の文を英語になおしなさい。

(1) きっと彼は毎日何時間もピアノを練習しているにちがいありません。（広島・修道高）

(2) 世界の人々はお互い理解し合わなければなりません。　　　　（東京・学習院高）

(3) 彼は今，手紙を書く必要がありません。　　　　　（北海道・函館ラ・サール高）

(4) 私たちは日曜日には早起きする必要はありません。　（北海道・函館ラ・サール高）

　　（on Sundays を用いて）

(5) あなたは私を待つ必要はありませんでした。

(6) 朝食には何が食べたいですか。

(7) 私たちは一日中家にいなければなりませんでした。

(8) うそをついてはいけません。

難▶(9) 私たちは電車の中で小さな子どもたちに席をゆずるべきでしょうか。

　　――私はそうは思いません。私たちはいつもそうする必要があるとは限りません。

(10) 遅くまで起きていなければなりませんか。

　　――いいえ，その必要はありません。早く寝るべきです。

着眼
　　56 (3)「～を待つ」wait for ～
　　57 (2)「お互いに」(2者間) each other，(3者以上の間) one another　(7)「一日中」all day long　(9)「席をゆずる」give one's[a] seat，「電車の中で」on the train

| 第**1**回 | **実力テスト** | 時間**60**分
合格点**70**点 | 得点 ___/100 |

解答 別冊 *p.17~p.20*

1 各組の下線部の発音が他の３つと異なるものを１つ選びなさい。(1点×5＝5点)

(1) ア played　イ visited　ウ listened　エ lived
(2) ア babies　イ students　ウ boys　エ friends
(3) ア apple　イ camera　ウ cat　エ father
(4) ア third　イ this　ウ three　エ birthday
(5) ア work　イ girl　ウ early　エ park

2 次の語の最も強く発音する部分を選び，番号で答えなさい。 (1点×5＝5点)

(1) Jap-a-nese
　　1　2　3
(2) in-ter-est-ing
　　1　2　3　4
(3) pi-an-o
　　1　2　3

(4) Jan-u-ar-y
　　1　2　3　4
(5) af-ter-noon
　　1　2　3

3 次の文を（　）内の指示に従って書きかえなさい。 (2点×6＝12点)

(1) The boy cut down this cherry tree. （否定文に）
(2) My mother read the letter in the living room. （進行形の文に）
(3) He must write his name here. （疑問文にし，Noで答えて）
(4) Bill has to finish his homework by tomorrow. （疑問文に）
(5) My brother can ride a bike. （「2，3日で」をつけて未来の文に）
(6) Please read this book to all of us. （ほぼ同じ内容を表す文に）

4 次の文の（　）内に適当な1語を入れなさい。 (2点×4＝8点)

(1) Was Bob able to read the word?
　── Yes, (　　　) (　　　).
(2) Must I wash your car?
　── No, you (　　　) (　　　) (　　　).
(3) Shall we play tennis?　── No, (　　　) (　　　).
(4) Excuse me. (　　　) you tell me the way to the station?

5 各組の2文がほぼ同じ意味を表すように，（　　）内に適当な1語を入れなさい。
(2点×8＝16点)

(1) When did the soccer game finish?
When (　　　　) the soccer game over?

(2) Is this radio his?
(　　　　) this radio (　　　　) to him?

(3) It rained a lot last month.
(　　　　) (　　　　) a lot of rain last month.

(4) I'm sure that she is Tom's sister.
She (　　　　) (　　　　) Tom's sister.

(5) Your answer to this question must be right.
Your answer to this question (　　　　) be wrong.

(6) Must she wash the dishes?
(　　　　) she (　　　　) (　　　　) wash the dishes?

(7) Don't (　　　　) noisy in this room.
You (　　　　) (　　　　) (　　　　) a noise in this room.

(8) My little sister couldn't ride a bike.
My little sister (　　　　) (　　　　) to ride a bike.

6 日本文の意味を表すように，（　　）内の語句を並べかえなさい。ただし，それぞれ不足している1語を補うこと。
(2点×5＝10点)

(1) 我々は彼らに何をしてあげられるでしょうか。
(them / for / we / do / what)?

(2) お名前をうかがってもよろしいですか。
(have / please / your name / I / ,)?

(3) 夕食に何を食べましょうか。
(for / we / have / dinner / what)?

(4) だれもその問いには答えられないでしょう。
No one (be / to / question / able / answer / the).

(5) あなたは明後日までにその仕事を終えねばならないでしょう。
(the day / you / to / that work / by / will / after tomorrow / finish).

7 日本文の意味を表すように, ( ) 内に適当な1語を入れなさい。(2点×5＝10点)

(1) あなたは学校に遅刻しないほうがいいですよ。
You ( ) ( ) ( ) ( ) late for school.

(2) 電話をお借りしてもいいですか。
( ) ( ) ( ) your telephone?

(3) コーヒーをもう1杯いかがですか。
( ) you like ( ) ( ) of coffee?

(4) どうしてあなたをそんなに長く待たなくてはならないんですか。
Why ( ) ( ) wait for you so long?

(5) いつか宇宙旅行ができればいいなあと思います。
I hope that I ( ) ( ) ( ) to travel through space some day.

8 次の文を日本語になおしなさい。 (2点×5＝10点)

(1) The old man put his luggage on the shelf.
(2) I may get a poor mark on the next exam. I should study hard.
(3) You must be very hungry now. Shall I bring you some food?
(4) We didn't have to carry our bags then.
(5) I'd like to know the recipe of this dish.

9 次の文を英語になおしなさい。 (2点×7＝14点)

(1) 東京にいる息子に, その老婦人は手紙を書きました。
(2) あなたは明日, 何をするつもりですか。
——テレビで野球の試合を見ます。
(3) 彼はそのとき何をしてたんですか。
——家の近くの公園で, 散歩をしていました。
(4) 京都では明日の午後, 晴れるでしょうか。
(5) その新しい辞書を買う必要はないよ。ぼくのをあげるよ。
(6) 何時にあなたの家に行きましょうか。
(7) 私は昨日, 家にいなければなりませんでした。

10 スー(Sue)さんは暗号のメッセージを作り，手紙に書いてアキさんに渡しました。暗号のメッセージは5つの単語からできており，使われている数字と記号はそれぞれアルファベットの1文字を意味しています。次の英文を読んで，あとの問いに答えなさい。 (計10点)

This is a message for you, Aki.　It has five words.　Can you understand it?

> 1234　52　3@　62784　5232&&29

I will give you some hints.
　⑴ "8" is the letter "S."　My name is "874."
　⑵ "M" is in the first, third and fifth word.
　⑶ "O" is in the first, second, fourth and fifth word.
　⑷ "H" is only in the fourth word.
　⑸ "Y" is only in the third word.
　⑹ The fifth word is the day after today.
　⑺ You need "C" to finish reading the message.
Now you can read the message!

(注) message「メッセージ」，hint(s)「ヒント」，letter「文字」
　　　to finish reading the message「メッセージを読み終えるために」

問1　次の質問に英語で答えなさい。ただし，⑴はアルファベット1文字で，⑵は数字または記号1文字で，⑶，⑷はそれぞれ英語1語で書きなさい。(2点×4＝8点)
　⑴ What is "4" in the message?

　⑵ What is the letter "C" in the message?

　⑶ What is the third word of the message?

　⑷ What is the fifth word of the message?

問2　暗号のメッセージを英語で書きなさい。(2点)

9 不定詞の名詞的用法

解答 別冊 *p.20~p.21*

*58 次の(　　)内から適当なものを選びなさい。**＜頻出**

(1) (Speak / To speak / Speaks) English well is difficult.

(2) He began (play / to play / plays).　　　　　　　(大阪学院高)

(3) To visit different places (have / is / are) interesting. (大阪成蹊高)

(4) Is your dream (live / lived / to live) in foreign countries?

(5) I'd like (visit / visiting / to visit) Brazil some day.

*59 各組の2文がほぼ同じ意味を表すように，(　　)内に適当な1語を入れなさい。

(1) Remember to write to me soon.　　　　　　　　　(愛知・滝高)

Don't (　　　　) to write to me soon.

(2) I want to see you very soon.　　　　　　　　　　(岡山白陵高)

I just can't (　　　　) to see you.

*60 次の英文中の誤りを正しなさい。　　　　　　　(広島・如水館高図)

(1) 読書をすることはとても楽しいです。

To read books are a lot of fun.

(2) 私の兄は昨年ニュージーランドに行こうとしました。

My brother tried to went to New Zealand last year.

*61 次の文を日本語になおしなさい。

(1) To get up early in the morning is hard for me.

(2) I want to be an artist in the future.

(3) My hobby is to collect old stamps.

着眼

58 (3) place [pléis プレイス] 場所　(4) foreign country 外国　(5) some day いつか
60 (2) 「～しようとする」try to ～
61 (2) artist [ɑ́ːrtist アーティスト] 芸術家　(3) hobby [hɑ́[ɔ́]bi ハ[ホ]ビィ] 趣味，
collect [kəlɑ́kt コレクト] 集める

★62 日本文の意味を表すように，（　）内に適当な1語を入れなさい。

(1) あなたに会えるのが待ち遠しいです。　　　　　　　　　　　（広島大附高）

I can't (　　　　) (　　　　) (　　　　) you.

(2) 君の仕事はこれらの箱を家に運び込むことです。

Your work (　　　) (　　　　) carry these boxes into the house.

(3) あなたは放課後に何がしたいですか。

What (　　　) you (　　　) (　　　　) (　　　　) after school?

(4) あなたの母は病院に行く必要があります。

Your mother (　　　) (　　　) (　　　　) to the hospital.

★63 日本文の意味を表すように，（　）内の語を並べかえなさい。

(1) 私たちはあなたにまた会うことを希望します。

(see / to / hope / you / we / again).

(2) 忘れずに返してよ。　　　　　　　　　　　　　　　　　　（岡山白陵高）

(it / bring / forget / don't / to / back).

(3) ジェーンは日本語で何か言おうとしましたが，できませんでした。

(tried / couldn't / in / but / something / Jane / to / Japanese / say / she / ,).

(難)▶(4) 月に1度は必ず母に手紙を書きます。[1語不足]　　　　　（東京・開成高）

(a month / mother / I / my / once / to / never / to write).

★★64 次の文を英語になおしなさい。

(1) ユミは花を見るのが好きです。

(2) 今日の午後雨が降りだすでしょう。

(3) 私はいつかロンドンを訪れたい。

(4) 彼女は看護師になる決心をしました。

着眼
62 (2)「～を…に運び込む」carry ～ into ...
63 (4)「(人)に手紙を書く」write to ～
64 (2)「～しだす」begin[start] to ～　(3)「～したい」want[would like] to ～

10 不定詞の形容詞的用法

解答 別冊 p.21~p.23

*65 次の文の（　　）内に入れるのに最も適当な語句を下から選び，記号で答えなさい。◀頻出

(1) Would you bring me (　　　)?　　　　　　　　　　（長崎・青雲高）
　　ア hot something to drink　　　イ to drink hot something
　　ウ something to drink hot　　　エ something hot to drink

(2) I need a bag (　　　).　　　　　　　　　　　　　　（愛知・滝高）
　　ア putting in these books　　　イ putting these books in
　　ウ to put in these books　　　エ to put these books in

(3) We had many things (　　　).　　　　　　　　　（佐賀・弘学館高）
　　ア to talk about　　　イ talk to
　　ウ talks　　　　　　　エ talking

(4) I think Kurashiki is a good place (　　　).　　　（岡山白陵高）
　　ア visiting　　イ visiting to　　ウ to visit to　　エ to visit

*66 各組の2文がほぼ同じ意味を表すように，（　　）内に適当な1語を入れなさい。

(1) Everybody else came before Tom.　　　　　（東京学芸大附高）
　　Tom was the (　　　　) person (　　　) (　　　　).

難▶(2) She didn't have any food last night.　　　　　（東京・桜美林高）
　　She had (　　　　) (　　　　) eat last night.

(3) I'm free this afternoon.　　　　　　　　　　（大阪・樟蔭高図）
　　I (　　　　) (　　　　) to do this afternoon.
　　I (　　　　) (　　　　) (　　　　) to do this afternoon.

(4) We are very busy today, so we can't help you.　（佐賀・東明館高）
　　We have no (　　　　) (　　　　) help you today.

難▶(5) Don't you have some paper or something?　I want to write it down.
　　Will you give something to (　　　　) (　　　　)?　I want to write it down.　　　　　　　　　　　　　　　　（千葉・昭和学院秀英高）

着眼
66 (1) everybody else だれもがみんな（every, each は単数扱いする）
(2) food [fúːd フード] 食べ物　(4) ～, so … ～それで[だから]…

67 次の3つの文の（　　）内に共通して入る1語を答えなさい。　　（千葉・市川高）

Is this the (　　　　) train to Kobe?

She will be back (　　　　) away.

Everybody has a (　　　　) to live a happy life.

68 日本文の意味を表すように，（　　）内の語句を並べかえなさい。

(1) あなたが怒るのももっともだ。　　（埼玉・淑徳与野高）

You (angry / reason / have / to / good / get / a).

(2) このトーナメントで結果がよければ，ワールドカップに出場する機会を得るだろう。

If you do well in this tournament, you (play / the / will / chance / get / to) in the World Cup.　　（東京・明治大付中野高）

(3) あなたは今週末やることが何かありますか。　　（獨協埼玉高⊠）

(this / anything / you / do / do / have / to / weekend)?

(4) 電車の中で読むのに，何かおもしろいものはありませんか。　（1語不足）

(anything / do / have / interesting / read / you / on the train)?

　　（京都・洛南高）

(5) 政府は貧しい人々を助けることを特に何もしていない。（東京・明治大付中野八王子高）

(doing / help / is / nothing / people / poor / special / the / government / to).

(6) 私には住む家がありません。　（1語不足）　　（佐賀・弘学館高）

(have / to / I / a / live / don't / house).

69 次の文を英語になおしなさい。

(1) 京都には訪れるべき美しい場所がたくさんあります。　　（埼玉・開智高）

（Kyotoで始めて）

(2) それは小さくても，見るべきものは多いんだ。　　（鹿児島・ラ・サール高）

It is small, but ＿＿＿＿＿＿＿＿＿＿＿＿＿＿＿＿＿.

(3) 何か書くものはお持ちですか。

(4) パソコンを持ち運ぶバッグを探しているんです。（carry my PCを用いて）

　　（北海道・函館ラ・サール高）

着眼
68 (2) do well うまくやる　(4)「電車の中で」on the trainとonを使う。　(5)「特別な」special

11 不定詞の副詞的用法

解答 別冊 *p.23~p.26*

*70 各組の2文がほぼ同じ意味を表すように，（　）内に適当な1語を入れなさい。
< 頻出

(1) Living things cannot live without water.　　　　　(兵庫・三田学園高歐)
　　Living things needs water (　　　) live.

(2) The news made me happy.　　　　　(東京・啓明学園高)
　　I was (　　　) (　　　) hear the news.

(3) My teacher is happy to hear the news.　　　　　(香川誠陵高)
　　The news (　　　) my teacher happy.

(4) Walk for ten minutes, and you will be at the museum.
　　(　　　) (　　　) ten minutes (　　　) walk to the museum.
　　　　　(兵庫・関西学院高)

*71 次の文を日本語になおしなさい。

(1) The Englishman was very surprised to hear this.　　(大阪・上宮高)

(2) Her dream is to study abroad some day.

(3) Joanna has very little chance to get well again.　　(兵庫・報徳学園高)

(4) Why did you go to the station?
　　—— To meet my friend from China.

(5) Tom practices soccer very hard to be a better player.

(6) I feel happy to be in Japan.　　　　　(滋賀・比叡山高)

(7) I stopped to look at the map, but soon started to walk again.

着眼
70 (1) living things 生き物．without[wiðáut ウィズアウト] ～なしで
　　(2) 〈make + O + C〉O を C にする
71 (2) study abroad 海外で勉強する・留学する　(3) get well 回復する

☆*72* 下線部と同じ用法の不定詞を含む文を下から選び，記号で答えなさい。

(1) It was a place <u>to buy</u> pizza at. （埼玉・早稲田大本庄高國）
　　ア　The best plan is <u>to leave</u> here at once.
　　イ　The water is good <u>to drink</u>.
　　ウ　I went to the park <u>to play</u> tennis.
　　エ　I have a lot of friends <u>to talk</u> with.

(2) I am glad <u>to hear</u> that. （大阪・清教学園高）
　　ア　There are a lot of places <u>to see</u> in Nara.
　　イ　They started <u>to listen</u> to the new CD in their room.
　　ウ　My sister was very happy <u>to get</u> her birthday present.
　　エ　His brother went to Hokkaido <u>to ski</u> with his friends last winter.
　　オ　Would you like something <u>to eat</u>?

(3) He went home <u>to tell</u> everyone about his life in the country.
　　ア　My dream is <u>to travel</u> around the world by ship.
　　イ　Give me something <u>to drink</u>. （東京・國學院高國）
　　ウ　Mary had to study late at night <u>to pass</u> the exam.
　　エ　I want <u>to go</u> shopping today.
　　オ　There are many places <u>to visit</u> in Kyoto.

(4) We need <u>to learn</u> about the earth's weather. （東京・富士見丘高）
　　ア　I want something <u>to eat</u>.
　　イ　She decided <u>to become</u> a pianist.
　　ウ　I'm glad <u>to see</u> you again.
　　エ　I studied hard <u>to pass</u> the exam.

着眼
72 (3) pass[pǽs パス]合格する　(4) earth[ə́ːrθ ア〜ス]地球，weather[wéðər ウェザァ]天候・天気

★73 下線部の用法が他の文と異なるものを1つ選び，記号で答えなさい。

(1) ア To travel around the world is a lot of fun. （京都・同志社女子高）
   イ Mary went to the airport to meet her friend.
   ウ She started to study at eleven.
   エ I like to take a walk early in the morning.

(2) ア To study English is very important for us.
   イ To study English my brother went to England.
   ウ I stopped to smoke.
   エ We must study hard to pass the entrance examination.

(3) ア She is the first woman to climb the mountain.
   イ Kyoto has a lot of places to see.
   ウ I want to drink something cold.
   エ I want something cold to drink.

★74 日本文の意味を表すように，（   ）内に適当な1語を入れなさい。

(1) 遅くなってごめんなさい。8時のバスに乗り遅れたのです。

I'm (   ) (   ) (   ) late. I (   ) the 8:00 bus.

(2) 彼はどうしてその会議に行ったのですか。
   ——重要な問題について話すためです。 （福岡・西南学院高図）

Why did he go to the meeting?
—— (   ) talk about important problems.

●難▶(3) 彼は最善を尽くしたが，失敗しただけでした。

He did his best (   ) (   ) fail.

●難▶(4) その少年たちは成長して立派な青年になりました。

The boys (   ) (   ) (   ) (   ) fine young men.

着眼

73 (2) entrance examination 入学試験
74 (2)「会議」meeting (3)「最善を尽くす」do one's best (4)「成長する」grow up,「立派な」fine［fáin ファイン］

★75 日本文の意味を表すように，(9)(10)は英文の意味が通るように，（　　）内の語を並べかえなさい。

難(1) 仕事なしでいるには2年は長かった。　（1語不足）　　　　（東京・早稲田高）

Two years (job / a / time / without / a / long / be / to).

難(2) 彼は成長して医者になった。　（1語不足）　　　　（福岡・久留米大附設高）

(doctor / grew / he / be / up / a).

(3) ジョージは良い知らせを聞いてうれしそうでした。　　　（福岡大附大濠高図）

(hear / news / happy / looked / to / good / George).

難(4) あなたが会議に来られないと聞いて残念です。　　　　（熊本学園大付高）

(to / you / sorry / hear / am / cannot / come / I) to the meeting.

(5) その戦争を止めるために何ができるでしょう。　　　　（熊本学園大付高）

(what / stop / do / war / can / the / we / to)?

(6) 私はあなたとご一緒できてとてもうれしい。　　　　（大阪・開明高）

I (happy / with / am / be / you / very / to).

(7) 彼は病気の人を助けるために医者になる決心をしました。

(to / to / he / people / help / decided / be / a / sick / doctor).

(8) 私を駅まで連れて行ってくれるとは，彼女は親切な女の子です。

(take / is / to / to / kind / she / me / a / the / girl / station).

(9) She couldn't move her legs and she (ask / couldn't / for / get / help / the telephone / to / to).　　　　（千葉・渋谷教育学園幕張高）

(10) A : We're planning to go to Morioka by car next week.　We'll leave at five in the morning.

B : (get / it / to / there / hours / how / will / many)?（1語不足）

A : About five hours.　　　　（東京・豊島岡女子学園高）

★★76 次の文を英語になおしなさい。

難(1) 子どもたちはスペースシャトル(the space shuttle)に乗っている野口さんと話すことができてとても喜びました。　　　　（東京・中央大杉並高）

(2) 彼はなぜ君の家に来たのですか。——私の宿題を手伝うためです。

(3) 放課後，英語を勉強するために図書館に行きましょうか。

(4) 父はあなたからの手紙をもらってとても喜びました。

(5) そんなことを言うなんて，彼は疲れているにちがいありません。

(6) ここから図書館まで歩いて30分です。

難(7) 目が覚めると，床の上で寝ていました。　（I woke to ～ で始めて）

12 疑問詞＋不定詞

解答 別冊 *p.26~p.27*

★77 次の（　　）内に，ア～エより適当なものを選んで入れなさい。

(1) I'm not sure (　　) to go on our vacation. （北海道・函館ラ・サール高）
　ア what　イ which　ウ whose　エ where

(2) The man told me (　　) to clean air conditioner filters.
　ア when　イ who　ウ what　エ which

(3) He is thinking about (　　) to buy for his sister's birthday.
　ア what　イ when　ウ how　エ why

(4) Our school hasn't yet decided (　　) on our school trip next year.
　ア what to go　　　　イ which to go
　ウ that to go　　　　エ where to go　　　　（愛媛・愛光高）

★78 次の各組の文がほぼ同じ意味を表すように，（　　）内に適当な1語を入れなさい。

(1) They don't know what they should do for their children.
　They don't know (　　) (　　) do for their children. （大阪星光学院高）

(2) Do you know how to use the computer?　　　（埼玉・立教新座高）
　Do you know the (　　) (　　) using the computer?

(3) I don't know the way to the museum, so I need your advice.
　Could you please tell me (　　) to get to the museum? （東京・青山学院高）

(4) Ken can't play the flute.　　　　（神奈川・法政大二高）
　Ken doesn't know (　　) (　　) (　　) the flute.

★79 日本文の意味を表すように，（　　）内に適当な1語を入れなさい。

(1) 私たちはソファをどこに置くか決めないといけない。
　We must decide (　　) (　　) (　　) the sofa.

(2) この単語の発音の仕方を教えてください。
　Please tell me (　　) (　　) (　　) this word.

(3) 彼女は私にビーチに何を持っていけばよいか教えてくれた。
　She told me (　　) (　　) (　　) to the beach.

着眼

77 (1) vacation[veikéiʃən ヴェイケイション] 休暇
(2) air conditioner エアコン, filter[fíltər フィルタァ] ろ過器, フィルター
78 (4) flute[flúːt フルート] フルート

☆80 日本文の意味を表すように，⑷〜⑹は英文の意味が通るように，（　　）内の語句を並べかえなさい。

⑴ この本を読めば，英語の勉強の仕方がよく分かりますよ。　（福岡・久留米大附設高）

(tell / English / this book / study / to / you / will / how).

⑵ どのようにプレゼンテーションをしたり，ディベートに参加したらよいかわからない日本人が多い。

A lot of Japanese people don't know (to / or / in / how / give / take / a presentation / part) a debate.　（東京・明治大付中野高）

⑶ 地図を持った旅行者に東寺への行き方を尋ねられた。　（京都・洛南高）

(a map / asked / a tourist / get / me / to / to / To-ji Temple / with). （1語不足）

⑷ (me / you / push / tell / to / will / button / which) first?

（東京・豊島岡女子学園高）

🔵⑸ If you have a chance to travel, now you know (to / in / do / you / visit / the country / what).　（京都・同志社高）

🔵⑹ A: Are you watching TV again?　Yesterday, (I / do / tell / you / what / to) first? （1語不足）

B: Sorry, Mom.　I'll stop this and finish my homework before dinner.　（大阪教育大附高平野）

☆81 日本文の意味を表すように，下線部に英語を書きなさい。

⑴ 子供たちは怪我した猫をどうしたらよいか話し合いました。　（埼玉・立教新座高）

The children talked with each other _____.

⑵ 昨日の朝，何時に起きればよいのかわからなかった。　（東京・城北高）

I _____ yesterday morning. （7語で）

☆82 次の文を英語になおしなさい。

⑴ どうしていいか分からなかったので，川に飛び込んだよ。　（東京・早稲田実業高）

⑵ 祖父は私に囲碁の遊び方を教えてくれました。

着眼

80 ⑵ debate[dibéit ディベイト] 討論会，ディベート　⑷ button[bʌ́tn バトゥン] ボタン，（ベルなどの）押しボタン　⑸ chance[tʃǽns チャーンス] 機会

13 It is ... (for 人) ＋不定詞

解答 別冊 p.27~p.29

*83 次の（　）内に，ア～エより適当なものを選んで入れなさい。

(1) It was hard for Mary (　　) up chocolates.
　　ア give　　イ gave　　　ウ giving　　エ to give

(2) It is interesting (　　) to visit temples and shrines.
　　ア for he　　イ for him　　ウ of his　　エ of him

(3) It is unusual for Amanda (　　) from school.　　　　（長崎・青雲高）
　　ア to be absent　　イ being absent　　ウ was absent　　エ is absent

*84 次の各組の文がほぼ同じ意味を表すように，（　　）内に適当な1語を入れなさい。

(1) He was very kind to help me.
　　It was very kind (　　　) (　　　) (　　　) (　　　) me.

(2) We easily won the race.　　　　　　　　　　　（神奈川・法政大二高）
　　It was easy (　　　) (　　　) (　　　) (　　　) the race.

*85 日本文の意味を表すように，（　　）内に適当な1語を入れなさい。

(1) スーザンにとってその問題に答えるのは簡単だった。
　　(　　　) was easy for Susan (　　　) (　　　) that question.

(2) 子供たちがこの川で泳ぐのは危険だ。
　　It is dangerous (　　) (　　) (　　) (　　) in this river.

(3) 私たちのチームにとってその試合に勝つことは重要だ。
　　(　　) (　　) important (　　) our team to win the game.

(4) あなたは毎日バイオリンを練習する必要があります。
　　It is necessary (　　) you (　　) (　　) the violin every day.

(5) 王様にそんなことを言うなんて，彼は無礼だ。
　　It is rude (　　) him (　　) (　　) such a thing to the king.

(6) 私の感情を表現する言葉を探すのは私には難しかった。
　　It was (　　) for me (　　) (　　) a word to express my feelings.

着眼

　83 (1) give up ～ ～をやめる　(2) shrine [ʃráin シライン] 神社
　　　　(3) unusual [ʌnjúːʒuəl アンユージュアル] めずらしい
　85 (5) rude [rúːd ルード] 無礼な，無作法な

＊86 日本文の意味を表すように，⑸〜⑻は英文の意味が通るように，（　）内の語句を並べかえなさい。

⑴ 初心者が冬に富士山に登るのは大変危険です。　　　　　（神奈川・桐蔭学園高）

（ a beginner / is / climb / for / of / it / to / very dangerous ）
Mt. Fuji in winter.　（1語不要）

⑵ なぜ夕食の前に宿題を終わらせることが，あなたにとって難しいのですか。

（ difficult / you / your homework / why / of / finish / for / is / to / it ） before dinner?　（1語不要）　　　　　（東京・中央大杉並高）

⑶ 我々にとって，夢を実現するためにコンピュータやAIロボットを活用することが大切なのだ。　　　　　　　　　　　　　　　　　　　（愛媛・愛光高）

It is (computers and AI robots / our / to make / to realize / important / use of / order / for us) dreams.　（1語不足）

⑷ あんな敵と戦ったとは勇敢な男だ。　　　　　　　（東京・明治大付中野高）

（ such / was / fight / brave / it / of / to / him ） an enemy.

⑸ The girl liked each of the three young men very much.　So,
(to / for / it / best / hard / make / was / the / her / choice).

（兵庫・関西学院高）

●▶⑹ A: (for / history / interesting / is / Japanese / learn / to / you)?
B: Yes.　I have a lot of fun.　（1語不足）　　　　　（京都・洛南高）

⑺ Perhaps one day, (possible / it / be / people / to / for / travel / will) those distances.　　　　　（北海道・函館・ラ・サール高）

●▶⑻ (like / difficult / know / she / was / was / it / what / to) from her voice.　　　　　　　　　　　　　　　　（東京・豊島岡女子学園高）

＊87 次の文を英語になおしなさい。

⑴ A: Let's meet at Tokyo Station at 6:30 in the morning.
B: そんなに早くそこに行くのはきついな。　　　　　（東京・筑波大附高）

⑵ うまくスピーチするには，もっと練習する必要があると思うよ。（東京・早稲田実業高）

⑶ 両親が子供たちに年上の人との話し方を教えることは重要である。（東京・中央大杉並高）

（着眼）

86 ⑶ realize [rí(:)əlaiz リ（ー）アライズ] 実現する　⑷ brave [bréiv ブレイヴ] 勇敢な
⑸ choice [tʃɔ́is チョイス] 選択

14 動名詞

解答 別冊 *p.29~p.31*

*88 次の文の（　）内の語を適当な形になおしなさい。**＜頻出**

(1) The boy finished (swim) and looked at his friends.（大阪・樟蔭高）

(2) Thank you for (write) my letter. （兵庫・啓明学院高）

*89 次の文を完成するのに最も適当な語句を下から選び，記号で答えなさい。
＜頻出

(1) At first I enjoyed (　　) to him but later it became boring.
　ア hearing　　イ listening　　ウ to hear　　エ to listen
　　　　　　　　　　　　　　　　　（北海道・函館ラ・サール高）

(2) He became ill, so he stopped (　　). （城北埼玉高）
　ア drink　　イ to drink　　ウ drank　　エ drinking

●-(3) Don't forget (　) this package to your grandmother
　tomorrow. （東京・法政大高）
　ア to sending イ to send　　ウ sending エ send

●-(4) "Do you know London?" （兵庫・白陵高囲）
　"Yes. I remember (　　) there ten years ago."
　ア going　　　イ to be　　ウ to go　　エ went

●-(5) He tried (　　) to the girl, but she said nothing. （東京・法政大一高）
　ア talking　　イ talked　　ウ talk　　エ to talk

(6) Hi, Jane. Do you have any plans for this weekend? （大阪桐蔭高）
　How about (　) to see a movie with me?
　ア go　　　　イ to go　　　ウ we go　　エ going

(7) What do you say to (　　) to Hokkaido this summer?
　ア go　　　　イ going　　　ウ goes　　　エ went
　　　　　　　　　　　　　　　　（茨城・江戸川学園取手高囲）

(8) I'm looking forward to (　　) you again. （兵庫・啓明学院高）
　ア see　　　イ seeing　　ウ saw　　エ sees

着眼
88 (2)「私の手紙を書いてくれてありがとう」
89 (1) become boring 退屈になる　(4) remember [rimémbər リメンバァ] 覚えている

(9) I could not help (　　) at his red tie. 　　　　（埼玉・城西大付川越高）

　ア　laugh　　　　イ　laughing　　ウ　to laugh

90 次の英文を日本語になおしなさい。

(1) Hearing good music and knowing something more about music is another way of growing us.

(2) We are looking forward to going on a picnic next Sunday.

(3) Soon the plane leaves the ground without his being aware of it, and he finds he is safe. （下線部の訳）　　　（兵庫・灘高）

91 次の質問に対する最も適当な応答を，ア～エからそれぞれ選びなさい。

(1) A : How about going to the zoo?　　　　（福岡大附大濠高）

　B : (　　).

　ア　It's about animals.　　　イ　It takes five minutes.

　ウ　I'll go there by bus.　　　エ　That's a good idea.

(2) A : Would you mind helping me?　　　　（佐賀・東明館高）

　B : (　　).

　ア　No, not at all.　　　イ　Yes, I don't mind.

　ウ　I was glad to help you.　　　エ　No, you won't.

92 次の英文の下線部で，-ing の形に書きかえられるものを3つ選びなさい。

　ア　We decided to go to America.　　　（京都・同志社女子高図）

　イ　Tom began to play tennis twenty years ago.

　ウ　We want to go on a picnic.

　エ　She likes to watch TV after dinner.

　オ　I hope to learn a lot at this school.

　カ　John wishes to visit Nara with his friends.

　キ　The two cities promised to work for peace.

　ク　He continued to work for three hours.

着眼

　89 (9) laugh at ～ ～を笑う

　90 (1) another［ənʌ́ðər アナザァ］もう1つの　(3) be aware of ～ ～に気付く

　92 キ promise［prɑ́(ɔ́)mis プラ［ロ］ミス］約束する，peace［píːs ピース］平和

　　ク continue［kəntínjuː コンティニュー］続ける

★93 各組の2文がほぼ同じ意味を表すように，（　　　）内に適当な1語を入れなさい。

(1) He didn't say goodbye and left the room.　（大阪教育大附高平野函）
He left the room （　　　　　） （　　　　　） goodbye.

(2) I usually take a bath before dinner.　（近畿大附和歌山高函）
I usually have dinner （　　　　） （　　　　　） a bath.

(3) Can you swim well?　（獨協埼玉高）
Are you good （　　　　） （　　　　　）?

(4) Let's go on a picnic.　（獨協埼玉高）
How （　　　　） （　　　　） on a picnic?

(5) I couldn't but jump for joy at the good news.　（神奈川・湘南学園高）
I couldn't （　　　　） （　　　　） for joy at the good news.

(6) My brother likes to dance.
My brother is （　　　　） （　　　　） （　　　　）.

(7) Would you open the window?　（神奈川・慶應高）
Would you （　　　　） （　　　　） the window?

(8) May I listen to the radio?
（　　　） you （　　　　） （　　　） （　　　） to the radio?

(9) We couldn't swim across the river.　（岡山白陵高）
（　　　　） across the river was impossible for us.

(10) This train could not arrive on time because there was the accident.
The accident （　　　　） the train from （　　　　） on time.
（神奈川・慶應高）

★94 次の文のうち，誤りのある文を1つ選びなさい。　（大阪・明星高函）

ア We are looking forward to visiting Tokyo Disneyland.
イ He stopped smoking three months ago.
ウ I hope seeing you soon.
エ The baby saw his mother and began smiling.

着眼
93 (1) say goodbye さよならを言う　(5) jump for joy 大喜びで跳び上がる
(10) on time 時間通りに (in time 間に合って)
94 ア Tokyo Disneyland 東京ディズニーランド　エ smile[smáil スマイル]ほほえむ

★95 日本文の意味を表すように, ( ) 内に適当な1語を入れなさい。

(1) 食べ過ぎは身体によくない。 (近畿大附和歌山高)

( ) too ( ) is not good ( ) your health.

(2) 英語を学ぶことに興味を持っている生徒がたくさんいます。 (獨協埼玉高)

Many students are ( ) ( ) ( ) English.

難▶(3) ラッシュアワーに車で出かけるのはやめとけよ。 (東京・開成高)

You'd better avoid ( ) during the rush hour.

難▶(4) 昨日は大雪で私たちは外出できなかった。 (東京・開成高図)

The ( ) snow ( ) us from ( ) out yesterday.

★96 日本文の意味を表すように, ( ) 内の語句を並べかえなさい。

(1) 彼は辞書を使わずにその本を読んだ。(1語不足) (東京・法政大高図)

(he / using / read / a dictionary / the book).

(2) 彼はいつもカメラを持っていきます。(下線部を適する形に変えて)

He (camera / him / forgets / take / never / a / with).

(茨城・江戸川学園取手高図)

(3) 彼は十分なお金を持っていないことを心配している。 (東京・江戸川女子高)

(not / is / afraid / enough / he / of / having / money).

(4) タイジャは助けてくれたことに対してショーンにお礼を言いたかった。

Taija (for / helping / her / Sean / thank / to / wanted).

(千葉・渋谷教育学園幕張高図)

難▶(5) この映画は2回見るだけの価値がある。(1語不足) (兵庫・白陵高)

(film / seeing / is / this / twice).

★★97 次の文を英語になおしなさい。

(1) その日の登山は見合わせることにした。 (東京学芸大附高)

(2) あなたは以前ブラウンさんに会ったことを覚えていますか。 (東京・桜美林高)

(3) 私たちは芝生の上で横になって楽しみました。

(4) 私は何もしないで今日の午前中を過ごしました。

(5) 秋は読書によい季節です。

着眼 ───────────────

97 (1)「山に登る」climb the mountain.「見合わせる」→「～するのをあきらめる」と考える。

(3)「芝生」grass (4)「過ごす」spend (5)「読書」reading

15 There is 〜.

解答 別冊 *p.31~p.33*

*98 次の文の（　　）内に入れるのに最も適当な語句を下から選び，記号で答えなさ
い。 ◀頻出

(1) There (　　) a lot of milk in the cup.　　　　　（広島・如水館高）
　　ア be　　　　イ was　　　　ウ were　　　エ are

(2) There (　　) a lot of rain last June in Japan.　　（東京・法政大高）
　　ア is　　　　イ are　　　　ウ was　　　エ were

(3) There (　　) some bags on the desk.
　　ア am　　　　イ are　　　　ウ is　　　エ be

(4) There (　　) many students in the classroom.
　　ア be　　　　イ was　　　　ウ were　　　エ is

(5) There were (　　) pupils on the school ground.　（大阪・相愛高）
　　ア a little　　イ little　　　ウ many　　エ much

*99 次の文を日本語になおしなさい。

(1) There were thousands of stars in the sky.

(2) They looked into the room, but there was nobody there.

(3) Did you see the Niagara Falls?
　　—— No.　I wanted to, but there wasn't time.

(4) There was little snow on the ground.

(5) There were no clouds in the sky.

(6) How many countries are there in Asia?

(7) Were there any interesting stories in today's newspaper?

(8) There weren't any cars, and people had to ride horses.

着眼
　98 (5) pupil [pjú:pl ピューブル] 生徒
　99 (1) thousands of 〜 何千もの〜　(2) look into 〜 〜をのぞき込む　(3) the Niagara
　　Falls ナイアガラの滝　(6) Asia [éiʒə エイジァ] アジア

100 各組の2文がほぼ同じ意味を表すように，（　　）内に適当な1語を入れなさい。

(1) We have two big concert halls in this city.　　(大阪・関西大倉高)
（　　　　）are two big concert halls in this city.

(2) （　　　　）are a lot of places to visit in Kyoto.　(広島・如水館高図)
Kyoto has a lot of places to visit.

(3) There are about five hundred students in our school.
Our school （　　　　）about five hundred students.
(大阪・追手門学院高)

(4) How many pages are there in this book?　　(城北埼玉高)
How many pages （　　　　）this book （　　　　）?

(5) February has twenty-eight days.
（　　　）（　　　　）twenty-eight days （　　　　）February.

(6) There was little rain in Osaka last summer.　(大阪・明浄学院高)
（　　　）（　　　　）little rain in Osaka last summer.

(7) There are no stars in the sky.
There （　　　　）（　　　　）stars in the sky.

101 次の文を（　　）内の指示に従って書きかえなさい。

(1) There is a dictionary on the desk. （下線部をtwoにかえて）

(2) There were some people on the street. （否定文に）

(3) There was a book on the table.
（下線部が答えの中心となる疑問文に）

(4) Are there any interesting stamps in your album?
（下線部を単数形に）

(5) There are three trees in the garden.　　(大阪学芸高)
（下線部をたずねる文に）

(6) There are some boys by the window.
（疑問文にし，Yesで答えて）

着眼
100 (1) concert hall コンサートホール
101 (2) on the street 通りに　(4) stamp 切手

*102 日本文の意味を表すように，（　）内に適当な1語を入れなさい。

(1) 君は週に何回レストランに行くのですか。　　　　　　　　　（大阪・開明高）

（　　　）（　　　　　） times a week do you go to the restaurant?

(2) あなたのカバンに本が入りますか。　　　　　　　　　　　　（愛知・滝高）

Is （　　　） room for a book in your bag?

(3) 机の上にギターがありますか。　　　　　　　　　　　　（広島・如水館高）

（　　　）（　　　　　） a guitar on the desk?

(4) 1週間は何日ありますか。

（　　　） many days （　　　　） there in a week?

(5) テーブルの上に何かあるよ。

（　　　） something （　　　） the table.

(6) あなたの家の前に公園がありますか。　　　　　　　　（大阪・関西大倉高）

Is （　　　） a park in （　　　　） of your house?

(7) このテレビ，どこか故障しているよ。　　　　　　　　　　（京都・洛南高）

（　　　）（　　　　）（　　　　）（　　　　　） with this TV set.

(8) ドアの所にだれかいるよ。

（　　　） somebody （　　　　） the door.

(9) 箱の中に何が入っていますか。

――その中にはボールが1つ入っています。

（　　　）（　　　　） in the box?

―― There （　　　） a ball in it.

***103 次の英文の誤りをなおし，全文を書きかえなさい。

(1) There is a lot of fish under this bridge.

(2) There are my sisters in the park.

(3) A man is at the bus stop.

(4) Are there any juice in the bottle?

(5) What was on the wall? ―― It was a clock.

着眼

102 (2) room [rú(:)m ル(ー)ム] 余地・空き　(7)「テレビ」TV set

103 (1) fishは単複同形。　(3) bus stop バス停　(4) juice [dʒúːs ヂュース] ジュース，bottle [bá(ɔ)tl バ(ボ)トゥル] ビン　(5) on the wall 壁に

★**104** 日本文の意味を表すように, （　　）内の語句を並べかえなさい。

(1) その湖にはたくさんの魚がいます。　　　　　　　　　　　　　（大阪工大高）

(a / are / fish / in / lot / of / there / the lake).

(2) そのチームには何人の選手がいますか。　　　　　　　　　　（大阪・開明高）

(there / team / how / players / are / the / in / many)?

(3) 1年は12か月です。　　　　　　　　　　　　　　　　　　　（香川誠陵高）

(months / are / a / in / twelve / there / year).

(4) 冷蔵庫に牛乳はありますか。　　　　　　　　　　　　　　　　（三重・暁高）

(there / in / milk / any / is) the fridge?

(5) 東京にはたくさんのおもしろい場所がある。　　　　　　　　　（三重・暁高）

(there / many / places / in / are / interesting / Tokyo).

(6) 正午までに十分な時間があります。　　　　　　（北海道・函館ラ・サール高）

There (noon / before / enough / is / time).

(7) この時計はどこか故障しているかもしれない。　　　　　（東京・江戸川女子高）

(watch / there / wrong / with / may / this / be / something).

(8) あのレストランには何も温かい飲み物がありませんでした。　　（東京・國學院高）

There (in / was / nothing / drink / to / hot / that) restaurant.

★★**105** 次の文を英語になおしなさい。

(1) 私の叔父は台所にいます。　　　　　　　　　　　　　　（神奈川・法政大二高）

(2) 今日はやるべき仕事がたくさんあるかもしれない。

(3) ほら，お父さん。空にはきれいな星がいっぱいだよ。

(4) 日本には四季があります。

(5) 昔，このあたりに大きな池がありました。

(6) 台所には何も食べ物がありませんでした。

(7) かつて賢い王様がこの国に住んでいました。

🈔▶(8) そのことについて全く疑いはありません。

🉂眼

104 (3)「1年の中に12の月がある」と考える。　(4)「冷蔵庫」fridge [frídʒ フリッヂ] = refrigerator [rifrídʒəreitər リフリヂェレイタァ]

105 (3)「ほら」→「見て」と考える。 (4)「季節」season [síːzn スィーズン]
(5)「池」pond [pá(ɔ)nd パ〔ポ〕ンド] (7)「かつて」once [wáns ワンス], 「賢い」wise [wáiz ワイズ], 「王様」king [kíŋ キング] (8)「疑い」doubt [dáut ダウト]

16 命令文・感嘆文

解答 別冊 p.33~p.36

*106 次の文の（　　）内に入れるのに最も適当な語を下から選び，記号で答えなさ
い。＜頻出

(1) （　　） quiet during the class. （兵庫・仁川学院高）

　　ア Be　　　　イ Are　　　　ウ Do　　　エ Does

(2) （　　） tall buildings there are!

　　ア What　　　イ How　　　ウ Very　　　エ Too

(3) （　　） hard Tom studies English!

　　ア What　　　イ How　　　ウ Much　　　エ Very

(4) Jane （　　） me.

　　ア help　　　イ helps　　　ウ is　　　エ be

(5) Jane, （　　） me.

　　ア help　　　イ helps　　　ウ is　　　エ be

(6) Tom, （　　） watch TV too long.

　　ア isn't　　　イ didn't　　　ウ doesn't　　エ don't

**107 次の文を日本語になおしなさい。＜頻出

(1) Be kind to your neighbor.

(2) Be an honest boy, Tom.

(3) Don't sing in the classroom, please.

(4) Don't be so sad.

(5) Let's go fishing to the lake.

(6) What a kind boy he is!

(7) What an interesting story I wrote!

(8) What nice people they are!

(9) How cold it was here yesterday!

(10) How fast the dog is running!

着眼
106 (1) during [djú(ə)riŋ デュ（ア）リング] ～の間
107 (2) honest [á(ɔ)nist ア〔オ〕ネスト] 正直な

★108 各組の2文がほぼ同じ意味を表すように，（　　）内に適当な1語を入れなさい。

(1) Don't sit up late at night.
You (　　　　) (　　　　) sit up late at night.

(2) You must not leave your bicycle here.　　　　（東京・成城学園高）
(　　　　) leave your bicycle here.

(3) You mustn't be late for school.　　　　（東京・中央大附高）
(　　　　) (　　　　) late for school.

(難)(4) Don't (　　　　) noisy in this room.　　　　（高知・土佐塾高）
Be (　　　　) in this room.

(5) Will you read these English words?　　　　（大阪・清風南海高）
(　　　　) (　　　　) these English words.

(6) How about going to the park?
(　　　　) go to the park.

(7) The Carters have a wonderful son.　　　　（神奈川・慶應高）
(　　　　) a (　　　　) son the Carters have!

(8) Hiroshi can swim very well.　　　　（東京・明治大付中野高）
(　　　　) a (　　　　) (　　　　) Hiroshi is!

(9) How early you rise!　　　　（神奈川・法政大二高）
What (　　　　) early (　　　　) you are!

(10) How well your mother cooks!　　　　（徳島文理高）
What a (　　　　) (　　　　) your mother is!

(11) How interesting her book is!　　　　（鹿児島・樟南高函）
What (　　　　) interesting book (　　　　) has!

(12) How well he speaks English!　　　　（京都・大谷高）
What a (　　　　) (　　　　) (　　　　) (　　　　) he is!

(13) Mr. Yamada is a very careful driver.　　　　（大阪女学院高）
(　　　　) (　　　　) Mr. Yamada (　　　　)!

(14) Wow! She is very good at horse riding!　　　　（東京・明治大付中野高函）
How (　　　　) she rides a horse!

―――――――――――――――――――――――――――――

(着)(眼)
108 (1) sit up late 遅くまで起きている　(4) noisy [nɔ́izi ノイズィ] 騒がしい
(9) rise [ráiz ライズ] 起きる

★★109 次の文を（　　）内の指示に従って書きかえなさい。

(1) What a good tennis player he is!　（Howで始まる感嘆文に）

（佐賀・東明館高）

(2) You are kind to old people.　（命令文に）　　　　　（佐賀・東明館高）

(3) You are late for school.　（否定命令文に）

(4) He has a very interesting book.　（感嘆文に）

(5) I am very glad to see you.　（感嘆文に）

(6) Mary washes the dishes.　（メアリーに対する命令文に）

(7) The plane is flying very high.　（感嘆文に）　　　（獨協埼玉高）

★★110 日本文の意味を表すように，（　　）内に適当な1語を入れなさい。

(1) だれにでも親切にしなさい。　　　　　　　　　　　（奈良・帝塚山高）

　（　　　　）（　　　　　）to everyone.

(2) あなたの母はなんて早起きなのだろう。

　（　　　　）（　　　　　）your mother gets up!

(3) なんて大きなクマなんだ。

　（　　　　）（　　　　　）（　　　　　）bear!

(4) これはなんて簡単な問題なんでしょう。　　　　　　（大阪信愛高）

　（　　　　）（　　　　　）easy question this is!

(5) 少年よ，大志を抱け。

　（　　　　），（　　　　　）ambitious!

(6) なんてご親切なんでしょう。

　（　　　　）（　　　　　）of you!

(7) 弟に意地悪してはいけません。

　（　　　　）（　　　　　）nasty to your brother.

(着)(眼)

110 (3)「クマ」bear[béər ベア]　(5)「大望を抱いた」ambitious[æmbíʃəs アンビシャス]
（よい意味にも悪い意味にも使われる），（名詞 ambition[æmbíʃən アンビション]大望・
野心）　(7)「意地悪な」nasty[nǽsti ナスティ]

☆**111** 日本文の意味を表すように,(   )内の語句を並べかえなさい。

(1) 間違いをすることを恐れてはいけません。　　　　　　(神奈川・日本大高)

(mistakes / afraid / making / don't / of / be).

(2) そんな間違いをするなんて,君はなんて愚かなんだ。　(東京・明治大付中野高)

How (to / such / you / foolish / are / make) a mistake!

難▶(3) 花びんを落とさないよう注意しなさい。　(1語不要)　(佐賀・東明館高)

(drop / careful / not / the vase / be / do / to).

(4) 私は彼が成功したと聞いて,どんなにうれしかったことでしょう。　(1語不要)

(to / that / happy / was / about / success / how / hear / his / I)!　　　　　　　　　　　　　　　　　(佐賀・東明館高)

(5) あなたにお会いしてたいへんうれしいです。

How (glad / see / am / to / I) you!

(6) 食事中に食べ物を口に入れたままで話してはいけません。　(1語不要)

(full / talk / to / table / mouth / with / at / don't / your / the).

難▶(7) あなたはなんてかわいい帽子をかぶっているのでしょう。(1語不要)(大阪女学院高)

(head / on / how / you / pretty / what / a / hat / have / your)!

☆☆**112** 次の文を英語になおしなさい。

(1) 図書館に食べ物を持ち込んではいけません。

(2) 今朝は湖がなんて美しく見えるのだろう。　　　　　(京都・立命館高)

難▶(3) 列車の中にカバンを忘れないように注意しなさい。

(4) 私たちはそのニュースを聞いて,なんてうれしかったことでしょう。

(5) 彼女たちはなんてきれいな人形を作っているんでしょう。　(奈良・帝塚山高)

着眼
111 (1)(2) make mistakes[a mistake]間違いをする　(3) vase[véis ヴェイス]花びん
(4) success[səksés サクセス]成功(動詞succeed[səksíːd サクスィード]成功する,形容詞successful[səksésfəl サクセスフル]成功した)　(6)「食事中に」at the table
112 (1)「持ち込む・持って来る」bring[bríŋ ブリング]　(3)「注意する」be careful

17 付加疑問

解答 別冊 *p.36~p.37*

★113 次の文の（　　）内に，ア～エより適当なものを選んで入れなさい。 **<頻出**

(1) Mr. Kato was a Japanese teacher, (　　)?

　　ア did he　　イ didn't he　　ウ does he　　エ wasn't he

(2) Your father likes skiing, (　　) he?　　　　　　（大阪・金光八尾高）

　　ア wasn't　　イ doesn't　　ウ didn't　　エ isn't

(3) Rebecca read the book, (　　) she?　　　　　　（東京・法政大一高）

　　ア doesn't　　イ does　　ウ didn't　　エ did

(4) You have to come back earlier than usual, (　　) you?

　　ア haven't　　イ mustn't　　ウ don't　　エ isn't

　　　　　　　　　　　　　　　　　　　　　　　　　（東京・玉川学園高）

(5) She cannot swim, (　　)?　　　　　　　　　　　（城北埼玉高）

　　ア can she　　イ cannot she　ウ does she　エ doesn't she

(6) Let's go to the movies tomorrow, (　　)?　　　（東京・中央大附高）

　　ア aren't we　　イ don't we　　ウ shall we　　エ will you

★114 次の文の（　　）内に入れるのに最も適当なものを下から選び，記号で答えなさい。 **<頻出**

(1) Tom and Bob were able to swim fast, (　　)?

(2) You and Tom were here, (　　)?

(3) You could wait, (　　)?

(4) Your brothers couldn't see him, (　　)?

(5) You weren't living on East Street, (　　)?

　　ア were they　　　イ weren't they　　　ウ were you

　　エ weren't you　　オ could they　　　カ couldn't they

　　キ could you　　　ク couldn't you

113 (2) skiing [skí:iŋ スキーイング] < ski [skí: スキー] スキーをする　(3) Rebecca [ribékə リベカ] レベッカ（女子の名，愛称はBecky）　(4) usual [jú:ʒuəl ユージュアル] 普段

★115 次の文の（　）内に適当な1語を入れ，付加疑問にしなさい。

(1) Let's go shopping, (　　　) (　　　)?　　　　　　（東京・開成高⊠）

(2) You won't be late, (　　　) (　　　)?　　　　　　（大阪・開明高⊠）

(3) You and Lucy were going to the station, (　　　) (　　　)?

(4) Your sister couldn't swim across the river, (　　　) (　　　)?

(5) Open the windows, (　　　) (　　　)?

(6) Don't make a noise, (　　　) (　　　)?

▶(7) I am your friend, (　　　) (　　　)?

★116 次の文を日本語になおしなさい。

▶(1) There are no doctors in this village, are there?
　　　—— Yes, there is one.

(2) Tom and his family weren't in Tokyo two years ago, were they?

★117 日本文の意味を表すように，（　）内の語句を並べかえなさい。

(1) そんなに頑張らなくてもいいでしょう。　　　　　　（福岡・西南学院高）

(we / hard / have / don't / to / we / work / so / , / do)?

(2) 札幌は楽しかったでしょう。　　　　　　（東京・学習院高⊠）

(you / you / had / in Sapporo / a good time / , / didn't)?

★118 次の文を英語になおしなさい。

▶(1) その少女たちは日本語を話せませんね。——いいえ，話せますよ。

(2) 今朝はたくさん雨が降りましたね。

(3) 君はしょっちゅう遅れるそうじゃないかね。

(4) ナンシーは間に合うようにそこに着くでしょうね。

115 (4) swim across 泳いで渡る，across［əkrɔ́(ː)s アクロ（ー）ス］～を横切って
　　(6) make a noise 騒ぐ
116 (1) village［vílidʒ ヴィレヂ］村
117 (1) 「頑張る」→「一生懸命に働く」と考える。
118 (3) 「しょっちゅう」→「しばしば」often［ɔ́(ː)fn オ（ー）フン］ (4) 「間に合うように着く」→「時間通りに（in time）着く」と考える。

18 文型（SVC，SVO）

解答 別冊 *p.37~p.39*

*119 次の文の（　　）内に入れるのに最も適当な語を下から選び，記号で答えなさい。 **◀頻出**

(1) It is (　　) today.
　　ア sunrise　　イ sunny　　ウ sun　　エ sunshine

(2) It is (　　) colder day by day.
　　ア getting　　イ making　　ウ showing　エ telling

(3) My father bought this hat (　　) me.
　　ア to　　イ for　　ウ by　　エ at

(4) I will (　　) the camera to him.
　　ア lend　　イ borrow　　ウ speak　　エ look

(5) She (　　) me about the book.　　　　　　（岡山白陵高改）
　　ア said　　イ spoke　　ウ talked　　エ told

(6) He looked quite (　　).
　　ア angry　　イ angrily　　ウ anger　　エ is angry

*120 次の下線部の語句が，補語か目的語かを答えなさい。 **◀頻出**

(1) The girl looked very <u>sad</u> at that time.
(2) He bought <u>a camera</u> at that store.
(3) We didn't get <u>angry</u>.
(4) I will send <u>a present</u> to you.
(5) Who broke <u>this window</u>?
(6) Tom will be <u>a famous pianist</u> in the future.
(7) This may sound <u>strange</u> to you.
(8) The leaves turned <u>red and yellow</u>.

着眼
119 (1) sunrise[sánraiz サンライズ]日の出，sunshine[sánʃain サンシャイン]日光・日なた　(6) quite[kwáit クワイト]＝very とても，angry[ǽngri アングリィ]怒った
120 (3) get angry 腹を立てる　(7) sound[sáund サウンド]〜と聞こえる・思える
(8) leaves[líːvz リーヴズ]＜leaf[líːf リーフ]葉

★*121* 次の文を日本語になおしなさい。

(1) My father will get angry to hear that.

(2) Will it be fine next Sunday?

(3) The leaves of the trees turned red and yellow.

★★*122* 各組の2文がほぼ同じ意味を表すように，（　　）内に適当な1語を入れなさい。

(1) My father is a careful driver.　　　　　　　　（東京・桜美林高）

My father (　　　　) (　　　　).

(2) He runs very fast.　　　　　　　　　　　　　（大阪・開明高図）

He is a very (　　　　) (　　　　).

(3) She cooks well.

She is a (　　　　) (　　　　).

(4) You and Ken swim well.

You and Ken are (　　　　) (　　　　).

You and Ken are (　　　　) (　　　　) (　　　　).

(5) His dreams were great.

He (　　　　) (　　　　) dreams.

(6) She speaks French very well.

She is a very (　　　) (　　　) (　　　) (　　　).

(7) We have much rain in June.

It (　　　) (　　　) (　　　) in June.

●▶(8) I don't know that man.

That man is a (　　　) (　　　) me.

●▶(9) He never breaks his promise.

He is a (　　　) of his (　　　).

(10) Is this car yours?

(　　　) this car (　　　) (　　　) you?

122 (1) careful [kéərfəl ケアフル]注意深い⟷careless [kéərlis ケアレス]不注意な

(9) never 決して〜ない，promise [prɑ́〔ɔ́〕mis プラ〔ロ〕ミス]約束

* **123** 次の文と同じ文型の文をア～オから選び，記号で答えなさい。

(1) The singer became very popular.

(2) I will take the bus to school.

 ア We were watching TV then.

 イ My mother gets up early every morning.

 ウ He runs very fast.

 エ The leaves of the tree turned red.

 オ We talked about the book for a long time.

★ **124** 日本文の意味を表すように，（ ）内に適当な1語を入れなさい。

(1) 彼女は私たちにアルバムを見せてくれた。

 She ( ) her album to ( ).

(2) 暗くなってきている。

 It is ( ) dark.

(3) 去年トムは先生になりました。

 Tom ( ) ( ) ( ) last year.

(4) ジムは走るのが速い。

 Jim is ( ) fast ( ).

(5) 父は犬小屋を作りました。

 My father ( ) a doghouse.

⚫▶(6) この本はよく売れている。

 This book is ( ) well.

(7) これらのリンゴはとてもすっぱい味がする。

 These apples ( ) very ( ).

(8) その本は10代の若者の間で有名になりました。

 The book ( ) ( ) ( ) teenagers.

(9) このバラは甘い香りがする。

 This rose ( ) ( ).

（着眼）

 123 (1) popular [pάpjulər パピュラァ] 人気のある
   (2) take ～に乗る

 124 (5) 「犬小屋」doghouse《英》kennel [kénl ケヌル])
   (8) 「有名な」famous [féiməs フェイマス]

★125 日本文の意味を表すように，（　　）内の語句を並べかえなさい。

(1) 彼の息子は去年パイロットになった。

(a pilot / his son / became / last / year).

(2) 彼女はお母さんに似ています。

(mother / she / like / her / looks).

(3) あなたの帽子を見せてください。

(show / please / to / your hat / me).

(4) 暖かくなってきています。

(getting / warmer / is / it).

(5) その少年は試合の後うれしそうだった。

(the game / happy / the boy / after / looked).

(6) 辞書を借りてもいいですか。

(your / can / borrow / I / dictionary)?

(7) ささいな事に腹を立てるな。

(at / don't / trifles / get / angry).

(難)►(8) 気がつくと，駅の前にいました。

(front / we / ourselves / station / of / in / the / found).

★★126 次の文を英語になおしなさい。

(1) 彼女はいつもとても美しく見える。

(2) あなたの父は警察官のようです。

(3) 2，3日でよくなるでしょう。　　　　　　　　　　　　　（大阪教育大附高平野）

(4) とても悲しそうですが，どうなさったのですか。　　　　　　（大阪・明星高）

(5) これはあなたには奇妙に聞こえるかもしれない。

(6) 彼は，春休みの計画を両親に見せるつもりです。　　　（東京・早稲田実業高⊠）

────────────────────

(着眼)

125 (7)「ささいな事」trifle［tráifl トゥライフル］

126 (2)「警察官」police officer　(3)「2，3日で」in a few days
　　　(5)「奇妙な」strange［stréindʒ ストゥレインヂ］

19 文型（SVOO, SVOC）

解答 別冊 p.39~p.41

*127 次の文の（　　）内に入れるのに最も適当な語句を下から選び，記号で答えなさい。 **◀頻出**

(1) I'll give (　　　　) on your birthday.　　　　　　　　　（広島・修道高）
　　ア you a CD player　　　　　　イ you with a CD player
　　ウ a CD player you　　　　　　エ a CD player with you

(2) He named (　　　　).
　　ア his cat Tama　　　　　　　　イ his cat is Tama
　　ウ his cat to Tama　　　　　　　エ his cat on Tama

(3) You had better (　　　　). It is very hot in this room.
　　ア keep the opening window　　イ keep the window open
　　ウ keep the window opening　　エ keep open the window

（東京・明治大付中野高）

***128 次の文と同じ文型の文をそれぞれア～オから選び，記号で答えなさい。

(1) Smith's family named their daughter Mary.　　　　（大阪・清風高國）
　　ア They traveled by ship.
　　イ He was busy last week.
　　ウ She wrote a letter to him.
　　エ She made me some nice cakes.
　　オ He made his son a doctor.

(2) I gave him a book.　　　　　　　　　　　　　　（神奈川・法政大二高）
　　ア He had only the big iron anchor.
　　イ One day Antonio saw Pablo coming down the road.
　　ウ What a lazy man I was!
　　エ His plan is working well.
　　オ Could you lend me your car?

着眼
128 (2) ア iron [áiərn アイアン] 鉄（の）, anchor [ǽŋkər アンカァ]（船の）いかり
ウ lazy [léizi レイズィ] 怠惰な　エ work well うまくいく［機能する］

129 各組の2文がほぼ同じ意味を表すように，（　　）内に適当な1語を入れなさい。

(1) Mr. Black is their English teacher.　　　（北海道・函館ラ・サール高）
Mr. Black (　　　　) (　　　　) English.

(2) His father bought him a new bicycle.　　　（東京・成城学園高）
His father bought a new bicycle (　　　　) (　　　　).

(3) My uncle found me a good job.　　　（大阪・明星高）
My uncle found a good job (　　　　) (　　　　).

(4) John smiles at Mary, so she feels (　　　　).　　　（東京学芸大附高）
John's smile (　　　　) Mary happy.

(5) Why did Takeshi change his mind?　　　（高知・土佐高）
(　　　　) (　　　　) Takeshi change his mind?

(6) Her name is Elizabeth.　Beth is her nickname.　　　（高知学芸高）
Her friends usually (　　　　) her (　　　　).

(7) I found that the book was interesting.
I found the (　　　　) (　　　　).

(8) The song made him happy.　　　（大阪・関西大倉高）
He was happy to (　　　　) (　　　　) the song.

(9) I paid 10,000 yen for the book.
The book (　　　　) (　　　　) 10,000 yen.

(10) His name was Tommy.
People (　　　　) (　　　　) Tommy.

(11) What is the name of this tree in your country?　　　（愛媛・愛光高）
What (　　　　) (　　　　) (　　　　) this tree in your country?

(12) Can I borrow your dictionary?　　　（大阪・清風南海高）
Will you (　　　　) (　　　　) your dictionary?

(13) If you walk every day, you will be healthier.　　　（東京・城北高）
(　　　　) every day will (　　　　) (　　　　) healthier.

着眼
129 (3) job [dʒáb ヂャブ] 仕事　(4) smile at ~ ~にほほえむ
(5) change one's mind 気が変わる　(6) Elizabeth [ilízəbəθ イリザベス] エリザベス（女子の名），nickname [níkneim ニクネイム] 愛称　(9) paid [péid ペイド] ＜pay [péi ペイ] 支払う

✱130 日本文の意味を表すように,（　　）内に適当な1語を入れなさい。

(1) 彼は息子を医者にしました。 (獨協埼玉高)

He (　　) (　　) (　　) (　　) (　　).

(2) 彼はどうしてそんなに怒ったのですか。 (広島・修道高)

What (　　) (　　) so angry?

(3) お風呂に入ると私はいつも眠くなる。 (北海道・函館ラ・サール高)

A bath always (　　) (　　) (　　).

(4) 彼はコーヒーは甘いのが好きだった。 (北海道・函館ラ・サール高)

He liked (　　) (　　) (　　).

(5) ホテルまで乗せていってくれませんか。

Will you (　　) me a (　　) to my hotel?

(6) 彼女はその絵で有名になりました。

The picture (　　) her (　　).

(7) 私は彼女を1時間余りも待たせてしまいました。

I kept (　　) (　　) (　　) over an hour.

(8) この花は英語で何と言いますか。

What (　　) you (　　) this flower in English?

(9) お願いがあるのですが。

May I (　　) you a (　　)?

May I (　　) a (　　) (　　) you?

(10) ジュースを冷やしておこうよ。

Let's (　　) the juice (　　).

(11) その場所が静かだとわかりました。

I (　　) the place (　　).

(12) ドアを開けっ放しにしておいてはいけません。

Don't (　　) the door (　　).

(13) このセーターを着れば暖かいよ。

This sweater will (　　) you (　　).

⋮131 日本文の意味を表すように，(7)は英文の意味が通るように，(　　)内の語句を並べかえなさい。

(1) この本を読めば日本の生活がよくわかります。　　　　(兵庫・滝川高國)

(this book / a clear / you / life / will / in Japan / idea / give / of).

(2) 彼が結婚したと聞いて私たちはとてもうれしかった。　(1語不足)　(京都・洛南高)

(happy / his / marriage / of / the news / us / very).

(3) 彼にあなたのペンを貸してあげてはどうですか。(1語不要)　(千葉・専修大松戸高)

(you / for / pen / him / lend / don't / why / your / to)?

(4) 部屋はきれいにしておきなさい。　(1語不要)　　　　(大阪教育大附高平野)

(keep / be / you / room / have / clean / to / your).

難▶(5) 彼が試験に合格したので，両親はとても喜んだ。　　　(東京・開成高國)

(happy / made / on / his / very / his / examination / parents / success / the).

難▶(6) その若い芸術家はこの絵で有名になった。　(1語不足)　(大阪・四天王寺高)

(artist / made / picture / the / this / young).

難▶(7) A : What do you think of this book?　　(千葉・渋谷教育学園幕張高國)

B : Well, (culture / gives / Hawaiian / idea / it / me / of / some).

⋮132 次の文を英語になおしなさい。

(1) 今朝はいつもと感じがちがうね。　　　　　　　　　　(岡山白陵高)

(2) 一郎は彼女を自分の妻にした。　　　　　　　　　　　(大阪・関西大一高)

(3) 姉が紅茶を1杯私に作ってくれた。　　　　　　　　　(大阪成蹊高)

(4) その男性は年のわりに若く見えます。

(5) 今夜は寒くなるでしょう。あなたの部屋を暖めておきなさい。

難▶(6) 私の友人は，彼の祖父の名にちなんで息子をジョージ(George)と名づけました。

(7) チョーク(chalk)を1本持ってきなさい。　　　　　　(京都・同志社高)

─────────────────────

(着)(眼)

　131 (1) idea of ~ ~についての考え・理解

　　　　(2) 「結婚」marriage [mǽridʒ マリヂ]

　132 (2) 「妻」wife [wáif ワイフ] (複数形は wives [wáivz ワイヴズ])　(4) 「年のわりに」for one's age　(6) 「~にちなんで」after ~

解答 別冊 p.41~p.44

第2回 実力テスト

時間 **60**分
合格点 **70**点

得点 /100

1 各組の下線部の発音が他の3つと異なるものを1つ選びなさい。(1点×5=5点)

(1) ア said　　イ pay　　ウ breakfast　　エ head
(2) ア earth　　イ first　　ウ nurse　　エ hard
(3) ア washed　　イ danced　　ウ looked　　エ stayed
(4) ア easy　　イ comes　　ウ usually　　エ news
(5) ア listen　　イ kind　　ウ time　　エ mine

2 次の語の最も強く発音する部分を選び，番号で答えなさい。(1点×5=5点)

(1) com-put-er　　(2) to-mor-row　　(3) dif-fi-cult
　　1　2　3　　　　1　2　3　　　　1　2　3
(4) sev-en-teen　　(5) ho-tel
　　1　2　3　　　　1　2

3 次の文に誤りがあれば全文を書きかえ，誤りがなければ○を書きなさい。(2点×5=10点)

(1) Would you mind to close the door?
(2) I'm looking forward to hear from you soon.
(3) Tsukasa didn't give up waiting for her in the rain.
(4) I am not used to sleeping in a cold room.
(5) Will you give me hot something to drink?

4 次の(1)~(3)の文中の不定詞と同じ用法のものを，ア~ウから選びなさい。(2点×3=6点)

(1) She is the first woman to climb the mountain.
(2) To live they must hunt and fish almost every day.
(3) To practice the piano for the concert was important for her.
　ア There are many places to visit.
　イ To see is to believe.
　ウ He worked hard to get money.

5 各組の2文がほぼ同じ意味を表すように，（　　）内に適当な1語を入れなさい。
(2点×8＝16点)

(1) Shall we go to the museum after school?
（　　　　）（　　　　）（　　　　　） to the museum after school?

(2) I can show you the way to make *soba*.
I can show you （　　　　）（　　　　） make *soba*.

(3) Sachi can play tennis very well.
Sachi is very （　　　　）（　　　　）（　　　　　） tennis.

(4) He solved that problem easily.
It was easy （　　　　）（　　　　）（　　　　）（　　　　） that problem.

(5) Would you turn off the light, please? I want to sleep now.
Would you （　　　　）（　　　　） off the light? I （　　　　） （　　　　） to sleep now.

(6) Kyoko said nothing and went out.
Kyoko went out （　　　　）（　　　　）（　　　　）.

(7) What is the name of this bird in your country?
What （　　　　）（　　　　）（　　　　） this bird in your country?

(8) How interesting this story is!
What （　　　　）（　　　　） story this is!

6 日本文の意味を表すように，（　　）内の語句を並べかえなさい。ただし，それぞれ不足している1語を補うこと。
(2点×4＝8点)

(1) その宿題を1日でやり終えることは私にはつらかった。
(the homework / in / finishing / hard / a day) for me.

(2) 先生は生徒たちに何をすべきか伝えた。
(do / the students / the teacher / to / told).

(3) このテレビはどこか壊れています。
(is / wrong / something / this TV set / there).

(4) あなたにお見せするようなおもしろいものは何もありません。
(interesting / I / you / show / to / have).

7 日本文の意味を表すように, ( ) 内に適当な1語を入れなさい。

(2点×5＝10点)

(1) 明日, 筆記用具を持ってくるのを忘れないでね。

Don't forget ( ) ( ) something to write ( ) tomorrow.

(2) トムは私に会うのを楽しみにしています。

Tom is ( ) ( ) to ( ) me.

(3) 私はあなたからの手紙を受け取って, とてもうれしかった。

I was very glad ( ) ( ) ( ) you.

(4) 君とボブは答えを見つけられたんだよね。

You and Bob ( ) ( ) ( ) find the answer, ( ) ( )?

(5) ジョンは君の友だちだよね。

John is your friend, ( ) ( )?

8 次の文を日本語になおしなさい。

(2点×5＝10点)

(1) Why did you go to the station?

—— To see my friend off.

(2) I'd like to do something good for you.

(3) It was difficult for John to explain everything in Japanese.

(4) We should always think of ways to make the world peaceful.

(5) She got up very early so as not to miss the first train.

9 次の文を英語になおしなさい。

(3点×4＝12点)

(1) 観光客が私に駅への行き方を尋ねた。

(2) あなたは将来, 何になりたいですか。

(3) ケンは医者になるために一生懸命に勉強しました。

(4) 彼女はその新しいドレスを着てとてもかわいらしく見えました。

10 次の英文を読んで，あとの問いに答えなさい。(計18点)

(1)Many years ago, there was a king in a country.　He wanted many things, but he didn't like to work.　He was king, so (2)he was able to get anything.　But he was not happy.

One day he said to his men, "What is the most important thing people should have?"　One of his men answered, "Wisdom, King. Wisdom."

"Where can I find it?" said the King.

"In books, King."

Then the King said to his men, "Buy all the books in the country."

Soon (3)they brought many, many books to the King.　"Now read the books, King," said one of his men.　The King answered, "I don't like reading.　There are too many books.　Read (4)them, and write down all the wisdom for me."

Twenty years later, his men finished writing five books.　"King, you can find all the wisdom in these five books."　But the King said, "Too many, too many."　Three years later, his men brought a new book to the King.　Only one book.　But the King didn't like that again.　"Put all the wisdom into one sentence."

Two years later his men wrote a sentence on a sheet of paper at last, and gave it to the King.　The King was very happy. "Good. Good.　Now I will have all the wisdom of the world." He read the sentence.　It said, (5)"We are born, we live and we die."

(注) men「家来」, the most important thing people should have「人が持つべき最も重要なもの」, wisdom「知恵」, write down「書きとめる」, ～ later「～後に」, sentence「文」

問1　下線部(1), (2)を日本語になおしなさい。(3点×2=6点)

問2　下線部(3), (4)はそれぞれ何を指しますか。日本語で書きなさい。(3点×2=6点)

問3　下線部(5)を得るまでに，どれくらいの時間を要しましたか。2語の英語で書きなさい。(3点)

問4　下線部(5)は「私たちは生まれ，生き，そして死ぬ」の意味ですが，王様は知恵を得ることができましたか。その理由とともに日本語で答えなさい。(3点)

20 比較級・最上級 (1)

*133 次の（　）内の語を適当な形になおしなさい。ただし，2語以上になるものもある。 **◁頻出**

(1) Gold is (heavy) than silver. （大阪・羽衣学園高）

(2) Which is (popular) in Japan, baseball or basketball?
（近畿大附和歌山高）

(3) This book is (interesting) of these books. （奈良・育英西高）

(4) This book is (easy) than that one. （神奈川・日本大高）

(5) Your car is (big) than mine.

*134 次の文の（　）内に，ア～エより適当なものを選んで入れなさい。 **◁頻出**

(1) He has (　　) brothers than I do. （大阪女学院高）
　ア many　　イ much　　ウ most　　エ more

(2) Taro is the (　　) of the four. （東京・駒込高）
　ア old　　イ older　　ウ oldest　　エ more old

(3) Your hands are (　　) bigger than mine. （神奈川・法政大女子高）
　ア very　　イ much　　ウ more　　エ most

(4) John is older than Mary (　　) three years. （埼玉・立教新座高）
　ア at　　イ for　　ウ in　　エ by

(5) He made (　　) mistakes on the exam than I. （大阪・明星高）
　ア many　　イ much　　ウ fewer　　エ less

(6) Who has the most money (　　)? （愛知・滝高）
　ア all of you　イ of you all　ウ all in you　エ in you all

(7) This morning I left home (　　) earlier than yesterday.
　ア little　　イ a little　　ウ few　　エ a few （滋賀・光泉高）

(8) What is (　　) sport in Japan? （岡山白陵高）
　ア more popular　　　イ popular
　ウ popularest　　　　エ the most popular

着眼
133 (1) heavy [hévi ヘヴィ] 重い. silver [sílvər スィルヴァ] 銀
134 (5) mistake [mistéik ミステイク] 間違い

★135 次の日本文を英文になおしたとき，最も適切なものをア～キから選びなさい。

今日の宿題は，昨日のものより難しい。 (東京・明治学院高函)

ア Todays homework is more difficult than yesterdays.

イ Today's homework is most difficult than yesterday's.

ウ Today's homework is more difficult than yesterday's.

エ Today's homework is more difficult than yesterdays.

オ Today's homework is as difficult as yesterday's.

カ Todays homework is as difficult as yesterdays.

キ Todays homework is more difficult than yesterday.

★136 次の各組の2文がほぼ同じ意味を表すように，（　　）内に適当な1語を入れなさい。

⑴ My question is more difficult than yours. (東京・桜美林高)
Your question is (　　　　) than (　　　　).

⑵ English is much easier than French. (大阪・プール学院高)
French is (　　　) (　　　) (　　　) than English.

⑶ My father is 52 years old. My mother is 49 years old.
My mother is (　　　) (　　　) (　　　　) than my father.
(兵庫・関西学院高)

⑷ Tom is younger than Ken. Bill is older than Ken. (広島・如水館高)
Bill is (　　　) (　　　) (　　　) the three.

⑤ Vegetables seem to get more expensive these days.(東京・早稲田実業高)
Prices for vegetables seem to get (　　　) these days.

⑹ Lake Baikal is the deepest in the world. (福岡・久留米大附設高)
Lake Baikal is (　　　) (　　　) any other (　　　) in the world.

⑺ He is the tallest boy in our class. (神奈川・慶應高)
(　　　) (　　　) boy in our class is taller than he.

⑧ Repeating the same mistakes is the most stupid thing.
There is (　　　) (　　　) stupid than repeating the same mistakes.
(東京・早稲田実業高)

着眼
136 ⑵ French [fréntʃ フレンチ] フランス語

★137 日本文の意味を表すように,（　　）内に適当な1語を入れなさい。

(1) この本はあの本より難しい。 (獨協埼玉高)

This book (　　　) (　　　) (　　　) (　　　) that one.

(2) メアリーは3人の中で一番足が速い。 (愛知・滝高)

Mary is (　　　) (　　　) (　　　) (　　　) the three.

(3) 奈良は大阪より暑い。

It is (　　　) in Nara (　　　) in Osaka.

(4) シドニーでは2月が一年中で最も暑い月です。 (東京・巣鴨高)

February is (　　　) (　　　) (　　　) (　　　) the year in Sydney.

(5) 十和田湖は田沢湖より少し広い。

Lake Towada is (　　　) (　　　) (　　　) than Lake Tazawa.

(6) 健康ほど重要なものはありません。

Health is (　　　) (　　　) (　　　) thing (　　　) all.

(7) この辞書とあの辞書ではどちらが難しいですか。

(　　　) is (　　　) (　　　), this dictionary or that (　　　)?

(8) トムとボブではどちらが速く走りますか。

(　　　) (　　　) a (　　　) runner, Tom or Bob?

(9) だれがこの学校で最もたくさんの本を持っていますか。——メアリーです。

(　　　) (　　　) the (　　　) books in this school? —— Mary (　　　).

(10) 世界で一番高い山は何ですか。——エベレストです。

(　　　) (　　　) the (　　　) mountain (　　　) the world? —— Mt. Everest (　　　).

(11) 50年前よりも今はずっと寿命が延びている。 (京都・洛南高)

People live (　　　) (　　　) (　　　) they did fifty years ago.

🔺(12) 大学の図書館には, 私たちの学校の図書館よりも, はるかに多くの本がある。

The university library has (　　　) more books than our school library. (東京・早稲田実業高㊉)

着眼

137 (11)「ずっと」が比較級を強めている。

★**138** 日本文の意味を表すように，⑸⑹は英文の意味が通るように，（　）内の語句を並べかえなさい。

⑴ あなたは和服のほうがきれいに見える。　　　　　　（熊本学園大附高）
(you / in / look / clothes / Japanese / beautiful / more).

⑵ 木を切り倒すことはより多くの土地を得る一番簡単な方法だった。（東京・十文字高）
(the easiest / to get / way / trees / was / to cut down / more) land.

⑶ ベッカムはイギリスよりも日本のほうが人気があります。　（1語不足）
Beckham is (England / Japan / more / in / in / popular).
（大阪・四天王寺高）

⑷ 当地での生活費は母国の生活費と比べるとずっと安い。　（1語不要）
The cost of living here (lower / that / than / very / much / is / in my own country).　（茨城・江戸川学園取手高）

⑸ A : Children today like to play computer games at home.
B : I agree.　(to / fewer / outside / have / they / play / chances) before.　（1語不足）（東京・豊島岡女子学園高）

●▶⑹ A : What do you enjoy doing most in your free time?
B : (along / happier / jogging / makes / me / nothing / than / the beach).　（千葉・渋谷教育学園幕張高図）

★★**139** 次の文を英語になおしなさい。

⑴ その作家は，アメリカよりも日本のほうが人気がある。　（茨城・江戸川学園取手高）

⑵ 私の母は父より3つ年上ですが，父より若く見えます。

⑶ 今日は昨日より寒い。明日はもっと冷え込むだろうか。　（大阪星光学院高）

⑷ 数学はすべての教科の中で最も難しい。　（高知・土佐塾高図）

⑸ 緑と茶色では，どちらの色のほうが人気がありますか？［popularを用いて］
（北海道・函館ラ・サール高）

⑹ 世界で一番大きな都市はどこですか。　（北海道・函館ラ・サール高）

着眼
138 ⑴ look「～に見える」
139 ⑴「作家」writer, author [ɔ́:θər オーサ] ⑶「冷え込む」は「寒くなる」と考える。
⑷「教科」subject

21 比較級・最上級 (2)

解答 別冊 *p.47~p.50*

*140 次の文の（　　）内に，ア〜エより適当なものを選んで入れなさい。 **＜頻出**

(1) I would like to speak English (　　　) than anybody else in this class. 　　　　　　　　　　　　　　　　　　　　　　　　（獨協埼玉高）

　　ア well 　　　　　イ good
　　ウ better 　　　　エ best

(2) Health is more precious than (　　　) else. 　（東京・明治大付中野高）
　　ア anything 　　　イ nothing
　　ウ some 　　　　　エ other

(3) She can play the piano the (　　　) of all the students in her class. 　　　　　　　　　　　　　　　　　　　　　　　　　（城北埼玉高）
　　ア good 　　　　　イ well
　　ウ better 　　　　エ best

(4) Which do you like (　　　), cats or dogs? 　　（香川誠陵高）
　　ア good 　　　　　イ well
　　ウ much 　　　　　エ better

(5) I like this flower the (　　　) of the five. 　（広島・如水館高）
　　ア best 　　　　　イ much
　　ウ better 　　　　エ good

(6) (　　　) do you like better, novels or poems?
　　—— I like poems better. 　　　　　　　　（広島・修道高）
　　ア How 　　　　　イ Which
　　ウ When 　　　　　エ Why

(7) I feel (　　　) now than yesterday.
　　ア much better 　　イ most better
　　ウ much good 　　　エ more good

(8) Who is the tallest (　　　) all? 　　　　　　（熊本・真和高）
　　ア in our 　　　　イ of our
　　ウ in us 　　　　　エ of us

着眼
140 (1) else [éls エルス] 他の　(2) precious [préʃəs プレシャス] 貴重な
(6) novel [ná[ɔ]vl ナ[ノ]ヴル] 小説，poem [póuim ポウエム] 詩

141 各組の文がほぼ同じ意味を表すように，（　）内に適当な1語を入れなさい。

(1) I don't know her favorite food.　　　　　（大阪・清風高）
I don't know what (　　　) she (　　　) best.

(2) I walked faster than my father.　　　　　（神奈川・日本大高）
My father walked more (　　　) than I.

(3) Yohei swims the fastest in his class.　　　（東京・中央大附高）
No one in his class swims (　　　) (　　　) Yohei.

(4) I prefer summer to winter.　　　　　　　（東京・法政大一高）
I like summer (　　　) (　　　) winter.

(5) I was the fastest runner in that class.　　（東京・國學院高）
I was able to run (　　　) (　　　) any other student in that class.

(6) I like golf best of all sports.　　　　　（福岡・久留米大附設高）
I like golf (　　　) than any other (　　　).

(7) Tokyo is the largest city in Japan.　　　（東京・中央大附高）
No (　　　) (　　　) in Japan is larger than Tokyo.

(8) I like that singer the best.　　　　　　　（東京・開成高）
① She is my (　　　) singer.
② I like her better than any (　　　) singer.

142 次の日本文を英語になおしたとき，最も適当なものをア〜エから選びなさい。
（東京・明治大付中野高）

メルボルンは，オーストラリアで2番目に大きい都市です。

ア Melbourne is the second largest city in Australia.
イ Melbourne is the second larger city in Australia.
ウ Melbourne is the second large city of Australia.
エ Melbourne is the second larger city of Australia.

★143 次の文を日本語になおしなさい。

(1) The Nile is longer than any other river in the world.

(2) Mr. White is five years younger than his wife.

(3) He got more and more pets until at last he had almost no money.　　　　　　　　　　　　　　　　　　（大阪・プール学院高）

難(4) In fact, American children of all ages like to play in sneakers better than in any other kind of shoe.　　　　（京都・洛星高）

難(5) In fact the sooner they were back home, the better.（東京・開成高改）

★144 次のア〜カの文から，誤りのある文を1つ選びなさい。　　（大阪・明星高改）

ア Osaka is the second large city in Japan.

イ This tree is the tallest and oldest in this city.

ウ John can use a computer better than any other student in his class.

エ This is one of the most interesting books in the world.

オ She likes reading books better than anything else.

カ Tony is a better singer than Peter.

★145 日本文の意味を表すように，（　　）内に適当な1語を入れなさい。

(1) 太郎は次郎より演説がうまい。

Taro is (　　　　) at making speeches than Jiro.

難(2) 中古車の方が新車よりはるかに良いと思う。　　　　（東京・開成高）

I think used cars are (f　　　) better than new (o　　　).

(3) 彼はあなたより多くのCDを持っている。　　　　（城北埼玉高）

He has (　　　　) CDs than you.

(4) 今朝弟は家族の中で一番早く起きた。　　　　（東京・巣鴨高）

This morning my brother got up (　　　) (　　　　) (　　　) (　　　　) member in my family.

☆146 日本文の意味を表すように，(　　)内の語句を並べかえなさい。

(1) その作家はますます人気が出てきている。　　　　　　　　　(東京・江戸川女子高)
(and / writer / more / popular / that / becoming / more / is).

(2) 『ロビンソン・クルーソー』は世界で一番有名な本の1つです。　(獨協埼玉高)
"Robinson Crusoe" (most / books / of / the world / famous / the / is / in / one).

(難)(3) あとどれくらい待たなければいけないのですか。　(1語不足)　(東京・開成高)
How (do / have / I / longer / to / wait)?

(4) うちの家族で姉ほど慎重に運転する人はいない。　(1語不足)　(東京・法政大一高)
(drives / in / the / sister / a / family / carefully / my / my / car).

(5) あなたはどの季節が一番好きですか。　　　　　　　　　　　(大阪・開明高)
(like / season / the / you / best / which / do)?

(6) この映画が一番だ。　　　　　　　　　　　　　　　　　　　(三重・暁高)
(is / of / best / all / the / this movie).

(7) ジェスチャーはスピーチをする際に最も重要なことの1つだ。　(大阪薫英高)
(one / the / when / is / gesture / things / important / most / of) you make a speech.

☆☆147 次の文を英語になおしなさい。

(難)(1) 最近では，以前よりずっと簡単に，海外旅行をすることができます。毎年夏休みをカナダで過ごすという学生もいます。　(智辯和歌山高)

(2) 英語をもっと勉強しようと思います。　　　　　　　　　　　(奈良・帝塚山高)

(3) 今朝私は彼よりも早く起きた。　　　　　　　　　(北海道・函館ラ・サール高)

(4) 私は全部の絵の中で，その絵が一番好きだ。　　　　　　　　(大阪・開明高)

(5) このあたりでは1月よりも2月のほうがたくさん雪が降る。　(奈良学園高)

(難)(6) 人の話を聞くのは話をするよりもずっと難しいことだということがわかっている人は少ない。　(智辯和歌山高)

(着眼)
147 (1)「最近」these days.「海外旅行をする」travel abroad　(6)「〜がわかっている人は少ない」は「少しの人が〜をわかっている」と考える。「少しの」a few

22 asを用いた比較

解答 別冊 p.50~p.52

*148 次の文の（　）内に，ア～エより適当なものを選んで入れなさい。 ＜頻出

(1) This library has (　　) as that one.　　　（東京・中央大附高）
　　ア six times books as many　　イ as many six times books
　　ウ six times as many books　　エ as six times books many

(2) Nara is about the (　　) latitude as Texas.　　（大阪・清風高）
　　ア and　　　イ but　　　ウ other　　エ same

(3) A : I thought you couldn't come today.　　（神奈川・日本女子大附高）
　　B : Well, I had a lot of homework, but I finished (　　) I
　　could.
　　ア quickly　　　　イ more quickly than
　　ウ as quickly as　　エ so quickly

(4) The sun rises (　　) in summer than in winter.　　（大阪・明星高）
　　ア later　　イ faster　　ウ slower　　エ earlier

(5) My sweater is more expensive than yours, but (　　) my
　　mother's.　　（東京・大妻中野高）
　　ア cheap less than　　　　イ less cheaper than
　　ウ less expensive than　　エ expensive less than

*149 次の日本文を英文になおしたとき，最も適切なものをア～オから選びなさい。
　　彼女は英語を上手に話せますが，あなたほどではありません。　（東京・明治学院高）
　　ア She can speak English well, but not so better as you.
　　イ She can speak English well, but not as better as you.
　　ウ She can speak English well, but not well than you.
　　エ She can speak English well, but not so better than you.
　　オ She can speak English well, but not as well as you.

着眼
　148 (2) latitude [lǽtətjuːd ラティテュード] 緯度　(4) late (時間が) 遅い↔early (時間が) 早い，slow (速度が) 遅い↔fast (速度が) 速い　(5) cheap [tʃiːp チープ] (値段が) 安い↔expensive [ikspénsiv イクスペンスィヴ] (値段が) 高い

★150 各組の2文がほぼ同じ意味を表すように，（　　）内に適当な1語を入れなさ
い。

(1) My hair is longer than yours.　　　　　　　（大阪女学院高）
　 Your hair is (　　　　) (　　　　) long as (　　　　).

(2) Hiroshi doesn't study as hard as his brother.　　（兵庫・関西学院高）
　 Hiroshi's brother studies (　　　　) (　　　　) Hiroshi.

(3) The necklace is not so expensive as it appears.　（東京・開成高）
　 The necklace appears (　　　　) expensive than it really is.

(4) She is more popular than any other singer.　（神奈川・湘南学園高）
　 (　　　　) other singer is as popular as (　　　　).

(5) My suitcase is (　　　　) as big as yours.　（埼玉・立教新座高）
　 Your suitcase is half the (　　　　) of mine.

(6) Your bike is better than mine.　　　　　　　（東京・堀越高）
　 My bike isn't as (　　　　) as yours.

(7) No violins are as good as these violins.　　　（大阪・清風高）
　 These violins are (　　　　) (　　　　) (　　　　) all violins.

(8) California and Japan are almost the same size.　（大阪・開明高）
　 California is almost (　　　　) (　　　　) (　　　　) Japan.

(9) He doesn't have as much money as his younger brother.
　 His younger brother has (　　　　) money (　　　　) he.
　　　　　　　　　　　　　　　　　　　　（神奈川・法政大女子高）

(10) That park is half the size of this park.　（北海道・函館ラ・サール高）
　 This park is (　　　　) as (　　　　) as that park.

⏺▶(11) He reads fewer books than his mother and father did when
　 they were as old as he is now.　　　　　　（大阪星光学院高）
　 He doesn't read (　　　　) (　　　　) as his parents did when
　 they were his (　　　　).

(12) Practice is the most important when learning English.（愛知・滝高）
　 (　　　　) is as important (　　　　) practice when learning
　 English.

────────────────────────────────────

着眼

　150 (3) necklace[néklis ネクレス] ネックレス，appear[əpíər アピア] 現れる・〜に見え
　　る→It appears (that) 〜 〜らしい　(5) suitcase[súːtkeis スートゥケイス] スーツ
　　ケース，half[hæf ハフ] 半分　(8) the same 〜 同じ〜，size[sáiz サイズ] 大きさ
　　(10) the size of 〜 〜の大きさ

*151 次の(1)～(4)の文から，誤りのあるものを1つ選びなさい。　　　（大阪・明星高）

(1) Lake Tazawa is deeper than any other lake in Japan.

(2) This is the prettiest bird in the world.

(3) I like it better than anything else.

(4) My camera is not as good as you.

*152 次の文を日本語になおしなさい。

(1) He stayed in this town for a few days to visit as many companies as he could, but he couldn't find any jobs.

（大阪・追手門学院高）

(2) He spoke as kindly to us as he did to his little children.

（東京・昭和女子大附高）

*153 日本文の意味を表すように，（　　）内に適当な1語を入れなさい。

(1) できるだけたくさん葉っぱを集めて，大きい火を起こしましょう。　（東京・開成高）

Let's collect (　　　　) many (　　　　) as we can to make a big fire.

(2) 彼はできるだけ速く泳いだ。　　　　　　　　　　（神奈川・湘南学園高）

He swam as fast (　　　　) (　　　　).

(3) 彼はぼくの約2倍の本を持っている。　　　　　　（鹿児島・ラ・サール高）

He has about (　　　) (　　　) (　　　) (　　　) as I do.

(4) 君はすぐ大きくなるね。もうお母さんくらい背の高さがあるよ。　（広島大附高）

How fast you are growing!　You are (　　　) (　　　) (　　　) (　　　) your mother.

●難-(5) 夜の川で泳ぐことほど危険なことはない。　　　　　　（東京・城北高）

(　　) (　　) (　　) (　　) (　　) (　　) in the river at night.

着眼

151 (1) deep [díːp ディープ] 深い　(3) than anything else 他のどんなものより

152 (1) company [kámpəni カンパニィ] 会社　(2) kindly [káindli カインドゥリィ] 親切に

153 (4) grow [gróu グロウ] 育つ・育てる　(5)「危険な」dangerous [déindʒ(ə)rəs デインヂ (ャ) ラス]

154 日本文の意味を表すように，（　　）内の語句を並べかえなさい。

(1) 地球温暖化ほど，議論するのに重要な問題はありません。 〔長崎・青雲高〕
(the problem / important / as / is / of / discuss / as / to / nothing / global warming).

(2) このカボチャはあれよりも3倍大きい。 〔東京・中央大杉並高〕
This pumpkin is (big / as / that one / times / as / three).

(3) ぼくは君ほどCDを持っていない。 〔埼玉・淑徳与野高〕
I don't (CDs / as many / you / as / have).

(4) できるだけたくさんの人に話しかけてみなさい。(1語不要) 〔神奈川・法政大女子高〕
You should (to / possible / can / try / talk to / people / as / as many / you).

(5) ぼくのクラスでは，彼ほど速く走れる者はいません。 (1語不足) 〔東京・開成高〕
(class / he / one / run / my / fast / no / in / can / as).

(6) 雅治はできるだけ高く跳ぼうとした。 (1語不要) 〔佐賀・東明館高〕
(Masaharu / high / jump / as / possible / could / to / he / tried / as).

(7) アマゾン川は淀川よりも何倍も長い。 〔大阪・近畿大附高〕
(the Yodo River / as / long / the Amazon / many / as / times / is).

(8) 今年の冬，大阪はパリほど寒くない。 〔兵庫・関西学院高〕
(in / in / Paris / Osaka / winter / is / as / as / it / cold / not / this).

155 次の文を英語になおしなさい。

(1) 私は彼女の半分もうまく英語を話せません。 〔長崎・青雲高〕

(2) 彼女は，ぼくの一番上の姉と同じくらい若く見えた。 〔東京・筑波大附駒場高國〕

(3) ぼくはできるだけそのグループから遠ざかり，自分ひとりで勉強をした。 〔東京・慶應女子高〕

(4) 彼はできるかぎり人々を助けようとした。 〔京都・同志社国際高〕

(5) それは犯罪というよりは，むしろ過失でした。

着眼
154 (1)「地球温暖化」global warming (2) pumpkin [pʌm(p)kin パン（プ）キン] カボチャ
(6)「跳ぶ」jump
155 (2)「～に見える」look ～ (5)「犯罪」crime [kráim クライム]，「過失」mistake

23 and, or, but

解答 別冊 p.52~p.54

*__156__ 次の文の（　　）内に，ア～エより適当なものを選んで入れなさい。 ◁ 頻出

(1) Today was very cold, (　　　) I played outside for a long time.
　　ア if　　　　イ or　　　　ウ when　　エ but
　　　　　　　　　　　　　　　　　　　　　　　　　　　（和歌山・初芝橋本高）

(2) I worked very hard yesterday, (　　　) I am very tired today.
　　ア so　　　　イ because　　ウ but　　エ if　　（広島・如水館高）

(3) Be kind to others, (　　　) they will be kind to you, too.
　　ア and　　　イ but　　　　ウ or　　　エ nor
　　　　　　　　　　　　　　　　　　　　　　　　　　　（千葉・専修大松戸高）

(4) Both Mike (　　　) Yumi (　　　) good students.
　　ア and, is　　イ and, are　　ウ or, is　　エ or, are

(5) Can you speak either English (　　　) Japanese?
　　ア and　　　イ but　　　　ウ or　　　エ nor

(6) This book is neither interesting (　　　) instructive.
　　ア and　　　イ but　　　　ウ or　　　エ nor

(7) Not only you (　　　) also I (　　　) wrong.
　　ア and, am　　イ and, are　　ウ but, am　　エ but, are

*__157__ 日本文の意味を表すように，（　　）内に適当な1語を入れなさい。

(1) My brother likes dogs. I like dogs, too.　　　（東京・國學院高）
　　(　　　　) my brother (　　　　) I like dogs.

(2) Both TV and the Internet have much influence on children.
　　Not only TV (　　　) (　　　　) the Internet (　　　　)
　　much influence on children.　　　　　　　　（神奈川・慶應高改）

着眼

　__156__ (1) outside [autsáid アウトゥサイド]外で　(6) instructive [instrʌ́ktiv インストゥラ
　　クティヴ]ためになる・教訓的な (instruct [instrʌ́kt インストゥラクト]教育する・指図
　　する)　(7) wrong [rɔ́(:)ŋ ロ（ー）ング]まちがった
　__157__ (2) influence [ínflu(:)əns インフル（ー）エンス]影響

★158 次の文を日本語になおしなさい。

(1) The man was afraid someone would steal his tomatoes, so he didn't sleep at night.　　　　　　　　　　　　　　　　（大阪・明星高）

(難)(2) You can not only send your letters to any place in the world but also get a lot of useful information through the Internet.

（京都・立命館宇治高）

★159 日本文の意味を表すように，（　　）内の語句を並べかえなさい。

(1) 急ぎなさい。遅れちゃうわよ。　　　　　　　　　　　　　　（長崎・青雲高）

(late / up / you / hurry / will / or / be / ,).

(2) 一生懸命勉強すれば，試験でよい点数が取れるでしょう。（1語不足）

(get / study / test / you / marks / hard / on / will / the / good / ,).　　　　　　　　　　　　　　　　　　　　（東京・早稲田高）

(3) ケンだけでなくエミも毎年夏に山を歩いて楽しんでいます。（北海道・函館ラ・サール高）

(but also / enjoys / not / Ken / Emi / walking / only) in the mountains every summer.

(4) 彼か，彼女のどちらかがフランス語を話します。（1語不足）（東京・法政大高）

(he / French / or / she / either).

(5) 彼女は金持ちですが幸福ではありません。

(she / happy / rich / is / isn't / but / she / ,).

★160 次の文を英語になおしなさい。

(1) 彼女は眼鏡をはずして，ハンドバッグに入れました。　　　（東京・学習院高）

(2) とても暖かかったので私たちは出かけた。　　　　　　　　（奈良・帝塚山高）

(3) 急がないと終電に間に合いませんよ。　　　　　　　　　　（東京・頴明館高）

(着眼)
158 (1) steal [stíːl スティール] 盗む　(2) information [infərméiʃən インフォメイション] 情報，through [θrúː スルー] 〜を通して，the Internet インターネット
159 (1) 「急ぐ」hurry up　(2) 「点数」mark(s)
160 (1) 「眼鏡」glasses，「〜をはずす」→「〜を脱ぐ」take off 〜，「ハンドバッグ」handbag
(3) 「終電」→「最後の電車」the last train，「間に合わない」→「〜に乗り遅れる」miss

24 when, because, thatなど

解答 別冊 p.54~p.57

*161 次の(　)内の語を文中で適する形になおしなさい。 ◀頻出

(1) National Guardsman rescued them by boat when the floodwaters (rise). 〈東京・桜美林高〉

(2) Tom (study) math when his mother came back. 〈愛知・滝高〉

(3) I (take) a shower when you called me. 〈熊本学園大附高〉

(4) We'll start as soon as Tom (come).

(5) If it (be) fine tomorrow, we'll go on a picnic.

(6) Please tell me if it (be) fine tomorrow.

*162 次の文の(　)内に，下から適当なものを選んで入れなさい。 ◀頻出

(1) It began to rain hard (　　). 〈東京・明治学院高〉
ア till the game started　イ before the game didn't start
ウ since the game started　エ before the game started
オ after the game didn't start

(2) You can see many animals (　　) the park. 〈東京・明治学院高〉
ア when you will visit　イ if you will be visited
ウ if you visiting　エ if you give up visiting
オ if you visit

(3) She couldn't come to the party (　　) she was busy.〈広島・如水館高〉
ア if　イ so　ウ because　エ when

(4) They went for a walk (　　) it was raining.
ア though　イ but　ウ and　エ because

(5) A : Please ask me for help (　　) you have any problems.
B : Thank you. 〈神奈川・日本女子大附高〉
ア if　イ because　ウ or　エ although

(6) I hope we can meet again soon. —— (　　). Goodbye.
ア So do I　イ So I do　ウ So we can　エ So can we
〈鹿児島・ラ・サール高〉

着眼
161 (1) National Guardsman 衛兵・[米]州兵・[英]近衛兵・将校, rescue [réskju: レスキュー]救出する, floodwater [flΛ́dwɔ:tər フラドゥウォータァ]洪水の水
162 (4) go for a walk 散歩に行く

163 各組の2文がほぼ同じ意味を表すように, ( )内に適当な1語を入れなさい。

(1) If you take the bus, you can go to the station. (広島大附高)
The bus will ( ) you to the station.

(2) If you take this road, you will get to the post office. (兵庫・灘高)
This road will ( ) ( ) to the post office.

(3) He stayed home because of the rain. (兵庫・須磨学園高)
He stayed home because ( ) ( ).

(4) When the baby saw her mother, she stopped crying at once.
As ( ) ( ) the baby saw her mother, she stopped crying. (千葉・東海大浦安高)

(5) I felt sleepy, but I studied English. (東京・昭和女子大附高)
( ) I felt sleepy, I studied English.

(6) You broke the speed limit, so you must pay a fine.
You must pay a fine ( ) you broke the speed limit.

(7) He can't finish his homework without your help. (徳島文理高)
He can't finish his homework ( ) you ( ) help him.

(8) Study hard now, ( ) you will not pass the exam.
( ) you ( ) ( ) hard now, you will not pass the exam. (大阪・追手門学院高)

(9) If you start at once, you won't be late. (神奈川・慶應高)
Start at once, ( ) you will be ( ) time.

(10) Make haste, ( ) you will be late. (兵庫・灘高)
( ) you make haste, you will be late.

(11) I will be happy if tomorrow is a fine day. (愛知・滝高)
I ( ) that ( ) will be a fine day tomorrow.

(12) I'm sure that my friend is a good speaker of English.
My friend ( ) ( ) a good speaker of English. (東京・法政大一高)

着眼
163 (3) because of ～ ～のせいで (6) limit[límit リミト]制限, fine[fáin ファイン]罰金 (7) without ～ ～なしで (8) pass[pǽs パス]合格する・通る (10) haste[héist ヘイスト]急ぐこと (make haste 急ぐ. More haste, less speed. / Make haste slowly. 急がば回れ)

★★164 次の文を日本語になおしなさい。

(1) Though she can speak German, she can't write it.

(2) Never give up even if you sometimes make mistakes.

難▶(3) You must eat that carrot whether you like it or not.

★165 日本文の意味を表すように，（　）内に適当な1語を入れなさい。

(1) 暗くならないうちに家に帰ってきなさいね。　　　　　　　　（広島大附高）

Come home (　　　) (　　　) (　　　) dark.

(2) お久しぶりですね。　　　　　　　　　　　　　　　　　（東京・開成高）

It's a long time (　　　) I saw you (　　　).

(3) 窓を閉めてもよろしいですか。

Do you mind (　　) I close the window?

(4) きっとあなたはここで楽しく過ごされると思います。

I (　　　) (　　　) (　　　) you will be able to have a good time here.

(5) すぐに君は後悔するぞ。　　　　　　　　　　　　　　（兵庫・灘高）

It will not (　　　) (　　　) (　　　) you regret.

(6) 入るか出るか，どちらかにしてください。　　　　（東京・明治大付明治高）

(　　　) come in or go out.

難▶(7) あのお医者さんが健康診断をしてくださるでしょう。　　（埼玉・慶應志木高）

That doctor will examine you to (　　　) (　　　) you are healthy.

難▶(8) 飛行機が遅れない限り，彼は6時にここに来るでしょう。

He'll be here at six (　　　) his flight is delayed.

着眼

164 (1) German [dʒɔ́ːrmən ヂャ〜マン] ドイツ語　(2) even if たとえ〜とも　(3) carrot [kǽrət キャロト] ニンジン

165 (5) 「後悔する」regret [rigrét リグレット]　(7) 「調べる」examine [igzǽmin イグザミン]，「健康な」healthy (health 健康)　(8) 「飛行機」⇒「飛行機の便」flight [fláit フライト]，「遅れる」be delayed

∴166 日本文の意味を表すように，（　　）内の語句を並べかえなさい。

(1) 人と話をするときは，相手の目を見なさい。
(a / eyes / him / in / look / person / talk / the / when / with / you / ,).

(2) 私が帰宅したとたん，雨が降り始めました。　（1語不足）　（東京・城北高）
(rain / as I / began / as / it / came / to / home).

(3) 自分はその犯罪に関係ない，と彼はぼくに言った。　（1語不足）（埼玉・慶應志木高）
(that / told / he / do / nothing / crime / he / with / me / the / to).

(4) すべての日本人が外国語を苦手にしているわけではない，と私は思う。（1語不足）
(Japanese / don't / I / poor / think / all / are / languages / foreign).　（埼玉・慶應志木高）

(5) 月から地球を見ているので，それは奇妙に見える。　（1語不足）　（熊本・真和高）
The earth (are / because / it / looking / looks / strange / we) from the moon.

(6) 1945年になってようやくその戦争は終わった。　（1語不足）　（埼玉・慶應志木高）
(to / war / an / the / 1945 / it / until / that / was / end / came).

∴167 次の文を英語になおしなさい。

(1) 私たちが駅に着いたとき，どしゃ降りの雨だった。　（東京学芸大附高）

(2) 体重を減らしたいなら，毎日もっと歩いたほうがいいですよ。

(3) 本は個人の好みで買うものだ。　（奈良・東大寺学園高）

(4) 1週間後にバスケットボールの試合があるので，彼は一生懸命練習しています。
（兵庫・甲南高）

(5) あなたが医者になったとき何歳でしたか。　（佐賀・弘学館高）

(6) その惑星に生物がいるかどうかわからない。

着眼
166 (1)「～をまともに見る，直視する」look ~ in the eye(s)[face]
167 (1)「どしゃ降りの雨」→「雨が激しく降る」 (2)「体重」weight［wéit ウェイト］，「体重が減る，減量する」lose[take off] weight ↔「体重が増える」gain[put on] weight (3)「個人の好みで」は「私たちがそれらを好きなので」と考える。 (6)「惑星」planet［plǽnit プラネット］，「生物」life[living things]

25 前置詞 (1)

解答 別冊 *p.57~p.60*

*168 次の文の (　　) 内に，下から適当なものを選んで入れなさい。

(1) You must finish your report (　　) five tomorrow morning.
　　ア by　　　　イ in　　　　ウ till　　　　エ through
(長崎・青雲高)

(2) Mr. Okada always comes (　　) time.　　(大阪・樟蔭高)
　　ア to　　　　イ on　　　　ウ by　　　　エ such

(3) I'll come back home (　　) two hours.　　(北海道・函館ラ・サール高)
　　ア at　　　　イ over　　　　ウ in　　　　エ to

(4) We will have another meeting (　　) Friday morning. (岡山白陵高)
　　ア on　　　　イ at　　　　ウ in　　　　エ for

(5) A bird came (　　) the window.　　(和歌山・初芝橋本高)
　　ア through　　イ from　　　ウ into　　　エ in

(6) She enjoyed swimming in the lake (　　) the summer vacation.　　(東京・明治学院高)
　　ア when　　　イ during　　ウ while　　エ as　　オ if

(7) The man cut the meat (　　) a knife.　　(獨協埼玉高)
　　ア across　　イ by　　　ウ on　　　エ with

(8) May I take a sample (　　) this material?　　(大阪・清風高)
　　ア of　　　　イ at　　　　ウ on　　　　エ with

(9) Mary and John went to Hawaii (　　) vacation.
　　ア in　　　　イ of　　　　ウ on　　　　エ to

(10) Green plants cannot live (　　) light.　　(大阪・開明高)
　　ア of　　　　イ for　　　　ウ without　エ at

(11) Thank you (　　) your kindness. —— Not (　　) all.
　　ア at, of　　イ for, for　　ウ for, at　　エ at, after

着眼

168 (8) sample [sǽmpl サンプル] 見本，material [mətí(ə)riəl マティ (ア) リアル] 素材・原料　(10) plant [plǽnt プラント] 植物　(11) kindness [káin(d)nis カイン (ドゥ) ネス] 親切 (kind 親切な)

⑿ The man was speaking (　　) a happy look on his face.

 ア to   イ for   ウ at   エ with

⒀ We went shopping (　　) the department store. (大阪・明星高)

 ア to   イ for   ウ at   エ with

⒁ Don't speak (　　) your mouth full. (佐賀・東明館高)

 ア with   イ in   ウ at   エ on

⒂ I called (　　) you last night, but you were not in. (東京・城北高)

 ア on   イ at   ウ in   エ up

⒃ He did most of the work (　　) his hands. (大阪教育大附高平野)

 ア with   イ by   ウ in   エ on

⒄ Can you see the beautiful bridge (　　) the river?

 ア in   イ on   ウ over   エ among

⒅ What time is it (　　) your watch?

 ア at   イ by   ウ in   エ on

★**169** 次の各組の文の（　　）内には，同じ1語が入ります。その1語を答えなさい。

⑴ You look cool (　　　　) that jacket. Where did you buy it?

 If it rains tomorrow, we will have rain for the first time (　　　　) a month. (愛媛・愛光高)

⑵ I am (　　　　) your idea. (千葉・市川高)

 I paid five pounds (　　　　) the book.

 Thank you (　　　　) inviting me to the party.

⑶ I am (　　　　) Australia. (東京・穎明館高)

 Knowing is quite different (　　　　) doing.

⑷ He had his glasses (　　　　). (北海道・函館ラ・サール高)

 We saw Lake Michigan (　　　　) our left.

(着)(眼)

 168 ⑿ look [lúk ルック] 様子・表情　⒀ department store デパート　⒁ full [fúl フル] いっぱいの

 169 ⑴ cool《米俗語》かっこいい・すばらしい，for the first time 初めて　⑵ idea 考え，pound [páund バウンド] ポンド（お金・重さの単位）　⑶ quite [kwáit クワイト] 非常に　⑷ Lake Michigan ミシガン湖

★★170 各組の2文がほぼ同じ意味を表すように，（　　）内に適当な1語を入れなさい。

(1) His aunt flew to Sapporo last week.　　(北海道・函館ラ・サール高)
His aunt went to Sapporo (　　　　) (　　　　　) last week.

(2) I usually walk to school.　　(大阪・関西大一高)
I usually go to school (　　　　) (　　　　　).

(3) We see a lot of foreigners in Tokyo.　　(東京・早稲田実業高)
We see a lot of people (　　　　) (　　　　　) in Tokyo.

(4) When I was going to the station, I saw a friend of mine.
I saw a friend of mine (　　　　) my (　　　　　) to the staion.
(東京・早稲田高)

(5) His plan was a little different from yours.　　(北海道・函館ラ・サール高)
There was a little difference (　　　　　) his plan and yours.

(6) I studied English for two hours and went to bed.　　(大阪・明星高)
I went to bed (　　　　) (　　　　) English for two hours.

(7) We need water to live.　　(神奈川・法政大二高)
We cannot live (　　　　) (　　　　).

(8) When I was a child, Father moved away.　　(東京・早稲田高)
(　　　　) (　　　　) (　　　　　) Father moved away.

(9) He is three years older than I.　　(東京・巣鴨高)
He is older than I (　　　　) three years.

(10) He didn't answer my question but went away.　　(東京・巣鴨高⊠)
He went away (　　　　) (　　　　　) my question.

(11) While I was in New York, I met him several times.(神奈川・慶應高)
(　　　　) my (　　　　　) in New York, I met him several times.

(12) Tom went to Alaska when he was twenty-seven years old.
Tom went to Alaska at the (　　　　　) of twenty-seven.

(13) I couldn't go there because it rained.　　(東京・早稲田実業高)
I couldn't go there (　　　　) (　　　　　) the rain.

着眼

170 (1) flew[flúː フルー]＜fly（飛行機で行く）の過去形　(4) a friend of mine 私の友だちの1人（≒ my friend）　(5) different[díf(ə)rənt ディフ（ェ）レント]異なった，difference[díf(ə)rəns ディフ（ェ）レンス]違い　(8) move away 立ち去る・転居する　(11) several times 数回・何度か

*171 次の文の（　）内に，［　］から適当なものを選んで入れなさい。ただし，2度同じものを使わないこと。 （大阪・開明高）

(1) I was playing football (　　) my friends.

(2) I have good news (　　) you.

(3) Peter works very hard (　　) school.

(4) He spoke (　　) my grandmother.

　　[from, with, of, for, at, on, to]

*172 次の文の（　）内に，［　］から適当なものを選んで入れなさい。 （大阪・関西大倉高）

(1) He wrote a letter (　　) Dr. William.

(2) We were (　　) a trip.

(3) Both (　　) them were working hard.

　　[in, from, on, of, at, to]

*173 次のア～カから，誤りのある文を1つ選びなさい。 （大阪・明星高🈬）

ア　Birds are singing in the trees.

イ　You must come here till eight.

ウ　She came to the party in time.

エ　He left for Tokyo last night.

オ　During my stay in Kyoto, I visited many temples.

カ　Did he start before or after supper?

*174 次の文中の誤りを正しなさい。 （岡山白陵高）

(1) We are leaving London to Paris tomorrow afternoon.

(2) Today we are going to start our lesson from an English quiz.

(3) You have to finish your homework until seven tomorrow.

着眼
172 (1) Dr. ～ ～博士・医師

★175 次の日本語を英語になおしたとき，最も適切なものをア～オから１つ選びなさい。 (東京・明治学院高)

トムは彼女といるときは，レストランでゆっくり食べる。

ア Tom eats slowly at restaurants when he is with his girlfriend.

イ Tom slowly eats at restaurants when he is to his girlfriend.

ウ Tom slowly eats into restaurants when he is to his girlfriend.

エ Tom eats slowly into restaurants when he is with his girlfriend.

オ Tom eats slowly into restaurants when he is without his girlfriend.

★176 次の文の（　）内に適当な１語を入れなさい。

(1) He was born (　　) England (　　) the first (　　) September, 1936.

(2) He left his village (　　) a cold morning in December.

(3) I was sandwiched (　　) two fat women.

(4) He had no pencil to write (　　), nor any paper to write (　　). (以上　埼玉・慶應志木高)

(5) There were no airplanes (　　) those days. (東京・郁文館高)

(6) (　　) my joy, my brother won first prize. (鹿児島・ラ・サール高)

(7) Time is up. So much (　　) today. (鹿児島・ラ・サール高)

(8) Shall I help you (　　) the cooking? (高知・土佐塾高)

(9) Mary is two years senior (　　) me. (高知・土佐高)

(10) Masao went to Tokyo (　　) the first time last month. (高知学芸高)

(11) She fell (　　) love with him at once. (高知学芸高)

(12) In Japan, we usually don't enter our rooms (　　) our shoes on. (東京・早稲田大高等学院)

(13) What happened (　　) your right hand? (東京・開成高)

着眼
176 (3) sandwich [sǽn(d)witʃ サン（ドゥ）ウィチ] はさむ　(6) first prize 1等賞
(7) Time is up. 時間です。（残り時間はない）　(9) senior [síːniər スィーニャ] 年上の ↔junior

☆*177* 日本文の意味を表すように，（　　　）内に適当な1語を入れなさい。

⑴ 私はその花にカメラのピントを合わせた。　　　　　　　　　　（大阪・関西大倉高）

I focused my camera (　　　　　) the flower.

⑵ そのコーヒーショップはパークホテルと図書館の間にあります。　（熊本学園大附高）

That coffee shop is (　　　　　) the Park Hotel (　　　　　) the library.

⑶ 私は平均して月に3冊の本を読みます。　　　　　　　　　　　（東京・開成高㊇）

I read three books a month (　　　　　) average.

⑷ 私は事故のせいで学校に遅刻しました。　　　　　　　　　　　（東京・開成高㊇）

I was late for school (　　　　　) account of an accident.

☆*178* 日本文の意味を表すように，（　　　）内の語を並べかえなさい。

⑴ 彼女はこっそりと部屋を出て行った。　（1語不足）　　　　　　（大阪・清風高）

(the / she / out / any / of / went / room / noise / making).

⑵ 水曜日は，火曜日と木曜日にはさまれている。　（1語不足）　　（大阪・四天王寺高）

(and / comes / Tuesday / Thursday / Wednesday).

⑶ 私たちには今手持ちの金がない。　（1語不足）　　　　　　　　（佐賀・弘学館高）

(us / have / money / we / no) now.

🔴▶⑷ 高校時代の友人に40年ぶりに会った。　（1語不足）　　　　　（埼玉・慶應志木高㊇）

I met an old friend (from / years / forty / the / for / high / time / in / school).

☆*179* 次の文を英語になおしなさい。

⑴ 壁に絵がかかっています。

⑵ あの長い髪の少女に親切にしてあげなさい。

⑶ 彼はこの本を1週間で読み終えなければならない。

🔴▶⑷ あなたは目を閉じたまままっすぐに歩けますか。　　　　　　　（愛媛・愛光高）

⑸ テレビや漫画のせいで，近ごろの学生はあまり本を読まない。　（兵庫・灘高）

【着眼】

177 ⑴ 「焦点を合わせる」focus [fóukəs フォウカス]

179 ⑷ 「まっすぐに」straight [stréit ストゥレイト]　⑸ 「漫画」comic [kámik カミク]，「近ごろの学生は」→「近ごろ，学生は」，「近ごろ」these days

26 前置詞 (2)

解答 別冊 *p.60~p.61*

*180 次の文の（　　）内に，下から適当なものを選んで入れなさい。 **◀頻出**

(1) I am (　　　) my glasses. 　　　　　　　　　　　　　(東京・明治学院高)

ア looking after 　　　　　　イ look after

ウ looked for 　　　　　　　エ looking for

(2) Please send me a book (　　　) American history.

ア from 　　　　　　　　　イ in 　　　　　　(東京・明治学院高改)

ウ about 　　　　　　　　　エ to

オ says about

(3) He was (　　　) as a great pianist. 　　　　　(東京・明治大付中野高)

ア looked at 　　　　　　　イ looked into

ウ looked down on 　　　　エ looked up to

*181 次の各組の（　　）内に入る同じ1語を答えなさい。

(1) Will you look (　　　　) my dog? 　　　　　　(福岡・西南学院高)

I throw a ball, and my dog runs (　　　　) it.

(2) Are the trains running (　　　　) time today? 　　　(愛媛・愛光高)

She tried (　　　　) her new party dress.

*182 各組の2文がほぼ同じ意味を表すように，（　　）内に適当な1語を入れなさい。

(1) I believe that he will succeed. 　　　　　　　　(神奈川・慶應高改)

I (　　　) (　　　) of (　　　) (　　　).

(2) You mustn't enter a tatami room with your shoes on.

You must (　　　) (　　　) your shoes when you enter

the tatami room. 　　　　　　　　　　　　　(東京学芸大附高)

着眼

182 (1) succeed [səksíːd サクスィード] 成功する　(2) enter [éntər エンタァ] 入る，with one's shoes on くつを履いたまま（このwithは付帯状況を表す）

(3) Ben was (　　　) (　　　) the concert.　（埼玉・立教新座高図）
Ben was not in time for the concert.

(4) He likes to travel by bicycle very much.　（大阪・高槻高）
He is very (　　　) of (　　　) by bicycle.

(5) This ball-point pen isn't the same as that one.　（神奈川・慶應高）
This ball-point pen is (　　　) (　　　) that one.

✦183 日本文の意味を表すように，（　　）内に適当な1語を入れなさい。

(1) まだ使えるものを捨てるな。　（神奈川・法政大二高図）
Don't (　　　) (　　　) things that you can still use.

(2) 風邪をひいて，3日間寝込んでいました。　（大阪・開明高）
I (　　) (　　) (　　　) and had to stay in bed for three days.

(3) その生徒は一昨日学校を休んだ。　（大阪・開明高）
The student was (　　　) (　　　) school the day before yesterday.

〔難〕(4) あなたのカバンは，色が私のものに似ている。　（大阪・関西大倉高）
Your bag is similar in color (　　　) mine.

〔難〕(5) 今朝は紅茶の代わりにコーヒーを飲もう。
I'll have coffee instead (　　　) tea this morning.

(6) テレビの音を下げるか，消してください。　（愛知・滝高）
Please either turn down the television or turn (　　　) (　　　).

✦184 日本文の意味を表すように，（　　）内の語を並べかえなさい。

(1) 私は彼の宿題を手伝わなかった。（1語不足）　（大阪・清風高図）
(homework / help / I / his / didn't / him).

(2) この電車に乗れば，成田空港に行けますよ。　（北海道・函館ラ・サール高）
(take / Narita Airport / you / this train / to / will).

着眼
183 (2)「寝込む」stay in bed　(4)「似た，同様の」similar [símələr スィミラァ]
(6)「(音量などを) 下げる」turn down

第3回 実力テスト

時間 **60**分
合格点 **70**点

得点 /100

解答 別冊 *p.61~p.63*

1 次のア～エの下線部の発音の中で，他と異なっているものを選びなさい。
(1点×5＝5点)

(1) ア says イ table ウ rain エ great
(2) ア open イ home ウ bought エ hotel
(3) ア cook イ lose ウ good エ woman
(4) ア children イ kind ウ time エ high
(5) ア hot イ hour ウ home エ hope

2 次の語の最も強く発音する部分を選び，番号で答えなさい。 (1点×5＝5点)

(1) some-times (2) un-der-stand (3) mu-si-cian
　　1　　2　　　　1　　2　　3　　　　1　　2　　3

(4) al-ways (5) a-gain
　　1　　2　　　1　　2

3 次の文の（ ）内から最も適する語を1つずつ選びなさい。 (1点×10＝10点)

(1) In the United States schools begin (at, in, on, from) September.
(2) Jesus Christ was born (in, on, at, of) December 25.
(3) You may go out, but you must come back (by, till, to, since) five.
(4) We enjoyed swimming (in, on, at, to) the sea.
(5) Don't write your name (with, in, by, for) a pencil.
(6) The plane didn't take off (on, to, for, at) time.
(7) The man is famous (to, with, for, as) a good singer.
(8) I am taller than my father (for, on, by, with) a head.
(9) She spoke (at, by, in, for) a low voice with tears in her eyes.
(10) Don't speak ill (in, from, on, of) others.

4 次の文がほぼ同じ意味になるように，（　　）内に適当な1語を書きなさい。
(2点×6＝12点)

(1) Tom swims faster than Bob.　Bob swims faster than Jack.
Tom swims the (　　　) (　　　) the three.

(2) Time is the most important thing of all.
(　　　) is (　　　) important than time.

(3) No one in his class can speak English as well as Makoto.
Makoto is the (　　　) (　　　) of English in his class.

(4) Run fast, or you can't catch the first bus.
You can catch the first bus (　　　) (　　　) (　　　) fast.

(5) When the child saw his mother, he stopped crying at once.
(　　　) (　　　) (　　　) the child saw his mother, he stopped crying.

(6) You didn't help me, but I could finish the work.
I could finish the work (　　　) your help.

5 次の日本文に合う英文となるように，次の（　　）内の語句を並べかえなさい。
ただし，それぞれ不足している1語を補うこと。 (2点×4＝8点)

(1) 彼は一昨日，ニューヨークに向かって成田を発った。
(New York / Narita / left / he) the day before yesterday.

(2) 英語を話すとき，間違いを恐れてはいけません。
(you / be / making / afraid / when / mistakes / don't) speak English.

(3) 私たちの先生は太陽は西に沈むと教えた。
(our / us / the west / the sun / teacher / sets / taught / that).

(4) 富士山は海抜3,776メートルです。
(Mt. Fuji / level / 3,776 meters / sea / is).

6 次の日本文に合う英文となるように，（　）内に適当な1語を書きなさい。
(3点×4＝12点)

(1) 明日晴れたら，ピクニックに行きましょう。

Let's go (　　　) a picnic, (　　　) it (　　　) fine tomorrow.

(2) あなたと同様にジェームズも私にとても親切でした。

James (　　　) (　　　) (　　　) you (　　　) very kind to me.

(3) 熱海と草津は温泉で有名です。

Atami and Kusatsu are (　　　) (　　　) their hot springs.

(4) あの人は困っているのではないでしょうか。

I am afraid he is (　　　) (　　　).

7 次の文を日本語になおしなさい。
(3点×5＝15点)

(1) As soon as you get to the hotel, please call me at this number.
(2) Mr. Smith will come here either by car or by taxi.
(3) Turn to the left at the third corner, and you'll find the station on your right.
(4) I hear your sister is good at speaking French.
(5) Most people of Galileo's time thought that a ten pound weight would fall ten times as fast as a one pound weight.

8 次の文を英語になおしなさい。
(3点×6＝18点)

(1) あなたはどんな種類のスポーツが一番好きですか。
(2) この本とあの本では，どちらが読むには難しいですか。
(3) 摩周湖 (Lake Mashu) は日本で最も美しい湖の1つです。
(4) 私たちは暗くならないうちに家に帰らなくてはなりません。
(5) あなたは自分の名前をインクで書くべきです。
(6) 私は，あなたと同じくらい上手に英語を話せるようになれたらいいなと思います。

9 次の英文を読んで，あとの問いに答えなさい。(計15点)

An English film director was making a film in India. (1)The weather was very important for making the film, so the director wanted to listen to the weather forecasts on the radio. Of course he brought a radio with him. But the radio was stolen by someone and he couldn't listen to (2)them.

The next day an old Indian came to the director and said to him, "It's going to rain today." It really rained that day. And then every morning the Indian said to the director, "The sun's going to shine today," or "It's going to be cloudy," and (3)he was always right. (4)The director thought that he had magical power. So he asked the old man about the weather every day.

But one morning the old Indian did not look happy and he did not speak to the film director. The director said kindly, "What's wrong? Are you sick?"

The Indian answered, "Your radio. Broken."

(注) film「映画」，director「監督」，forecast(s)「予報」，the radio was stolen by someone 「そのラジオはだれかに盗まれました」，Indian「インド人」，shine「輝く」，magical power「不思議な力」

問1 下線部(1)を日本語になおしなさい。(3点)

問2 下線部(2)，(3)はそれぞれ何を（だれを）指しますか。日本語で書きなさい。

(3点×2＝6点)

問3 下線部(4)をheがだれを指すか明らかにして，日本語になおしなさい。(3点)

問4 なぜインド人の老人は天気予報ができたのですか。その理由を30字程度の日本語で説明しなさい。(3点)

106 ——— 受動態

27 受動態 (1)

解答 別冊 p.63~p.66

*__185__ 次の文の ( ) 内の語を適当な形になおしなさい。 ◁ 頻出

(1) The doll is (like) by Jane.

(2) A lot of things are (carry) by plane.

(3) Was the fish (catch) by them?

(4) This book was (write) by him.

(5) This work was (do) by your father.

*__186__ 各組の2文がほぼ同じ意味を表すように, ( ) 内に適当な1語を入れなさい。 ◁ 頻出

難 (1) Meg wrote a letter and Bob got the letter. （兵庫・関西学院高）

A letter ( ) ( ) ( ) Bob by Meg.

(2) Mr. Brown is our English teacher. （獨協埼玉高）

We ( ) ( ) English by Mr. Brown.

(3) Cats catch birds. （神奈川・法政大二高）

Birds ( ) ( ) by cats.

(4) A stranger spoke to me on the train yesterday. （兵庫・三田学園高）

I was ( ) to by a stranger on the train yesterday.

(5) Ken read a lot of books. （神奈川・法政大二高図）

A lot of books ( ) ( ) by Ken.

(6) She will invite Mike to the party.

Mike ( ) ( ) ( ) to the party by her.

(7) The letter was encouraging to me. （埼玉・立教新座高図）

I was ( ) ( ) the letter.

(8) She sent wedding invitations to her old friends.

Her old friends were ( ) to her wedding.

（東京・明治大付中野高）

着眼

186 (4) stranger [stréindʒər ストゥレインヂァ] 見知らぬ人

(7) encouraging [inkɔ́ː[ʌ]ridʒiŋ エンカ～[カ]レヂング] 元気づけるような

(8) invitation [invətéiʃən インヴィテイシション] 招待・招待状

*187 次の文を日本語になおしなさい。

(1) Wood was used for heating by them.

(2) Many beautiful pictures were taken by them yesterday.

(3) The Five Stars, or the Southern Cross, can be seen from all over Australia at night. (京都学園高)

(4) English is used by many people as an international common language.

*188 日本文の意味を表すように, ( )内に適当な1語を入れなさい。

(1) 医者にはもっと運動するようにと言われました。 (東京・城北高㊞)

　 I ( ) ( ) by the doctor to do more exercise.

(2) 新しいドレスが私の母によって作られるでしょう。

　 A new dress ( ) ( ) ( ) by my mother.

(3) 彼女は夕食を食べないかもしれません。

　 Dinner ( ) ( ) ( ) eaten by her.

(4) その男性はみんなに笑われました。

　 The man ( ) ( ) ( ) by everyone.

(5) その部屋はいつもトムが掃除をします。

　 The room ( ) ( ) ( ) by Tom.

(6) 壁にかかっているこの絵はピカソが描いたものです。

　 This picture ( ) the ( ) ( ) ( ) by Picasso.

(7) この本は多くの若者たちが読むのですか。

　 ( ) this book ( ) by many young people?

(8) その仕事は彼によってなされねばなりません。

　 The work ( ) ( ) ( ) by him.

着眼

187 (1) wood [wúd ウッド] 木, heat [hí:t ヒート] 暖める (3) the Southern Cross 南十字星, or すなわち (4) international common language 国際共通語

188 (4) 「～を笑う」laugh at ～ (6) 「壁」wall [wɔ́:l ウォール]

☆189 次の文を（　）内の指示に従って書きかえなさい。

(1) Tom helps me every day. （受動態の文に）

(2) He cut the tree. （受動態の文に）　　　　　　　　　　（大阪・東海大仰星高⊠）

(3) Nancy didn't open the windows. （受動態の文に）

(4) Did he build my house? （受動態の文に）　　　　　　　（大阪・関西大一高）

(5) Did you understand his words then? —— No, we didn't.
（受動態の文に）

(6) Her mother will clean the room tomorrow. （受動態の文に）
（佐賀・東明館高）

(7) The bus will take you to the station. （受動態の文に）
（大阪教育大附高平野）

(8) Your friends laughed at <u>Tom</u>. （下線部を主語とする受動態の文に）
（大阪・関西大倉高）

(9) He took good care of <u>the babies</u>. （下線部を主語とする受動態の文に）
（佐賀・東明館高）

(10) Swimming is enjoyed by people of all ages. （能動態の文に）
（智辯和歌山高）

(11) Was this window broken by Tom? （能動態の文に）

(12) Music isn't taught by Ms. Brown at our school.
（能動態の文に）

(13) Her mother found the diary <u>yesterday</u>.
（下線部を問う受動態の疑問文に）　　　　　　　　　　（佐賀・東明館高）

(難)▶(14) Are you looking for Bill Cross?
（受動態の文に）　　　　　　　　　　　　　　　　（東京・早大学院高⊠）

(難)▶(15) Many singers have sung this song.
（受動態の文に）

---

189 (7) 〈take ＋ 人 ＋ to ～〉人を～に連れて行く　(8) laugh at ～ ～を笑う　(9) take care of ～ ～の世話をする　(10) of all ages すべての年代［世代］の　(13) diary [dái(ə)ri ダイアリィ] 日記　(14) look for ～ ～を探す（＝ seek）

☆☆190 日本文の意味を表すように，⑸は英文の意味が通るように，（　）内の語句を並べかえなさい。

⑴ 彼はおじさんに面倒を見てもらった。　　　　　　　　　　（東京・文教大付高）

(uncle / he / by / was / his / after / looked).

⑵ 君は友だちに笑われますよ。　　　　　　　　　　　　　　（東京・開成高）

(by / you / be / your / friends / will / at / laughed).

⑶ この本は多くの日本の子どもたちに読まれている。　（1語不要）　（東京・國學院高）

(is / Japanese / this / by / children / reading / read / a lot of / book).

⑷ その赤ちゃんは，両親が仕事から戻ってくるまで，おばあちゃんに面倒を見てもらいます。　（1語不要）　　　　　　　　　　（東京・中央大杉並高）

(her parents / the baby / after / by / is / at / until / looked / her grandmother / come / from work / back).

▶⑸ (was / his / true / up / knowing / he / identity / brought / without), but it seems he has a special destiny.　（神奈川・慶應高）

⑹ 彼は友だちに尊敬されています。　（1語不要）　　　　　（徳島文理高）

(to / friends / looked / by / is / his / respected / he / up).

☆☆191 次の文を受動態を用いて英語になおしなさい。

⑴ 彼は誕生日に，この腕時計をおじさんからもらったのですか。　（長崎・青雲高）

⑵ 彼女はスミスさん一家から夕食に招待されました。　　　（京都・東山高⑫）

⑶ 彼女のお気に入りの靴は彼女のおばあさんに買ってもらったものです。

（佐賀・弘学館高）

⑷ このかばんは去年の夏，彼のおばさんからいただきました。　（I wasで始めて）

（北海道・函館ラ・サール高）

▶⑸ 私が帰ろうと支度していると，見知らぬ人に声をかけられました。「ちょっと手を貸してくれませんか」と言ったのです。　　　　　（大阪星光学院高）

着眼

190 ⑴「～の面倒を見る，世話をする」look after ～ = take care of ～　⑷「両親」parents [pέ(ə)rənts ペ(ア)レンツ]　⑸ identity [aidéntəti アイデンティティ]素性，アイデンティティ，destiny [déstəni デスティニィ]運命　⑹「～を尊敬する」respect ～ = look up to ～⇔「～を見下す」look down on ～

191 ⑵「スミスさん一家」the Smiths　⑶「お気に入りの」favorite [féiv(ə)rit フェイヴ(ァ)リト]　⑸「支度する」get ready [prepare]

28 受動態 (2)

解答 別冊 p.66~p.70

*192 次の文の (   ) 内に, ア～エより適当なものを選んで入れなさい。◀ 頻出

(1) This book is made (   ) wood.　　　　　　　(大阪国際大和田高)
　　ア of　　　　　イ from　　　　ウ into　　　エ by

(2) Most of us are very (   ) history.　　　　　　(大阪桐蔭高)
　　ア interesting　　　　　　　イ interested with
　　ウ interested in　　　　　　エ interested to

(3) The top of the mountain is covered (   ) snow.
　　ア in　　　　イ of　　　　ウ on　　　エ with
　　　　　　　　　　　　　　　　　　　(茨城・江戸川学園取手高)

(4) Most of the students in our class (   ) with the story.
　　ア was impressing　　　　イ was impressed　　(香川誠陵高)
　　ウ were impressing　　　　エ were impressed

(5) Japanese (   ) in this room.　　　　　　　　(福岡大附大濠高)
　　ア must not speaking　　　　イ must not be speaking
　　ウ must not be spoken　　　　エ must not spoke

(6) How many children (   ) to Tom's birthday party?
　　ア invite　　イ will invite　　ウ invited　　エ were invited
　　　　　　　　　　　　　　　　　　　(茨城・江戸川学園取手高)

(7) Nara is known (   ) its old temples.　　　　(京都・立命館高)
　　ア by　　　　イ to　　　　ウ for　　　エ as

(8) (   ) was this desk painted?　　　　　　　(大阪・樟蔭東高)
　　ア Who　　イ By whose　　ウ By whom　エ Whom

(9) Her room was filled (   ) so many cute dolls.　(東京・中央大付高)
　　ア to　　　　イ by　　　　ウ with　　　エ of

(10) Too (   ) spent on this movie.　　　　　　(埼玉・淑徳与野高)
　　ア many money was　　　　イ much money was
　　ウ a lot of money were　　エ little money were

*193 日本語の意味を表すように，( )内に適当な1語を入れなさい。< 頻出

(1) California is ( ) ( ) its fruit.
 [〜で知られている]

(2) The box was filled ( ) oranges. [〜で満たされる]

(3) We were ( ) ( ) a shower on our way home.
 [にわか雨にあう]

(4) He is ( ) ( ) my report. [〜に満足する]

(5) He was ( ) ( ) his score on the exam.
 [〜に喜んだ]

(6) He was ( ) ( ) the news. [〜にがっかりした]

(7) My uncle was ( ) ( ) the war. [〜で死んだ]

(8) Bob ( ) ( ) ( ) the arm. [〜にけがをした]

(9) Mike is ( ) ( ) a French woman.
 [〜と結婚している]

(10) This bag is ( ) ( ) paper. [〜で作られている]

(11) Wine is ( ) ( ) grapes. [〜から作られる]

(12) Grapes are ( ) ( ) wine. [〜に作りかえられる]

(13) This desk was ( ) ( ) Korea. [〜で作られた]

*194 次の文を ( )内の指示に従って書きかえなさい。

(1) What did your parents name your brother? （受動態の文に）

(近畿大附和歌山高)

(2) When did your mother make this doll? （this doll を主語にして）

(愛知・滝高図)

●▶(3) Everyone knows him well. （受動態の文に）

(4) Sugar is sold at that store. （能動態の文に）

(5) Ostriches are not seen in Japan. （能動態の文に）　　(三重・暁高図)

着眼

193 (1) California [kǽləfɔ́ːrnjə キャリフォーニャ] カリフォルニア　(3) shower [ʃáuər シャウア] にわか雨　(5) score [skɔ́ːr スコー(ァ)] 点数・得点　(7) war [wɔ́ːr ウォー (ァ)] 戦争　(13) Korea [kəríːə コリーア] 韓国

194 (5) ostrich [á[ɔ́]stritʃ ア[オ]ストゥリチ] ダチョウ

★195 各組の2文がほぼ同じ意味を表すように，（　　　）内に適当な1語を入れなさい。

(1) We clean our classroom every day.　　　　　（東京・穎明館高）
Our classroom (　　　　) (　　　　　) every day.

(2) Butter is made from milk.　　　　　（東京・実践学園高）
Milk is made (　　　　) butter.

(3) Problem-solving can be taught.　　　　　（東京・巣鴨高）
(　　　) (　　　) (　　　　) problem-solving.

(4) Who invented the telephone?　　　　　（愛知・滝高）
Who (　　　　) the telephone invented (　　　　)?

(5) What is the English name of this bird?
What is this bird (　　　　) in English?

(6) This book was interesting to me.　　　　　（京都・大谷高）
I was (　　　　) (　　　　) this book.

➡(7) When were these sandwiches made?　　　　　（岡山白陵高）
How (　　　　) are these sandwiches?

(8) I was surprised when I saw a cat in my room. （兵庫・武庫川女子大附高）
I was surprised (　　　　) (　　　　) a cat in my room.

(9) Every spring we can see beautiful flowers in this park.
Every spring beautiful flowers (　　　) (　　　) (　　　)
in this park.　　　　　（佐賀・弘学館高）

(10) More people study Japanese in Australia.　　　　　（高知学芸高）
Japanese (　　　) (　　　) (　　　) more people in
Australia.

(11) The fifth of March is my birthday.　　　　　（京都・同志社高）
I (　　　) (　　　) (　　　) the fifth of March.

(12) This church is more than 500 years old now. （神奈川・法政大女子高）
This church (　　　) (　　　) more than 500 years ago.

(13) My brother will repair my bike.　　　　　（東京・國學院高）
My bike will (　　　) (　　　) by my brother.

着眼

195 (3) problem-solving 問題解決　(4) invent [invént インヴェント] 発明する
(7) sandwich [sǽn(d)witʃ サン（ドゥ）ウィチ] サンドイッチ
(11) the fifth of March 3月5日

★★196 日本文の意味を表すように，(　　)内の語句を並べかえなさい。

(1) この花は英語で何と言うのですか。　　　　　　　　　　　　　　(獨協埼玉高)

(in / called / flower / what / is / this) English?

(2) その男の子は全身泥まみれでした。　　　　　　　　，　　(東京・明治学院高函)

(was / with / the / mud / covered / boy) from head to foot.

(3) あなたのお父さんは，その知らせに驚くでしょう。　(1語不足) (高知・土佐女子高)

(your father / the news / be / will / surprised).

(4) だれがそのチームのキャプテンになったの。　　　　　　　(埼玉・淑徳与野高)

Who (of / made / captain / the team / was)?

(5) そんな有名な話はほとんどの生徒が知っている。　(1語不要)　(佐賀・東明館高)

(all / story / to / a / is / such / known / in / the / famous / almost / students).

🔴▶(6) レストランでその婦人はだれに話しかけられていたのですか。　　(東京・開成高)

(spoken / lady / was / by / the / being / to / who) at the restaurant?

🔴▶(7) この塔は，一千年以上も前に建てられたものと信じられています。(東京・早稲田実業高)

(this / was / believed / ago / it / than / tower / is / built / one / more / years / thousand / that).

★★197 次の文を英語になおしなさい。

(1) 町はすぐに雪で覆われるでしょう。　　　　　　　　　　　　　(広島・修道高)

(2) カナダでは，いくつの言語が使われていますか？　　　　　　(東京・桜美林高)

🔴▶(3) 日本人は外国語の修得が苦手だとよく言われる。　　　　　　　(東京・早稲田高)

🔴▶(4) 通りはいつも大変混雑しています。それで，私は時々騒音に悩まされます。

(東京・青山学院高)

(5) ヒースロー (Heathrow) 空港で見知らぬ人に英語で話しかけられました。

(兵庫・白陵高)

(6) 昨日公園で外国人の男の人に話しかけられたんです。　　　　(岡山白陵高)

着眼

197 (3)「外国語」foreign language，「修得する」master [mǽstər マスタァ]，「〜が苦手である」be not good at 〜 / be poor at 〜　(4)「混んでいる」be crowded，「〜に悩まされる」be bothered，「騒音」noise [nɔ́iz ノイズ]
(5)「見知らぬ人」stranger [stréindʒər ストゥレインヂァ]

29 現在完了 (1)

別冊 *p.70~p.74*

198 次の文の（　　）内の語を適当な形になおしなさい。ただし，1語とは限らない。
◁ 頻出

(1) Have you ever (drive) this car?　　　　　　　　　　（奈良・育英西高）

(2) Gasoline prices have (rise) sharply in the last couple of months.　　　　　　　　　　（獨協埼玉高改）

(3) We (know) Mr. Green since we were children.　　（愛知・滝高）

(4) A : Has she ever visited that country?　　　　　（熊本学園大付高改）
　　B : No, she has never (be) there.

(5) Our teacher has (tell) us the story many times.　（佐賀・東明館高改）

(6) I (live) in Japan for 15 years now.　I (teach) at this school for most of the time.　　　　　　（千葉・渋谷教育学園幕張高改）

(7) We (be) in Tokyo since 1987.　　　　　　　　（京都・洛星高）

(8) I am tired of rain.　It (rain) since last Sunday.　　（兵庫・灘高）

★★199 次の文を（　　）内の指示に従って書きかえなさい。

(難)▶(1) I went to Alaska.　（many times を加えて現在完了の文に）

(難)▶(2) He has talked with a foreigner once.　（否定文に）

(3) Ken has lived in New York <u>for three years</u>.　　　（大阪・相愛高）
　　（下線部を問う疑問文に）

(4) I have been to America <u>twice</u>.　（下線部を問う疑問文に）

(5) It was cold yesterday, and it is still cold now.　　　（大阪学芸高）
　　（現在完了を用いて同じ内容の文に）

(6) It is five years since I saw you last.　　　　　　（兵庫・武庫川女子高）
　　（I で始まる文に）

---

198 (2) gasoline [gǽsəli:n ギャソリーン] ガソリン，price [práis プライス] 価格，sharply [ʃá:rpli シャープリィ] 急に，couple [kʌ́pl カプル] 2つの・1対の　(6) for most of the time そのほとんどの期間　(8) be tired of ～ に飽きる
199 (1) Alaska [əlǽskə アラスカ] アラスカ　(5) still [stíl スティル] まだ

★200 次の文の（　）内に，ア〜エより適当なものを選んで入れなさい。

(1) My cat (　　) for a year.　　　　　　　　　　　　（東京・法政大高）
　　ア　died　　　　　　イ　was dead
　　ウ　is dying　　　　エ　has been dead

(2) How (　　) have you lived in New York?　　　（大阪国際大和田高）
　　ア　much　　　イ　far　　　ウ　many　　　エ　long

(3) He has been absent (　　) last Sunday.　　（茨城・江戸川学園取手高）
　　ア　from　　　イ　since　　　ウ　of　　　エ　for

(4) Tom (　　) in Fukuoka for ten years.　　　（福岡大附大濠高）
　　ア　lives　　　イ　has lived　　　ウ　have lived　　　エ　has living

(5) A : Have you read this magazine?　　　　　　（佐賀・東明館高）
　　B : (　　)
　　ア　Yes, I do.　　　イ　Yes, you have.
　　ウ　No, not yet.　　エ　No, I have.

(6) I've learned a lot of Japanese (　　) I came to Japan.（熊本・真和高）
　　ア　before　　　イ　since　　　ウ　if　　　エ　that

(7) He's (　　) tennis with Ken three times.　　　（熊本・真和高）
　　ア　play　　　イ　plays　　　ウ　played　　　エ　playing

(8) Mr. Holmes (　　) London since last year.　　（埼玉・淑徳与野高）
　　ア　lived in　　　　　イ　has visited
　　ウ　has been to　　　エ　has been in

(9) Have you ever (　　) England?　　　　　　（東京・明治学院高）
　　ア　been　　　イ　gone　　　ウ　traveled　　　エ　visited

(10) Though I (　　) nothing last evening, I am not so hungry now.　　　　　　　　　　　　　　　　　　　（神奈川・法政大二高）
　　ア　eat　　　イ　ate　　　ウ　have eaten　　　エ　am eating

(11) She has been sick (　　) yesterday.
　　ア　since　　　イ　for　　　ウ　in　　　エ　from

(12) There (　　) a lot of rain since last month.　　（千葉・専修大松戸高）
　　ア　was　　　イ　were　　　ウ　have been　　　エ　has been

★201 各組の文がほぼ同じ意味を表すように，（　　）内に適当な1語を入れなさい。

(1) I have never visited that country before.　　　　　（大阪教育大附高平野）
This will be my (　　　　) visit to that country.

(2) I was good at skiing when I was a boy and I can still ski well now.　　　　　（兵庫・関西学院高）
I (　　　　) (　　　　) (　　　　) at skiing since I was a boy.

(3) I got sick yesterday and I'm still in bed.　　　　（北海道・函館ラ・サール高）
I have (　　　　) sick (　　　　) yesterday.

(4) It's a long time since I saw my brother last.　　　　（東京・成城学園高）
I (　　　　) (　　　　) my brother for a long time.

(5) My grandfather died ten years ago.　　　　　（京都・東山高）
Ten years have passed (　　　　) my grandfather died.

(6) I broke my leg.　So I can't walk now.　　　　（神奈川・法政大二高）
I (　　　　) (　　　　) my leg.

(7) It hasn't rained since last month.　　　　　（大阪・明星高）
We have had (　　　　) (　　　　) since last month.

(8) It has snowed a lot this winter.　　　　　（京都・洛南高）
(　　　　) have (　　　　) a lot of snow this winter.

⚫▶(9) We have found your bicycle.
Your bicycle (　　　　) (　　　　) found.

⚫▶(10) It began to rain this morning and it is still raining now.
It (　　　　) (　　　　) raining (　　　　) this morning.
　　　　　（神奈川・森村学園高）

★★★202 日本文の意味を表すように，(8)は英文の意味が通るように，（　　）内の語句を並べかえなさい。

(1) 私たちは長い間の知り合いです。　　　　　（獨協埼玉高）
(other / long / for / known / have / each / we / a) time.

⚫▶(2) こんなにおいしいチーズを食べたのは初めてです。　　　　（神奈川・法政大女子高）
This is (best / ever / I / have / cheese / the / had).

►(3) 私はこんな長い橋をかつて見たことがありません。　　　（東京・明治学院高）

(a / as / bridge / have / I / long / never / seen / such / this).

(4) この前お会いして以来，5年ぶりですね。　　　（東京・國學院高）

(have / saw / you / passed / I / five / years / since) last.

(5) 彼は君にこの建物がたった1日で建てられた話をしましたか？

Has he (this building / built / told / you / was) in only a day?　　　（北海道・函館ラ・サール高）

(6) ベンは何回その本を読んだことがありますか。　　　（北海道・函館ラ・サール高）

How (the book / Ben / many / has / times / read)?

►(7) 彼に会ったことがないから，どんな人かわかりません。

As I (like / have / tell / is / met / cannot / him, / I / never / what / he / you).

(8) A : (go / have / you / made / mind / your / to) camping?

（1語不足）　　　（東京・豊島岡女子学園高）

B : No, not yet.　I'm still thinking about it.

☆☆*203* 次の文を英語になおしなさい。

(1) 私のいとこは高校を出て以来，何の消息もありません。

(2) 彼はこの会合に間に合うように来ると言ったのに，まだ来ない。

(3) 彼らの3分の1は，まだその山に登ったことがないそうです。　　　（愛媛・愛光高）

(4) この市に参りましてから2年がたちますが，そのとき以来おばさんの家に厄介になっています。　　　（兵庫・白陵高）

►(5) 習い始めて3年になるのに，ぼくの英語は通じません。　　　（兵庫・灘高）

203 (1)「いとこ」cousin [kʌ́zn カズン]，「消息がない」は「便りがない」と考える。　(2)「会合」meeting [míːtiŋ ミーティング]　(3)「3分の1」one third　(4)「～に厄介になる」は「～のところに滞在する」と考える。　(5)「英語が通じる」は「英語で～自身を理解させる」make oneself understood in English を用いる。

30 現在完了 (2)

解答 別冊 *p.74~p.76*

*204 次の(1), (2)は ( ) 内に適当なものを, (3)~(5)は日本文に合う英文を, それぞれ下から選びなさい。

(1) A : Have you finished your homework yet?　　（香川誠陵高）
　 B : Yes. I ( ) it two hours ago.
　 ア finished　　　　　　　イ was finishing
　 ウ was finished　　　　　エ have finished

(2) A : Have you ever traveled to Europe?　　（福岡大附大濠高）
　 B : ( )
　 ア Yes, next weekend.　　イ No, but I'd like to.
　 ウ No, I'm not French.　　エ Yes, you're right.

(3) 彼女はこの本を読んだことがあります。　　（東京・明治学院高）
　 ア She has ever read this book long ago.
　 イ She has reading this book before.
　 ウ She was reading this book before.
　 エ She has read this book before.
　 オ She read this book ago.

(4) ヘレンはちょうど今昼食を食べに出かけたところです。　　（東京・明治学院高）
　 ア Helen has went to eat lunch just now.
　 イ Helen has just went to eat lunch now.
　 ウ Helen has just gone out for lunch.
　 エ Helen has gone to eat lunch by now.
　 オ Helen has gone out for lunch before just now.

(5) 彼から最後に便りがあって2週間たちます。　　（東京・明治学院高）
　 ア Two weeks have passed since I last heard from him.
　 イ After I heard from him last past two weeks.
　 ウ It is two weeks before I last heard from him.
　 エ I have heard from him two weeks ago last.
　 オ He was last heard to me two weeks before.

着眼
204 (2) travel to ~ ~に旅行する

*205 次の文中の下線部と同じ用法の現在完了が使われている文を1つ選び，記号
で答えなさい。 <頻出|

⑴ I <u>have known</u> Jack for five years.
 ア My sister hasn't written the letter yet.
 イ He has gone to New York.
 ウ I have never seen such a large building.
 エ How long have you been in Japan?

⑵ He <u>has been</u> to Australia before.
 ア I have just finished eating my lunch.
 イ I have known him since he was a child.
 ウ I have never traveled by plane.
 エ She has lost the ticket for the concert.

⑶ We <u>have visited</u> Hokkaido many times.
 ア I have often been to Tokyo.
 イ Tom has just been to the post office.
 ウ He has been in this town these ten years.
 エ My brother has gone to France.

*206 下線部の用法が他と異なるものをア～エから1つ選びなさい。 <頻出|
 ア He <u>has been</u> sick for a week.
 イ How long <u>have</u> you <u>been</u> in French?
 ウ He <u>has</u> not <u>visited</u> Okinawa before.
 エ She <u>has studied</u> English since last year.

*207 次の英文の下線部の誤りを正し，全文を書きなさい。
⑴ I <u>have taken</u> this picture last summer.
⑵ Ten years have passed since he <u>has left</u> this town.
⑶ I <u>have broken</u> the window when I was playing with my
 friends.
⑷ When <u>have you gone to</u> New Zealand? (神奈川・法政大二高函)
⑸ I haven't <u>already</u> finished doing my homework.

着眼
 205 ⑶ ウ these ten years この10年間

★208 各組の2文がほぼ同じ意味を表すように，（　　）内に適当な1語を入れなさい。

(1) It's two years (　　　　　) he first saw her.　　　　　(東京学芸大附高)
　　He has (　　　　　) her for two years.

(2) I began to live in Kobe five years ago.　I still live in Kobe.
　　I (　　　) (　　　　　) in Kobe (　　　　　) five years.
　　　　　　　　　　　　　　　　　　　　　　　　　　　(大阪・履正社高)

(3) He hasn't written to me for a long time.　　(兵庫・武庫川女子大附高)
　　I haven't (　　　　) (　　　　　) him for a long time.

(4) She went to the post office and just came back.　　(城北埼玉高)
　　She (　　　) (　　　　) to the post office.

(5) She went to London, and she isn't here now.　　(東京・堀越高)
　　She (　　　) (　　　　) to London.

(6) I have not seen you for a long time.　　(東京・中央大杉並高)
　　It is a long time (　　　　) I saw you last.

(7) This is my first visit to New York.　　(東京・城北高)
　　I (　　　) (　　　) (　　　　) to New York before.

(8) My grandfather died five years ago.　　(東京・早稲田高)
　　My grandfather (　　　) (　　　) (　　　　) these five years.

(9) I have no experience of going abroad.　　(神奈川・慶應高)
　　I (　　　) (　　　) (　　　　) abroad.

★209 対話の内容に合う文として適切なものを，ア〜エから1つ選びなさい。

Fred　：Have you finished reading the book, Akiko?
Akiko：No, not yet.　How about you, Fred?
Fred　：Yes, I have.　It was very interesting.
Akiko：I think so, too.　I'm enjoying it.

　ア　Akiko has just read the book.
　イ　Fred is still reading the book.
　ウ　Fred has never read the book.
　エ　Akiko is still reading the book.

☆☆210 日本文の意味を表すように，（　）内の語句を並べかえなさい。

⑴ 彼の言葉で私は幸福になった。　　　　　　　（神奈川・日本女子大附高⊠）

（ happy / have / his / made / me / words ）.

⑵ しばらく見ないうちに，ずいぶん大きくなりましたね。　（1語不要）

You've （ so much / saw / I / long / since / you / grown ） last.　　　　　　　　　　　　　　　　　　（埼玉・淑徳与野高）

⑶ いつからトムは日本の歴史を勉強することに興味を持っていますか。　（1語不要）

（ studying / been / long / interesting / has / how / interested / in / Tom ） Japanese history?　　　　　　（神奈川・日本大高）

⑷ なぜこんなに朝早くここにやって来たのですか。　（東京・明治大付中野高）

（ you / has / here / brought / what ） so early in the morning?

⑸ この5年間，田中君から何の便りもありません。　（1語不足）　（東京・城北高）

（ the / for / Mr. Tanaka / five / heard / we / last / have / nothing / years ）.

⑹ あなたが名古屋に引っ越してきてから何か月ですか。　（愛知・滝高）

How （ passed / many / moved / months / since / have / you ） to Nagoya?

⑺ あなたは小さかったとき，どんな本を読みましたか。（1語不要）　（千葉・専修大松戸高）

（ have / kinds / books / of / you / read / did / what ） when you were little?

難▶⑻ あの寺が建ったのは300年以上前だ。（1語不足）　（大阪・清風高⊠）

More （ that / have / since / temple / than / passed / years / built / 300 ）.

☆☆211 次の文を英語になおしなさい。

⑴ 私は昨日から何も食べていないので，おなかがペコペコだ。　（東京・中央大杉並高）

⑵ 私は子どものころからピアノを弾いています。　（広島・修道高）

⑶ あなたは沖縄に何回行ったことがありますか。　（北海道・函館ラ・サール高）

難▶⑷ 君は彼と知り合ってどれくらいになりますか。　（佐賀・弘学館高）

着眼
210 ⑵ grown [gróun グロウン] < grow [gróu グロウ] 育つ　⑹ move [múːv ムーヴ] 移動する・引っ越す
211 ⑴「おなかがペコペコだ」は「とても空腹だ」と考え be very hungry とする。
⑵「子どものころから」since ~ was [were] a child [children]

31 現在完了進行形

解答 別冊 *p.76~p.77*

*212 次の(　)内に，ア～エより適当なものを選んで入れなさい。

(1) They (　) the mountain for six hours since this morning.
　　ア　climb　　　　　　　イ　climbed
　　ウ　are climbing　　　エ　have been climbing

(2) She usually (　) her homework before dinner.
　　ア　does　　　　　　　イ　did
　　ウ　has done　　　　　エ　has been doing

(3) Mai (　) French since 1998.
　　ア　learns　　　　　　イ　learned
　　ウ　was learning　　　エ　has been learning

(4) You (　) TV for four hours since you came back from school.
　　ア　watch　　　　　　イ　watched
　　ウ　have watched　　　エ　have been watching

(5) He (　) in Mie for three years when he was a child, but now lives in Nagoya.
　　ア　lives　　　　　　　イ　lived
　　ウ　has lived　　　　　エ　has been living　　　（愛知・東海高）

(6) Bob really likes books. He (　) a lot recently.
　　ア　read　　　　　　　イ　will read
　　ウ　would be reading　エ　has been reading

*213 次の文の(　)内の語を適当な形になおしなさい。ただし，1語とは限らない。

(1) I (not eat) anything since breakfast.
(2) We (know) each other since 2010.
(3) Molly (sleep) for 6 hours.
(4) Sam (buy) a new shirt at the store yesterday.
(5) My sister (do) the laundry all morning.

着眼
　212 (6) recently [rí:sntli リースントゥリィ] 最近
　213 (5) do the laundry 洗濯をする

★214 日本文の意味を表すように, ( ) 内に適当な1語を入れなさい。

(1) 私はバスを4時から待っている。

I ( ) ( ) ( ) for the bus since 4 o'clock.

(2) 私たちはいなくなったネコを5時間探している。

We ( ) ( ) ( ) ( ) the missing cat for five hours.

(3) ケンはリサが電話してきて以来, 彼女のことをずっと考えている。

Ken ( ) ( ) ( ) about Lisa ( ) she called.

(4) 彼女は英語をどのくらい学んでいますか。

How long ( ) she ( ) ( ) English?

(5) マキとタクヤは試験勉強を2時間している。

Maki and Takuya ( ) ( ) ( ) for the test ( ) two hours.

(6) メアリーは8歳の時からピアノを弾いている。

Mary ( ) ( ) ( ) the piano since she was eight years old.

★215 日本文に合う英文を下から選びなさい。

(1) 私はこの市に5年間住んでいます。

ア I've been living in this city for five years.
イ I've been live in this city for five years.
ウ I been living in this city for five years.
エ I live in this city for five years.

(2) 私は最近ジムによく行っています。

ア I will go to the gym a lot recently.
イ I been to the gym a lot recently.
ウ I have been going to the gym a lot recently.
エ I went to the gym a lot recently.

★216 次の文を英語になおしなさい。

(1) 私は英語を勉強し始めてから5年になるが, 英語を話すのは苦手だ。(長崎・青雲高)

(2) 朝から雨がずっと激しく降っているので, 私は家にいることにした。

着眼
214 (2) missing [mísiŋ ミスィング] 行方不明の
215 (2) gym [dʒím ヂム] ジム
216 (1) 「苦手である」be not good at -ing

32 some, any, one

解答 別冊 p.77~p.79

★217 次の文の（　）内に，ア〜エより適当なものを選んで入れなさい。 **＜頻出**

(1) Would you like (　　) coffee?
　　ア some　　イ little　　ウ many　　エ a few

(2) Would you like to have (　　) glass of wine? （東京・中央大附杉並高）
　　ア the other　　イ other　　ウ another　　エ others

(3) I have two little pigs.　One is pink and (　　) is black and white. （神奈川・法政大女子高）
　　ア the others　　イ the other　　ウ other　　エ another

(4) I have three children, one is in Japan and (　　) are abroad.
　　ア other　　イ others　　ウ the other　　エ the others
　　　　　　　　　　　　　　　　　　　　　　　（埼玉・淑徳与野高）

(5) I don't like this shirt.　Please show me (　　).
　　ア other　　イ one　　ウ another　　エ something
　　　　　　　　　　　　　　　　　　　　　　　（東京・明治大付中野高）

(6) I have lost my purse, so I must buy (　　). （福岡・久留米大附設高）
　　ア it　　イ one　　ウ the one　　エ the other

(7) She gave me a lovely watch, but I lost (　　). （東京・中央大杉並高）
　　ア one　　イ it　　ウ the one　　エ this

★★218 各組の2文がほぼ同じ意味を表すように，（　）内に適当な1語を入れなさい。

(1) They didn't have any time for a holiday. （大阪・清風高）
　　They (　　) (　　) time for holiday.

(2) Can I have one more cup of tea, please? （大阪・桃山学院高）
　　Can I have (　　) cup of tea, please?

(3) Not all of them were interested in the book. （東京学芸大附高）
　　(　　) were interested in the book, but (　　) were not.

(4) Tom ate nothing yesterday. （大阪・開明高）

Tom didn't (　　　) (　　　) yesterday.

(5) You must not leave anything in your desk. （神奈川・慶應高）

(　　　) (　　　) in your desk.

(6) Knowing is one thing and teaching is another. （徳島文理高）

Knowing is (　　　) (　　　) teaching.

☆219 日本文の意味を表すように，（　）内に適当な1語を入れなさい。

(1) 私は犬を6匹飼っている。1匹は白くて，あとは全部黒い。 （東京工業大附科学技術高）

I have six dogs.　One is white and (　　　) (　　　) are black.

(2) 彼らには1人も子どもはいません。 （東京・駒込高）

They do (　　　) have (　　　) children.

(3) 我々はどんな動物も一緒に連れて行くことはできない。 （東京・桜美林高）

We can't take (　　　) animals with us.

難(4) 中野先生はクラスの生徒ひとりひとりに話しかけました。 （大阪・開明高）

Mr. Nakano spoke to (　　　) of the students in his class.

(5) もうこれ以上食べられません。 （愛知・滝高）

I can't eat (　　　) more.

(6) これはちょっとね。別のを見せてください。 （佐賀・弘学館高）

I don't like this.　Show me (　　　), please.

☆☆☆220 日本文の意味を表すように，（　）内の語句を並べかえなさい。

(1) 私たちはお互いに助け合うべきです。 （広島・如水館高函）

(should / each / help / other / we).

難(2) 私は留学を楽しみにしていますが，一方で将来について悩んでいます。 (2語不足)

(about / , / but / forward / hand / I'm / I'm / worried / looking / my / other / studying / the / to) future. （東京・早稲田実業高函）

難(3) 私たち全員，そのコンサートを楽しむことができたので，別の機会にも招待していただければと願っています。 (2語不足) （東京・早稲田実業高函）

As (all / at / concert / , / enjoyed / hope / invite / event / of / the / to / us / us / we / you'll).

33 数量の表し方

解答 別冊 *p.79~p.82*

★221 次の文の（　）内に，下から適当なものを選んで入れなさい。◁頻出

(1) Would you like (　) for your coffee?　（東京・穎明館高）
　　ア　many sugar　　　　イ　much sugars
　　ウ　few sugar　　　　エ　some sugar

(2) I have (　) money with me, so I can't buy it.　（滋賀・比叡山高）
　　ア　much　　イ　little　　ウ　few　　エ　enough

(3) The boy has (　) books in his bag.　（大阪・上宮高）
　　ア　any　　イ　few　　ウ　little　　エ　much

(4) Finally the sky became dark and (　) stars appeared.
　　ア　any　　イ　a few　　ウ　a little　　エ　not　（埼玉・淑徳与野高）

(5) It's already eight o'clock. You have (　) time to eat breakfast.
　　ア　few　　イ　little　　ウ　some　　エ　any
　　　　　　　　　　　　　　　　　　（神奈川・法政大女子高）

(6) "Is there any milk?" "Yes, just (　)."　（大阪・明星高）
　　ア　few　　イ　a few　　ウ　little　　エ　a little

(7) We have (　) today.　（大阪・明星高）
　　ア　a lot of homeworks　　　イ　many homeworks
　　ウ　little homework　　　　エ　few homework

(8) There (　) a few people in the park.　（香川誠陵高）
　　ア　is　　イ　has　　ウ　have　　エ　are

(9) There are (　) oranges in the basket.　（適するものを2つ）
　　ア　a lot of　　イ　any　　ウ　no　　エ　my　　オ　another
　　　　　　　　　　　　　　　　（北海道・函館ラ・サール高）

(10) We had (　) snow last winter.　（佐賀・東明館高）
　　ア　many　　イ　a lot　　ウ　little　　エ　a few

⑾ My boots are very old. I have to buy a new (　　).
　ア pair　　　イ piece　　　ウ set　　　エ boot

（北海道・函館ラ・サール高）

⑿ I don't have (　　) work to do today, so I'll take you for a drive.
　ア much　　　イ many　　　ウ little　　　エ few

⒀ As he was careful, he made (　　) mistakes.　（東京・早稲田高）
　ア few　　　イ a few　　　ウ little　　　エ a little

⒁ A great (　　) of apples fell to the ground.
　ア lots　　　イ deal　　　ウ amount　　エ number

⒂ We had to hurry because we had (　　) time left.
　ア little　　　イ a little　　　ウ few　　　エ a few

（神奈川・法政大女子高）

⒃ (　　) the seats are reserved today.
　ア Almost of　　　　イ Most of all
　ウ Almost all　　　エ The most of

⒄ This book contains (　　) new information.
　ア a number of　　　イ lots of
　ウ a few of　　　エ many

⒅ Recently I have read quite (　　) books.
　ア a few　　　イ few　　　ウ a little　　エ little

★222 次のア～エから誤りのある文を1つ選び，記号で答えなさい。
　ア Bring me a glass of milk.
　イ Bring me a pair of glass.
　ウ Bring us two cups of coffee.
　エ Bring us two pairs of gloves.

221 ⑾ boots [búːts ブーツ] ブーツ　⑿ take ~ for a drive ～をドライブに連れて行く
⒃ seat [síːt スィート] 座席，reserve [rizə́ːrv リザ～ヴ] 予約する　⒄ contain
[kəntéin コンテイン] 含む，information [infərméiʃən インフォメイション] 情報
⒅ recently [ríːsntli リースントゥリィ] 最近

☆223 次の文の（ ）内に，〔 〕から適当なものを選んで入れなさい。

⑴ He wanted a ( ) of wood then.

⑵ Mother brought two ( ) of tea to us.

⑶ Will you have a ( ) of coffee?

⑷ Please give me a ( ) of water.

⑸ I need two ( ) of paper.

〔 cup / cups / glass / glasses / sheets / piece 〕

☆224 次の文の（ ）内に，〔 〕から適当なものを選んで入れなさい。

⑴ Please give me ten ( ) of paper and a ( ) of scissors.

⑵ Jane bought two ( ) of wine at that shop.

●▶⑶ She put two ( ) of sugar in her cup.

⑷ Tom usually puts a ( ) of sugar in his coffee.

⑸ How about another ( ) of coffee?

●▶⑹ I need a ( ) of soap.

⑺ I ate a ( ) of bread for breakfast.

〔 bottles / pieces / cup / spoonful / glass / cake / pair / lumps / slice 〕

☆225 次の文中の誤りを正しなさい。

⑴ Every children in my family was given some money as *otoshidama* on New Year's Day. （広島・如水館高）

⑵ We had many snow last year.

⑶ Today we don't have so many homework as we did yesterday. （佐賀・弘学館高）

(着眼)
224 ⑴ scissors〔sízərz スィザズ〕はさみ ⑹ soap〔sóup ソウプ〕せっけん
⑺ bread〔bréd ブレッド〕パン
225 ⑴ New Year's Day 元日・お正月

★226 日本文の意味を表すように，(　　)内に適当な1語を入れなさい。

(1) 私のクラスのほとんどの生徒は，ピアノが弾けません。　　　　(広島大附高)

(　　　　　) (　　　　　　) in my class can play the piano.

(2) 彼はコップ2杯の牛乳を飲んだ。　　　　　　　　　　　(大阪・上宮高)

He drank (　　　　　) (　　　　　　) (　　　　　　) milk.

難▶(3) あなたは，世間知らずですよ。　　　　　　　　　　　(愛知・滝高)

You know (　　　　　) about the world.

(4) 数分したら戻ります。

I'll be back (　　　　) (　　　　) (　　　　) (　　　　).

★★★227 日本文の意味を表すように，(　　)内の語句を並べかえなさい。

(1) 彼は毎日，寝る時間がほとんどありません。　　　　　　(兵庫・滝川高)

(little / time / every / to / he / sleep / has / day).

(2) トムはいっしょに遊ぶ友だちがほとんどいませんでした。　(東京・実践学園高)

Tom (friends / play / few / to / with / had).

(3) 4か月以上もほとんど雨が降っていません。　　(千葉・渋谷教育学園幕張高)

We (four / have / rain / than / for / months / little / more / had).

(4) 学生時代は，彼には友人もお金もほとんどなかった。　(東京・明治大付中野高)

He (and / few / little / had / friends) money in his school days.

(5) この料理を作るのにコップ何杯の水が必要ですか。　　(福岡大附大濠高)

(do / need / water / cups / of / many / you / how) to cook this dish?

(6) その湖には，ほとんど水がない。

(little / there / is / water / the lake / in).

★★★228 次の文を英語になおしなさい。

(1) 池には水が少しある。

(2) 彼はリンゴを数個とパン1切れを買いました。　　　　(大阪・東海大仰星高図)

難▶(3) 昨日学校に遅れた生徒はほとんどいませんでした。　　　(大阪・城星高)

着眼

227 (1)「寝る時間」time to sleep　(2)「遊ぶ友だち」a friend to play with
(4)「学生時代に」in one's school days　(5)「料理」dish [díʃ ディシ]

228 (1)「池」pond [pá(ɔ)nd パ(ポ)ンド]

34 副詞

解答 別冊 *p.83~p.84*

*229 次の文の（　）内に，ア～エより適当なものを選んで入れなさい。◀頻出

(1) This book is selling (　　) because it is very interesting.
　　ア good　イ well　ウ many　エ much
(2) This is a (　　) clever cat.
　　ア good　イ much　ウ very　エ well
(3) He will (　　) forget her.
　　ア never　イ ever　ウ well　エ very

*230 各組の2文がほぼ同じ意味を表すように，（　）内に適当な1語を入れなさい。◀頻出

(1) This book is easy to read.
　　We can read this book (　　　　).
(2) My brother wants to go to a foreign country.　（大阪・四天王寺高）
　　My brother wants to go (　　　　).
(3) Mr. White is a careful driver.
　　Mr. White (　　　　) (　　　　).
(4) She is usually busy, but is sometimes free.　（東京・芝浦工大高）
　　She is not (　　　　) busy.
(5) Give your report to the teacher in time.　（東京・早稲田実業高）
　　You must give your report to the teacher before it's (　　　　) (　　　　).

*231 （　）内の語を入れるのに適切な箇所を，記号で答えなさい。◀頻出

(1) He ア takes a walk イ early ウ in the morning エ.　(often)
(2) My father ア is イ in his room ウ on Saturdays エ.　(usually)
(3) You ア must イ be ウ kind エ to everyone オ.　(always)
(4) He ア goes イ to ウ his office エ by train オ.　(sometimes)

着眼
　229 (2) clever [klévər クレヴァ] 賢い
　230 (3) careful [kéərfəl ケアフル] 注意深い

★232 日本文の意味を表すように，(　　)内に適当な1語を入れなさい。

(1) 私は昨夜遅く寝ました。

I went to bed (　　　　) last night.

(2) 彼は毎週日曜日には，たいていお母さんの手伝いをします。

He (　　　　) helps his mother on Sundays.

(3) あまり食べ過ぎてはいけません。

Don't eat (　　　　) much.

(4) 彼はいつも早く起きます。

He (　　　　) gets up (　　　　).

(5) メアリーは来ないが，ボブも来ないでしょう。

Mary doesn't come, and Bob won't come, (　　　　).

(6) 君はワインを飲む年ごろじゃないでしょう。 (高知・土佐塾高)

You aren't old (　　　　) to drink wine.

★233 日本文の意味を表すように，(　　)内の語句を並べかえなさい。

(1) 私は彼女のことをあまりよく知りません。

(well / don't / I / know / very / her).

(2) この帽子は，メアリーには大きすぎます。

(for / Mary / this hat / large / is / too).

(3) 彼女は本当の母親のように自分の面倒を見てくれている。(1語不足)(大阪・清風高國)

She (my / me / care / own / of / has / mother / taken).

★234 次の文を英語になおしなさい。

(1) 私の家は公園の近くにあり，祖父がいつも散歩しています。 (神奈川・慶應高)

(2) 君のネコはすばやくネズミを捕まえることができますか。

(3) 私たちは散歩をしによくその川の土手へ行きました。

着眼
234 (2)「すばやく」quickly［kwíkli クウィクリィ］,「ネズミ」mouse［máus マウス］(複数形はmice［máis マイス］),「捕まえる」catch［kǽtʃ キャッチ］
(3)「土手」bank［bǽŋk バンク］

第 **4** 回 **実力テスト** 　時間 **60** 分　合格点 **70** 点　　得点 ／100

解答 別冊 *p.84~p.88*

1 次の各組の単語について，下線部の発音がすべて同じ場合には○を，すべて異なる場合には×を，1つだけ異なる場合にはその単語の記号を答えなさい。 (1点×5＝5点)

(1) ア breathe　イ weapon　ウ meant
(2) ア sign　イ huge　ウ foreign
(3) ア thirsty　イ learn　ウ hurt
(4) ア flood　イ tooth　ウ wool
(5) ア advise　イ lose　ウ closely

2 次の各組の語から，最も強く発音する部分の位置が他と異なるものを1つ選びなさい。 (1点×5＝5点)

(1) ア cal-en-dar　イ nu-cle-ar　ウ de-li-cious　エ dif-fer-ent
(2) ア con-tin-ue　イ ex-am-ine　ウ in-tro-duce　エ i-mag-ine
(3) ア ad-vice　イ dan-ger　ウ or-ange　エ vil-lage
(4) ア kan-ga-roo　イ mu-se-um　ウ en-gi-neer　エ af-ter-noon
(5) ア per-cent　イ ca-reer　ウ mes-sage　エ gui-tar

3 次の対話で最も強く発音される部分をア～エから選びなさい。 (2点×2＝4点)

(1) A : What are you going to do on your vacation?
B : ７Well, I'm going to イtravel around ウHokkaido by エcar.
(2) A : Will you visit Tokyo or Yokohama?
B : I will ７visit イTokyo ウand エYokohama.

4 次の能動態の文は受動態の文に，受動態の文は能動態の文に書きかえなさい。 (2点×4＝8点)

(1) Can we see Mt. Fuji from here?
(2) When did your mother find your diary?
(3) Was the computer broken by your brother?
(4) Will the baby be taken care of by his grandmother?

5 各組の文がほぼ同じ意味になるように，（ ）内に適当な1語を入れなさい。
(2点×7＝14点)

(1) Bread is sold at this store.
( ) ( ) bread at this store.

(2) You must not take out books from this room.
Books ( ) ( ) ( ) ( ) from this room.

(3) What language do they speak in Egypt?
What language ( ) ( ) in Egypt?

(4) Who made you this doll?
( ) ( ) ( ) this doll made ( ) you?

(5) When did her father die?
How long ( ) her father ( ) ( )?

(6) A few members were absent from the meeting.
( ) ( ) was present at the meeting.

(7) Our school is one hundred years old.
Our school ( ) ( ) one hundred years ago.
One hundred years ( ) ( ) since our school ( ) ( ).

6 次の日本文に合う英文となるように，次の（ ）内の語句を並べかえなさい。
ただし，それぞれ不足している1語を補うこと。 (2点×3＝6点)

(1) 私たちの学校では英語とフランス語の両方が教えられています。
(are / our / school / taught / at / English / French / and).

(2) 箱の中に宝物はなかった。
(were / the / in / no / box / treasures).

(3) 私はこの家に40年間住んでいます。
(this / in / I / living / for / house / 40 years / have).

7 次の日本文に合う英文となるように，（　　）内に適当な1語を入れなさい。
(3点×4＝12点)

(1) 話しかけられる前に，しゃべってはいけません。
　　Don't speak before you (　　　　) (　　　　) (　　　　).

(2) 外で歩いているときに，帽子を吹き飛ばされました。
　　My hat (　　　　) (　　　　) (　　　　) by the wind when I was walking outside.

(3) いつ日本においでになられましたか。
　　How long (　　　　) you (　　　　) (　　　　) Japan?

(4) 選手たちは6時間練習している。
　　The athletes (　　　　) (　　　　) (　　　　) for six hours.

8 次の文を日本語になおしなさい。
(3点×4＝12点)

(1) Saori has kept the dog for three years and has taught him a lot of things.

(2) On St. Valentine's Day, words full of love are written on cards.

(3) No living things could be seen in the river in those days.

(4) It has been snowing heavily for the past few days.

9 次の文を英語になおしなさい。
(2点×8＝16点)

(1) 母は私の贈り物に満足しました。

(2) この手紙はいつか彼女に見つかってしまうかもしれない。

(3) その老婦人は通りを横断中に，もう少しで車にはねられそうになった。

(4) メグミと最後に会ってから電話がない。

(5) 私は日本に来て10年になりますが，北海道を訪れたことがありません。

(6) 私はちょうど兄を見送りに上野駅に行ってきたところです。

(7) トムは今，フランス語を勉強しにフランスに行っています。

(8) 健康であってはじめて幸せになれます。

10 次の英文を読んで，あとの問いに答えなさい。 （計18点）

Joe Brown was a butcher. (1)He worked five days and a half a week. His shop was shut at one o'clock only on Wednesday, and it was closed on Sunday.

Joe had a big refrigerator in his shop, but (2)he tried not to buy too much meat at a time and to sell it before he bought more.

One Wednesday (3)(a woman / the shop / minutes / one / into / to / at / five / came). "I'm sorry I'm late," she said, "but some friends of mine have just telephoned me to say that they are going to come to dinner tonight, so I need some more meat."

Joe only had one piece of good meat in the shop. (4)He had sold all the others in the day. He took the piece and said to the woman, "This is $12.50." "That piece is too small," the woman answered. "(5)もっと大きいのはありますか。"

Joe went into the room behind his shop, opened the refrigerator, put the piece of meat into it, took it out again and (6)shut the door of the refrigerator with a lot of noise. Then he brought the piece of meat back to the woman and said, "This piece is bigger and more expensive. It's $15.75."

"Good," the woman answered with a smile. "Give me both of them, please."

（注）butcher「肉屋」, refrigerator「冷蔵庫」, at a time「1度に」

問1 下線部(1), (2), (4)を日本語になおしなさい。（3点×3＝9点）

問2 下線部(3)の（　）内の語句を並べかえて，「ある女性が1時5分前に店にやって来ました」という意味の英文を作りなさい。（3点）

問3 下線部(5)の日本文を英語になおしなさい。（3点）

問4 下線部(6)のようにジョーが大きな音を立てて冷蔵庫のドアを閉めたのはなぜか。その理由を日本語で簡単に説明しなさい。（3点）

〈執 筆 者〉　大澤英樹（おおさわ　ひでき）
　　　　　　　㈱学研アイズ（同社元代表取締役社長）にて，上位公立高・難関国私
　　　　　　　立高進学を目指す生徒を対象とした英語指導に従事。論理的かつシ
　　　　　　　ンプルな解説は常に生徒の高い支持を得ていた。兵庫県公立高校入
　　　　　　　試解説にもテレビ出演。

□ 編集協力　株式会社シー・レップス　鎌倉真友子　西澤智夏子
□ イラスト　よしのぶもとこ

シグマベスト
最高水準問題集 特進
中2英語

本書の内容を無断で複写（コピー）・複製・転載する
ことを禁じます。また，私的使用であっても，第三
者に依頼して電子的に複製すること（スキャンやデ
ジタル化等）は，著作権法上，認められていません。

編　者　文英堂編集部
発行者　益井英郎
印刷所　株式会社天理時報社
発行所　株式会社文英堂
　　　　〒601-8121　京都市南区上鳥羽大物町28
　　　　〒162-0832　東京都新宿区岩戸町17
　　　　（代表）03-3269-4231

ⒸBUN-EIDO　2021　　　Printed in Japan　　　●落丁・乱丁はおとりかえします。

特進
最高水準問題集
中2英語
解答と解説

文英堂

1 一般動詞の過去形

▶**1**

(1) 始める，**began** (2) 吹く，**blew**
(3) こわす，**broke** (4) 選ぶ，**chose**
(5) する，**did** (6) 描く，**drew**
(7) 飲む，**drank** (8) 食べる，**ate**
(9) 落ちる，**fell** (10) 飛ぶ，**flew**
(11) 与える，**gave** (12) 行く，**went**
(13) 育つ，**grew** (14) 知る，**knew**
(15) 横になる，**lay** (16) 上がる，**rose**
(17) 見る，**saw** (18) 話す，**spoke**
(19) 盗む，**stole** (20) 泳ぐ，**swam**
(21) 取る，**took** (22) 投げる，**threw**
(23) 着る，**wore** (24) 書く，**wrote**
(25) 建てる，**built** (26) 捕まえる，**caught**
(27) 見つける，**found** (28) 忘れる，**forgot**
(29) 得る，**got** (30) 持つ，**had**
(31) 横にする，**laid** (32) 貸す，**lent**
(33) 失う，**lost** (34) 作る，**made**
(35) 会う，**met** (36) 支払う，**paid**
(37) 言う，**said** (38) 売る，**sold**
(39) 送る，**sent** (40) 輝く，**shone**
(41) 座る，**sat** (42) 費やす，**spent**
(43) 立つ，**stood** (44) 教える，**taught**
(45) 知らせる，**told** (46) 思う，**thought**
(47) 勝つ，**won** (48) なる，**became**
(49) 走る，**ran** (50) 切る，**cut**
(51) 打つ，**hit** (52) 置く，**put**
(53) 読む，**read** (54) 置く，**set**
(55) 閉める，**shut**

解説 すべて不規則変化の動詞。

▶**2**

(1) **sang** (2) **bought**
(3) **left** (4) **drove**

(5) **rode** (6) **stopped**
(7) **heard** (8) **brought**
(9) **studied** (10) **slept**
(11) **sent**

解説 (1)(3)(5)(8)は他にも動詞の過去形が使われており，全体が過去の文となっている。その他はすべて過去を表す言葉が使われているので，過去形にする。 (11)「あなたは私の葉書を受け取りましたか」の後，「私は先週，それを送りました」となるよう，sent (send「送る」の過去形)を入れる。

▶**3**

(1) エ (2) エ (3) エ
(4) イ (5) イ

解説 (1)arrive **at[in]** 〜 = get **to** 〜 = reach 〜「〜に到着する」 (2)エ(I found it) under the table. (3)< say **to** + 人>，< speak **to[with]** + 人>，< talk **to[with]** + 人>， < tell + 人>→tellはその後に前置詞を使わずに人を置くことができる。 (4)from Kansai Airport に注目。 (5)< take + 人 + to 〜>「人を〜に連れて行く」

▶**4**

(1) **shook** (2) **got**
(3) **washed** (4) **swam** (5) **did**

解説 (1)shake hands「握手する」 (5)do **one's** homework「宿題をする」

▶**5**

(1) She didn't read the book last night.
(2) How much did he pay for that CD player?
(3) His mother cut the big cake then.

(4) **What did he eat last night?**

(5) **When did he buy a nice watch?**

(6) **My brother didn't put the big box on the table.**

(7) **Did his father take him to the zoo yesterday?**
—— **No, he didn't.**

(8) **How long did she stay in Hokkaido?**

(9) **Who lectured on time and space?**

(10) **What did you do last Saturday?**

解説 (1)のreadは主語がshe（3人称単数）なのに，3単現の-sが付いていないことから過去形と考える。cut, hit, put, set, shut の場合も同様に考える。(10)は動詞にも下線が引いてあるのでdoに変える。

一般動詞の過去形を用いた文

肯定文 ＜主語＋一般動詞の過去形＞
疑問文 ＜Did＋主語＋一般動詞の原形〜？＞
否定文 ＜主語＋didn't＋一般動詞の原形＞

疑問詞を用いた疑問文の形

主語以外が疑問詞になる場合
＜疑問詞＋did＋主語＋一般動詞の原形〜？＞
答えるときは＜主語＋一般動詞の過去形〜.＞で答える。
主語が疑問詞になる場合
＜疑問詞＋一般動詞の過去形〜？＞
答えるときは〜did.で答える。

▶**6**

(1) **When did you see him?**

(2) (I waited for him, but) **no one came out of** (the room.)

(3) **What language did the lady speak at the party?**

(4) **I watched a baseball game on TV.**

(5) **My uncle went fishing there last summer.**

(6) **We went on a picnic yesterday.**

(7) **Did you get up early this morning?**

(8) **A girl with long hair stood in front of the gate.**

解説 (2)「だれも〜ない」no one 〜（notを使わずに否定文になる） (3)What did 〜ではなく，What language 〜になることに注意。 (5)「魚釣りに行く」go fishing (6)「ピクニックに行く」go on a picnic (8)with「〜を持っている」を用いてa girl with long hairを作る。

▶**7**

(1) **I visited Japan and had a good time.**

(2) **He didn't have any money in those days. / He had no money in those days.**

(3) **What did you eat for breakfast this morning?**

(4) **How did you come to this school today?**

(5) **We made friends with some foreigners at the party.**

(6) **We had a lot of[much] rain in June. / It rained a lot [much] in June.**

(7) **Who ate the cake on the table?** —— **Mary did.**

(8) How long did you watch TV last night?

解説 (1)「楽しい時を過ごす」have a good time (2)「当時」in those days，「全く〜ない」not any 〜＝no 〜 (5)「〜と親しくなる」＝「〜と友だちになる」make friends with 〜 (6)は書きかえとしてもよくねらわれるので，例文として覚えておく。a lot of 〜「たくさんの〜」，a lot「たくさん」 (7)疑問詞が主語になり，その後に動詞が続く。

2 was, were

▶*8*
(1) エ (2) ア (3) ウ (4) ア
(5) ア (6) ウ (7) エ

解説 過去を表す言葉と主語の人称・数に注意する。(6)＜one of＋複数形＞「〜のうちの1人［1つ］」（単数扱い）。「それらのうちの1つは昨日箱の中にありました」

▶*9*
(1) エ (2) ア (3) イ (4) オ
(5) ウ

解説 まず，Yes / Noで答えられるかどうかを考える。次に主語がどれかを考え，疑問詞の文であれば，答えの中心は何かを考えること。

▶*10*
(1) is (2) was (3) were
(4) were (5) Were, was
(6) Were, were
(7) were, were
(8) was, were

解説 (1)every Sunday は現在として考える。 (3)All of 〜「〜のすべて」（複数扱い） (6)nursesだから，このyouは複数。weで答える。 (7)your father and mother が主語（複数）。 (8)疑問詞が主語になる場合は3人称単数扱い。

▶*11*
(1) It, was (2) Where, was
(3) Were (4) How, was
(5) was, not (6) Who, was
(7) was, late (8) were
(9) Was, it, it, was

解説 (1)(9)時間・距離・天候・明暗などを表すときには，主語にitを使う。 (7)「〜に遅刻する」be late for 〜 (8)主語がMr. and Mrs. Smithだから複数であることに注意。

▶*12*
(1) taught, us
(2) was, player
(3) was
(4) were, good, speakers
(5) Were, member, of

解説 (1)「私たちに数学を教えた」と考える。 (2)school days「学生時代」 (3)have a good time「楽しい時を過ごす」→「楽しかった」と考える。 (4)sistersだから，speakersにすることを忘れずに。 (5)belong to 〜「〜に所属する」＝「〜の一員である」be a member of 〜

▶*13*
(1) He was a good volleyball player twenty years ago.
(2) Where was her mother then?
(3) She was an American girl.

(4) **Were these men pilots thirty years ago?**

(5) **John was not[wasn't] a baby ten years ago.**

(6) **When were his parents in Nara?**

(7) **Was Kate very kind to old people? —— Yes, she was.**

(8) **Who was in the kitchen?**

解説 (2)下線部を適する疑問詞に変えて文頭に出し，残った所を疑問文にする。(3)girlだからtheyをsheにすること。また，anを忘れずに。 (8)主語を疑問詞に変えた場合，3人称・単数扱いすることに注意。

▶ *14*

(1) **I was a member of the chorus club last year.**

(2) **Was it cloudy in Tokyo this morning?**

(3) **The stars were beautiful last night.**

(4) **Who was with you yesterday?**

(5) **She was in Hawaii last summer.**

(6) **She was not very happy then.**

(7) **My grandmother was a nurse ten years ago.**

解説 (4)「だれがあなたと一緒にいましたか」と考える。

▶ *15*

(1) **Where were you at that time[then]?**
   —— I was in[at] his house.

(2) **How tall were you last year?**

(3) **It was not very cold yesterday.**

(4) **He was not busy last week.**

(5) **It was still dark outside.**

(6) **Why was he late for the meeting this morning?**

(7) **I was absent from school last Wednesday.**

(8) **Many [A lot of / Lots of / Plenty of / A number of] people were present at the party the day before yesterday.**

(9) **Was Tom in time for the soccer game yesterday afternoon?**

(10) **My car was in front of the station then [at that time].**

解説 (5)「まだ」still（be動詞の後，一般動詞の前に置く） (7)「～を欠席する」be absent from ～ (8)「～に出席する」be present at ～ (9)「～に間に合う」be in time for ～

3 | 過去進行形

▶ *16*

(1) イ　(2) エ　(3) ア　(4) エ
(5) ア　(6) エ　(7) イ　(8) エ

解説 (1)(2)(4)(5)は過去進行形の文で，(3)は現在進行形の文。 (6)brokeに合わせて答えるとどうなるか。 (7)tiredは動詞ではなく形容詞なので，be動詞の文になる。 (8)「ふろに入る」take a bathで，過去における一時的動作なので，過去進行形を用いる。

▶*17*

(1) **writing**　　(2) **cutting**

(3) **playing**　　(4) **lying**

(5) **using**

解説 (2)cut 〜 in two「〜を２つに切る」

▶*18*

(1) **dancing**　　(2) **drew**

(3) **studies**　　(4) **raining**

(5) **lying**

解説 (1)(4)(5)は（ ）の前にbe動詞があるから，進行形の文と考える。　(2)は主語がHeなのにreadに3単現のsがついていないことから，過去形と考える。　(3)every dayだから現在の文，3単現のsを忘れずに。(5)自動詞lie「(横にして)置かれている／横たわる／横になる」を過去進行形で表すので，現在分詞lyingにする。

▶*19*

エ

解説 belong to 〜「〜に所属する」は実際にできない動作なので，進行形にしない。その他，live「住んでいる」，have「持っている・飼っている・いる・ある」，know「知っている」などが進行形にしない動詞として挙げられる。

┌─────────────────────────┐
トップコーチ
●動作動詞と状態動詞
動作動詞：実際に動作できる動詞。
　　　　　→進行形にできる。
状態動詞：実際に動作できない動詞で状態を表す。
　　　　　→進行形にできない。
└─────────────────────────┘

▶*20*

(1) **Did, didn't, was**

(2) **Were, weren't, was**

(3) **Was, wasn't, was**

(4) **were, They, were, their**

(5) **were, was, was**

┌────────────────────────────┐
　疑問文の形
be動詞の文　＜Be動詞＋主語〜？＞
一般動詞の文　＜Do [Does, Did] ＋主語
　　　　　　　　＋原形〜？＞
進行形の文　　＜Be動詞＋主語＋ -ing?＞
└────────────────────────────┘

▶*21*

(1) **Who was cutting the trees?**

(2) **He was reading an interesting book.**

(3) **Bob wasn't running in the park.**

(4) **Was Paul studying Japanese in his room? —— Yes, he was.**

(5) **When was she watching TV with her mother?**

(6) **What were they doing at school?**

解説 「進行形の文に」と指示があれば，現在進行形にするか，過去進行形にするかを吟味すること。(1)(2)はそれぞれ主語がWho，Heなのに動詞に3単現のsが付いていないからcut，readは過去形だと考え，過去進行形にする。　(6)playingにも下線が引かれているから，doingとする。

▶*22*

(1) **were, making**

(2) **were, having**

(3) **What, were, doing**

(4) **Where, were, playing**

(5) **wasn't, standing**

(6) **What, looking**

(7) **Who, singing, was**

解説 (6)「～を探す」look for ～ = seek ～
(7)「だれがうたっていたか」と考える。

疑問文とその答え方

Where **were you running**?
—— **I was running** in the park.
Where **did you run**?
—— **I ran** in the park.
Who **broke** the door?
—— Tom **did**.
Who **was playing** tennis?
—— Tom **was**.
Who **is** at the door?
—— Tom **is**.

▶**23**

(1) **Was it raining in Nagoya (yesterday)?**

(2) **He was swimming in the pool then.**

(3) **The man with the dog was sitting on the bench.**

(4) **We were going to the station at that time.**

(5) **I was having breakfast with my mother two hours ago.**

(6) **Many fish in the river were dying.**

(7) **Were you taking pictures in the park?**

解説 (3)主語である「犬を連れた人」は前置詞with「～と一緒に，～を連れた」を用いて，the man with the dog と表す。動詞は「座っていた」なので，was sitting と過去進行形で表す。 (6)「死にかけている」は進行形で表す。

▶**24**

(1) **She was sitting on the chair and reading a magazine.**

(2) **My brother is listening to (the) music on the radio.**

(3) **Where did you live in your school days?**

(4) **Were you sleeping in your room then[at that time]?**
—— **No. I was reading a book.**

(5) **It was snowing heavily in Kyoto last night.**

(6) **They were still building this hotel in those days.**

(7) **I found a new restaurant on my way home from school.**

(8) **I flew to Australia[went to Australia by plane] the other day.**

解説 (3)liveは進行形にしない動詞。
(6)This hotel was building ～とすると「ホテルが建てていた」となって不自然。このような場合，漠然とした人々を表すthey を主語とすればよい。 (8)「～に飛行機で行く」go to ～ by plane = fly to ～

4 be going to

▶**25**
(1) ウ　(2) イ

解説 (1)後の文で「6か月間です」と答えていることから類推する。　(2)疑問詞の文でたずねられているので，Yes / Noでは答えられない。

▶**26**
(1) 私は明日，父の手伝いをするつもりです。
(2) あなたは公園で犬と遊ぶつもりですか。
(3) 彼はいつロンドンへ出発するつもりですか。

解説 (3)leave for ～「～へ[に向けて]出発する」，leave ～「～を出発する」，leave ～ for ...「…に向けて～を出発する」

▶**27**
(1) I'm not going to cook breakfast for you.
(2) Is your father going to take you to the museum tomorrow? —— Yes, he is.
(3) When are they going to play baseball?
(4) What is she going to do tonight?

解説 be going to の文もbe動詞の文の場合と同様に考えればよい。(4)readにも下線があるので，doとする。

▶**28**
(1) How long are you going to be in this (small room)?

(2) He is going to visit Canada next month.
(3) What are you going to be in the future?
(4) Where are you going to be next month?
(5) When is Tom going to leave Haneda for Osaka?

解説 (1)＜How long + 疑問文？＞　(3)「将来(に)」in the future　(5)疑問詞whenを文頭に置き，'意図'を表すbe going to ～ の疑問文を続ける。「Bに向けてAを[から]出発する」leave A for B

▶**29**
(1) They are going to stay at this hotel next month.
(2) I am going to give[make] a speech on modern music next Thursday.
(3) My father is going to travel abroad at the beginning of next month.
(4) What is Tom going to buy with the money?
(5) What are you going to do this weekend?

解説 (1)「滞在します」と一見，現在のようだが，「来月」なので未来時制にする。「～に滞在する」stay at (in) ～　(2)「～について話[講演]をする」give [make] a speech on ～，「～について」は一般的な内容についてはaboutを用いるが，特定の内容についてはonを用いる。　(4)「そのお金で」with the money　(5)「週末」weekend

5 | will

▶**30**

(1) イ (2) エ (3) エ (4) ウ

(解説)(1)＜will＋動詞の原形＞ (2)reach 〜＝arrive at[in] 〜＝get to 〜「〜に到着する」 (3)文意から，エの「貸す」が適する。(4)「何時に」とたずねられている。

▶**31**

(1) **will, play**
(2) **is, going, to, rain**
(3) **going, to**
(4) **won't**
(5) **Is, going, to, be, is**

(解説) is[am, are] going to 〜＝will 〜
(4)否定文であることに注意。 (5)be going to でたずねられたときは，is, am, are で答える。

▶**32**

(1) **Are, am**
(2) **Will, won't**
(3) **Did, didn't**
(4) **Were, we, were**
(5) **is, going, going, to**
(6) **did, go**
(7) **will, will**
(8) **are, going, to, am, going, to**
(9) **Will, will**
(10) **Will, be, won't**

(解説)(3)this morning は過去を表す言葉。(4)last night があるので過去形。late for があるので be動詞の文。 (6)went で答えているので，一般動詞を用いた過去の文。(7)this evening は未来を表す言葉。(8)next 〜だから未来時制。be going to を使うか will を使うかを検討。 (10)this

afternoon は未来を表す言葉。free は形容詞なので，be動詞の文になる。

> 未来時制の疑問文の形
>
> **be going to** を用いた文
> ＜Be動詞＋主語＋going to＋動詞の原形〜？＞
> **will** を用いた文
> ＜Will＋主語＋動詞の原形〜？＞

▶**33**

(1) 私は来月アメリカを訪れるつもりです。
(2) 今晩，雨が降るでしょうか。
  ——いいえ，降らないでしょう。
(3) ケイトの兄[弟]は，来年高校生になります。

(解説)(3)will be 〜「〜になる(予定だ[つもり，でしょう])」

▶**34**

(1) **The train will arrive at the station in ten minutes.**
(2) **I will be fifteen years old next year.**
(3) **Will Akio buy a new bike at that shop? —— Yes, he will.**
(4) **When will he travel to China?**
(5) **Who will teach math to us tomorrow?**
(6) **(How) will the weather be in London (tomorrow)?**

(解説) will は助動詞なので，can の文の場合と同様に，疑問文・否定文・疑問詞の文を考えればよい。 (2)will am にせず，will の後に必ず原形にする。 (6)未来の文にする。be を忘れずに！

▶*35*
(1) will, play
(2) Will, snow
(3) Where, will
(4) will, be
(5) will, play
(6) Who, will
(7) won't, go

解説 (6)疑問詞が主語になる場合＜疑問詞＋will＋動詞の原形～？＞

▶*36*
(1) How is the weather going to be (in Osaka next week)?
(2) I will be back in a minute or two.
(3) What will you become in the future?
(4) We will have an English examination next month.
(5) Why will you go to the village?
(6) My grandfather will go for a walk tomorrow morning.
(7) We won't have much snow this winter.

解説 (1)is going to の疑問文で，その後に原形のbeが不足している。 (2)「1分か2分で」in a minute or two (7)「あまり～ない」not much ～，数えられる名詞の場合は not many ～を用いる。

▶*37*
(1) Where will you have lunch tomorrow afternoon?
(2) It will be fine tomorrow.
(3) How long will you stay in Japan?
(4) My daughter will come home soon.
(5) What will he study in France?
(6) Where will you go during this summer vacation?
(7) Will Tom be in time for the concert tonight?
(8) What will you do this afternoon?
── I will bake a pie.
(9) In winter, it will get very cold in the northern part of this country.
(10) I will leave London for Sydney on March 1st.

解説 (6)「～の間」during ～〔特定の期間〕，for ～〔不特定の期間〕 (7)「～に間に合う」be in time for ～ (9)「～の北部に」in the northern part of ～，northern「北の」，southern [sʌ́ðərn サザン]「南の」，eastern [íːstərn イースタン]「東の」，western [wéstərn ウェスタン]「西の」

トップコーチ
● will と be going to ～の違い
will
(1) 単純未来──話し手や主語の意志とは関係なく，自然の成り行きで起こると予測される未来。
My sister **will** be fifteen next year.「妹は来年15歳になる」
(2) 意志未来──話し手や主語の意志（その場で決めた意志）を表す。
I **will** stay here for two days.「ここに2日間滞在しよう」

be going to 〜

(1) 主語の意図・計画を表す。意図や計画が前もって頭にあることを表す。
I'm going to sell my car.
「車を売るつもりだ」

(2) 近い未来を表す。何らかのきざしや状況から，話し手が「そうなる」という確信を持っている。
It's eight o'clock. I'm going to miss the bus.
「8時だ。バスに乗り遅れる」

6 Shall I 〜 ?, Will you 〜 ?

▶ **38**

(1) ウ　(2) ア　(3) ウ　(4) ア

解説 (1)pleaseがあるので「〜してくれませんか」の'依頼'の表現とわかる。「時間を教えていただけませんか」　(4)Never mind.＝Don't mind.「気にしないで」

Will you 〜 ?「〜しませんか」
—— Yes, please. / No, thank you.
Will you 〜 ?「〜してくれませんか」
—— OK., Sure., All right.,
　　Of course. / I'm sorry, but ...
Shall I 〜 ?「（私が）〜しましょうか」
—— Yes, please. / No, thank you.
Shall we 〜 ?「（私たちが）〜しましょうか」
—— Yes, let's. / No, let's not.

▶ **39**

(1) **Shall, we**
(2) **going**
(3) **How**
(4) **Will, you**
(5) **Shall, we**

解説 (1)(2)(5)Let's 〜 .＝Shall we 〜 ?＝

How about -ing?＝Why don't we 〜 ?　(3)「どうやって駅に行き着くことができますか」と考える。　(4)Please 〜 .＝Will you 〜 ?＝How about -ing?＝Why don't you 〜 ?＝What do you say to -ing?

▶ **40**

(1) **Shall, we**
(2) **help, me, with**
(3) **answer**
(4) **Yes, let's**
(5) **Shall, I, thank, you**

解説 (2)「〜の…を手伝う」help 〜 with ...　(3)「電話に出る」は動詞answerを用いる。

▶ **41**

(1) **Will you play the guitar for me?**
(2) **What shall we do next Sunday?**
(3) **Shall I carry your luggage to your room?**

解説 (2)luggage[baggage]「荷物」

▶ **42**

(1) **Will you have another cup of coffee? / Would you like another cup of coffee?**
　—— Yes, please.
(2) **Will you please stay at home tomorrow?**
　—— Of course.
(3) **Shall we go to the museum?**
　—— No, let's not.
(4) **When and where shall I see [meet] you next?**

解説 (1)「～をもう1杯」another cup[glass] of ～　(2)Will you ～?を丁寧にした表現。Will you please ～ ? = Will you ～, please?＜Would[Could]you ～ ?.「家にいる」stay at home　(3)(4)「私が～しましょうか」なのか「私たちが～しましょうか」なのかをよく考えること。

7 | can, may

▶**43**
(1) ア　(2) ア　(3) イ　(4) イ

解説 (1)＜助動詞＋S＋動詞の原形～ ?＞
(2)「借りる」はborrowだが，電話は持ち帰りできないので，「電話を借りる」は「電話を使う」と考える。　(3)「正直な(honest)人のはずがない」。cannot[can't]には「～できない」の他に「～のはずがない」という意味がある。

▶**44**
(1) すみませんが，お名前を教えていただけませんか。
(2) 彼らは私に腹を立てているかもしれない。
(3) あなたはその試験に合格できるかもしれない。

解説 (1)直訳すると「あなたの名前を持ってもいいですか」(2)mayは「～してもよい」の他に「～かもしれない」という意味がある。「～に腹を立てる」be angry with ～
(3)may + can→may be able to「～できるかもしれない」助動詞は2つ続けて用いることができない。

▶**45**
(1) **Mary will be able to swim very well next year.**
(2) **We could read the book**

yesterday.
(3) **May I stay here?**
── **No, you may not.**
(4) **What will he be able to do for her?**
(5) **David may be sick.**

解説 (1)canの未来形はwill be able to ～「～できるでしょう」(2)canの過去形はcould = was[were] able to　(4)肯定文にしてみると考えやすい。he can do→he will be able to do→will he be able to do　(5)isをbe(原形)にするのを忘れずに。

▶**46**
(1) イ　(2) イ　(3) イ　(4) ア

解説 (1)イ「伝言を承りましょうか」，エ「しばらくお待ちいただけますか」(2)Could you はCan youの丁寧表現。　(3)ア「もっと安い(cheaper)ものを見せてくれますか」，イ「それを試着してもいいですか」，ウ「これは少し(a little)大きいです」，エ「それをいただきます」。Go ahead.「こちらへどうぞ」，Please use that room.「あちらの部屋を使ってください」から考える。
(4)May I have ～ ? = Will you give me ～ ?「～をいただけますか」

▶**47**
(1) **is, able, to, is, good, pianist**
(2) **weren't, able, to, get**
(3) **isn't, going, to**
(4) **Can[May], help**
(5) **may**

解説 (1)(2)can = be able to　(3)will = be going to　(4)いずれも店員などが客に言う表現「あなたに何をしてあげましょうか」=「手伝ってもいいですか」→「いらっしゃいませ」

▶**48**

(1) May[Can], help
(2) use
(3) able
(4) may[might], rain
(5) Could, you
(6) May[Can], have, another, glass

解説 (2)bathroom も持ち帰りができないので，「使う」と考える。 (5)過去形に注意。

▶**49**

(1) Could you tell me the way to Sunport?
(2) I may be able to visit your country (next year).
(3) He will be able to leave the hospital in a week. [can が不要]
(4) Students may not enter the teachers' room.
(5) Are you able to ride a horse?
(6) I wasn't able to get up early this morning.

解説 (1)「～へ行く道を教えてください」Will [Can / Would / Could] you tell me the way to ～ ？＝How can I get to ～？ (3)「退院する」＝「病院を離れる」と考える。 (4)teacher's「(1人の)先生の」，teachers'「先生たちの」(teachers's とはしない)。 《参考》「女子高」a girls' high school (5)またがって乗るものには ride を使う。

▶**50**

(1) May I take a picture[pictures] here?

(2) May I ask (you) a question?
(3) He could[was able to] catch the big fish.
(4) She will be able to speak English soon[shortly].
(5) May[Can] I borrow this CD for a few days?
(6) Tom cannot[can't] be sick. I saw him at[in] the library yesterday.
(7) Will you be able to finish your homework by five in the evening[afternoon]?
(8) What kind of movie can we see at this theater?

解説 (1)「写真をとる」take a picture [pictures] (4)「～できる(ようになる)でしょう」は can の未来形 will be able to ～ で表す。 (5)動かせるものを借りる場合は borrow を使う。 (6)「～のはずがない」cannot[can't] ～ (7)「～までに」by ～

8 | must，have to など

▶**51**

(1) would, future, want, future
(2) Must, Do, have, to, have, to
(3) don't, have, to, need, not
(4) had, to
(5) will, have, to
(6) must, be
(7) should, be
(8) had, better, be[ought, to, be]
(9) had, better, not, be
(10) have[need], to

解説 (1)would like to ～はwant to ～の丁寧な表現。　(2)must = have[has] to「～しなければならない」を用いた疑問文に答えるときは，Yes, ～ must. / No, ～ don't[doesn't] have to. またはNo, ～ need not.「～しなくてもよい」で答える。(5)mustには未来形がないのでwill have toを用いる。　(6)「～にちがいない」must (8)「～したほうがよい」had better, 「～を休む」be absent from ～　(9)had betterの否定形はhad better notになる。

will（過去形**would**）
　「～するつもり」「～だろう」
　= be going to
　否定の短縮形won't, wouldn't
can（過去形**could**）
　「～できる」「～してもよい」
　（否定文で）「～のはずがない」
　= be able to, 未来はwill be able to
　否定の短縮形cannot[can't], couldn't
must
　(1)「～しなければならない」
　　= have[has] to, 過去はhad to, 未来はwill have to
　(2)「～にちがいない」
　(1)の否定　don't have to = need not
　　　　　　「～する必要がない」
　(2)の否定　cannot[can't]
　　　　　　「～のはずがない」
　(3)　must not[mustn't]
　　　　　　「～してはいけない」
may（過去形**might**）
　「～してもよい」「～かもしれない」
should
　「～すべき」
　否定の短縮形 shouldn't
would like to
　「～したい」（want toよりも丁寧）
had better　　「～したほうがよい」
had better not　「～しないほうがよい」

▶**52**
(1)　ウ　　(2)　イ　　(3)　ア
(4)　ウ　　(5)　ウ

解説 (1)toがあることに注意。　(2)「一日中旅した」のだから，「疲れている'にちがいない'」となる。　(3)その後に原形をとれるのはアのmustだけ。　(4)「私はちょうど1時間前に彼女に会った」のだから，「ベスは病気で寝ている'はずがない'」となる。(5)bread（パン）を「食べる」

▶**53**
(1) **must, wash**
(2) **Don't**
(3) **show, me**
(4) **have, to**
(5) **must**
(6) **don't, have, to**

解説 (1)命令文＝＜You must＋動詞の原形＞　(2)You must not ～ = Don't ～ ＜否定の命令文＞に書きかえられる。　(3)「私は見たい」=「私に見せてください」と考える。　(4)肯定文になおして考えるとわかりやすい。　(5)be sure (that) ～「きっと～だと思う」=「～にちがいない」　(6)「遅く起きてもよい」=「早く起きなくてもよい」と考える。

▶**54**
(1) **Taro had to wash his father's car yesterday.**
(2) **She doesn't have to help her mother in the kitchen.**
(3) **Must I clean my room?**
　　 —— No, you don't have to.
(4) **What would Nancy like to do?**
(5) **We will have to fly to**

Europe next week.

解説 (1)mustを過去形had toにする。
(2)「～しなければならない」のmustの否定形はdon't[doesn't] have to (3)mustの疑問文に対してNoで答えるときはdon't[doesn't] have toを使う。決してmust notで答えないこと。 (4)動詞goにも下線が引かれているので，doに変えるのを忘れずに。 (5)mustを未来形will have toにする。

▶ **55**
(1) 私たちは5時前に家にい[帰宅し]なければなりません。
(2) ここでは頭に気をつけねばなりません。私たち（日本）のドアは低いです。
(3) トムは今日学校を欠席しています。彼は病気で寝ているにちがいありません。
(4) あなたは傘を持って行くべきです。1時間もしたら雨が降るにちがいありません。
(5) （あなたは）図書館で騒いではいけません。
(6) あなたはその城を訪れたいですか。
(7) 私たちは次の[来週の]日曜日，日本を出発しなければなりません（ならないでしょう）。
(8) あなたは間違いを犯すことを恐れる必要はありません。
(9) 芸術家は子供が見るように人生を見なければならない。
(10) 私はもっと大きい辞書を買わなければならないでしょうが，私はその小さな辞書がいつも私のよい友だちでいてくれるだろうと思います。

解説 (1)(2)のmustは義務・必要「～しなければならない」を表す。 (3)(4)のmustは推定

「～にちがいない」を表す。 (5)must notは禁止「～してはいけない」を表す。
(6)would like to ～ = want to ～「～したい」 (7)will have to ～はmustの未来形「～しなければならないでしょう」 (8)need not ～ = don't [doesn't] have[need] to ～「～する必要はない，～しなくてもよい」
(9)ここではitはlifeの代名詞。 (10)butの前後で2文に分け，1文ずつ訳せばわかりやすい。

▶ **56**
(1) **Would you like to have a cup of tea?**
(2) **I don't have to get up so early on Sundays.** [inが不要]
(3) **I will have to wait for him at Hakata Station.**
(4) **Where should I buy the ticket?**
(5) **You must not swim in this river.**
(6) **We had to stay in London for two nights.**

解説 (1)= Will you have a cup of tea? = Do you want a cup of tea? (2)「それほど～ない」not so ～ (3)「～しなければならないでしょう」will have to ～ (4)「買えばいい」=「買うべき」と考える。 (5)「～してはいけない」must not (6)「雪がとても激しく降り，空港が閉鎖された。私たちは二晩ロンドンに泊まらなければならなかった」「～しなければならなかった」had to ～

▶ **57**
(1) **He must practice the piano for hours every day.**
(2) **People all over the world**

have to understand one another.

(3) He doesn't have to[need not] write a[the] letter now.

(4) We don't have to[need not] get up early on Sundays.

(5) You didn't have to wait for me.

(6) What would you like to have for breakfast? / What do you want to have for breakfast?

(7) We had to stay at home all day long.

(8) You must not (tell a) lie. / Don't (tell a) lie.

(9) Should we give our seats to little children on the train?
—— No, I don't think so. We don't always have to do it.

(10) Must[Need] I sit up late? / Do I have to sit up late?
—— No, you don't have to. / No, you need not. You should go to bed early.

解説 (1)「何時間も」for hours (2)「世界中の人々」 (3)「～する必要がない／～しなくてもよい」＜don't have to ～／need not ～＞ (4)「日曜日に」は，一日限定でなく「毎週日曜日」のことなので on Sundays (= every Sunday)を用いている。 (5)「必要がなかった」didn't have to (過去形に注意) (6)「朝食に」for breakfast (8)「うそをつく」は動詞lieを用いるか，tell a lie[lies] (このlieは名詞)と表す。 (9)「いつも～とは限らない」(部分否定) not always

(10)「(寝ずに) 起きている」sit up

第1回 実力テスト

1
(1) イ　(2) イ　(3) エ
(4) イ　(5) エ

解説 (1)ア[d] イ[id] ウ[d] エ[d]
(2)ア[z] イ[s] ウ[z] エ[z]
(3)ア[æ] イ[æ] ウ[æ] エ[ɑ:] よく狙われる [æ]はアとエの間の音。
(4)ア[θ] イ[ð] ウ[θ] エ[θ] thの発音は，にごる音[ð]か，にごらない音[θ]かで判断する。
(5) ア[ə:r] イ[ə:r] ウ[ə:r] エ[ɑ:r] ⇒[ə:r]か[ɑ:r]かはよく出題されるので，単語を覚えるときに気をつけよう。

2
(1) 3　(2) 1　(3) 2
(4) 1　(5) 3

3
(1) The boy didn't cut down this cherry tree.
(2) My mother was reading the letter in the living room.
(3) Must he write his name here?
—— No, he doesn't have to.
(4) Does Bill have to finish his homework by tomorrow?
(5) My brother will be able to ride a bike in a few days.
(6) Will you read this book to all of us?

解説 (1)主語が The boy であるのに3単現の s が付いていないので過去形の cut であるとわかる。 (2)主語が My mother であるのに3単現の s が付いていないので過去形の read であるから，過去進行形にする。このように，つづりが変わらない不規則変化 (cut, hit, put, read, set, shut) は3単現の s があるかないかで判断する。

(3)must の疑問文に No で答えるときは don't[doesn't] have to を用いて答える。 (4)have[has] to を疑問文にするには，一般動詞の文と同様，Do[Does] を用いる。 (5)「2，3日で」in a few days で，can の未来形は will be able to「〜することができるでしょう」とする。 (6)< Please + 命令文 > = Will you 〜 ?

4

(1) **he, was**
(2) **don't, have, to**
(3) **let's, not**
(4) **Will[Can, Would, Could]**

解説 (1)be able to の疑問文に対して答えるときも be を用いて答えればよい。
(2)don't [doesn't] have to = need not を用いて，No, you need not. とすることもできる。must not を用いると，「〜してはいけない」となり，禁止を表す。 (3)Shall we 〜 ? に対して答えるには，Yes, let's. / No, let's not. を用いる。 (4)「駅への道を教えてくれませんか」という頻出表現。「〜してくれませんか」は Will you / Can you / Would you / Could you のいずれでもよいが，Would, Could を用いたほうが丁寧になる。

5

(1) **was**

---

(2) **Does, belong**
(3) **We, had**
(4) **must, be**
(5) **cannot[can't]**
(6) **Does, have, to**
(7) **be, must, not, make**
(8) **wasn't, able**

解説 (1)「終わる」は一般動詞 finish の他に，be over と be 動詞の文でも表せる。 (2)「このラジオは彼のものですか」は「このラジオは彼に属しますか」と考え，to があることから belong to 〜「〜に属する」を想定する。(3)頻出の書きかえだが，過去の文であることに注意する。 (4)I'm sure that 〜「きっと〜だと思う」は「彼女はトムの姉にちがいない」と考え，助動詞の must「〜にちがいない」を用いる。 (5)「正しい (right) にちがいない」=「間違っている (wrong) はずがない」と考え，助動詞 cannot[can't]「〜のはずがない」を用いる。 (6)must = have[has] to を用い，疑問文にする。
(7)noisy は「騒がしい」という形容詞なので，be 動詞の文にする。また，< Don't + 命令文 > = You must not 〜．とするが，書きかえの文では a noise となっているので，**make a noise**「騒ぐ」を用いること。
(8)could = was[were] able to を用い，否定文にする。

6

(1) **What can we do for them?**
(2) **May[can] I have your name, please?**
(3) **What shall we have for dinner?**
(4) (No one) **will be able to answer the question.**
(5) **You will** have **to finish that**

work by the day after tomorrow.

解説 (1)「私たちは彼らのために何ができるか」と考え，canを補う。 (2)決まった表現なのでこのまま覚えておこう。 (3)「（私たちが）〜しましょうか」だからshall weを用いる。 (4)No oneは否定語なので，notを用いないこと。また，「〜できるでしょう」はwill be able to（canの未来形） (5)「〜しなければならないでしょう」はwill have to（mustの未来形）になる。

7

(1) **had, better, not, be**
(2) **May[Can], I, use**
(3) **Would, another, cup**
(4) **must, I[we]**
(5) **will, be, able**

解説 (1)「〜したほうがよい」had betterは2単語で1かたまりの助動詞だから，否定文にするにはhad better not 〜「〜しないほうがよい」とする。 (2)その場で使うものや持ち帰りのできないものを借りる場合はuseを用いる。 (3)相手に物をすすめるWould you like 〜 ? = How about 〜 ? などはしっかり押えておこう。 (4)「〜しなければならない」must（= have[has] to） (5)「宇宙旅行ができる」のは未来のことなので，canの未来形will be able toを用いる。

8

(1) その老人は荷物を棚に置きました。
(2) 私は次の試験で悪い点を取るかもしれません。私は一生懸命に勉強すべきです。
(3) あなたは今とてもお腹が減っているにちがいありません。あなたに何か食べ物を持ってきましょうか。
(4) 私たちはそのとき，（私たちの）かばんを運ぶ必要はありませんでした[運ばなくてもよかった]。
(5) 私はこの料理のレシピを知りたい（と思っています）。

解説 (1)luggage「荷物」，shelf「棚」で，putは主語がThe old manにもかかわらず3単現のsが付いていないので過去形と考える。 (2)mayには「〜してもよい」と「〜かもしれない」という2つの意味があるので，どちらになるかよく考えること。また，poorには「貧乏な」の他にも「かわいそうな」「悪い」という意味があり，get full marks「満点を取る」を参考にする。 (3)mustには「〜しなければならない」と「〜にちがいない」という2つの意味があるので，どちらになるかよく考えること。また，相手に物をすすめたり，相手に肯定の返事を期待したりする疑問文ではanyを使わずにsomeを使うことにも注意。 (4)didn't have toだから過去で訳す。 (5)would like to 〜「〜したい（と思う）」，recipe「レシピ」，dishは「皿」という意味の他に「料理」という意味がある。

9

(1) **The old woman wrote (a letter) to her son in Tokyo.**
(2) **What will you do[are you going to do] tomorrow?**
  —— **I will[am going to] watch the baseball game on TV.**
(3) **What was he doing then[at that time]?**
  —— **He was taking a walk in the park near his house.**

(4) **Will it be fine in Kyoto tomorrow afternoon?**

(5) **You don't have to[need not] buy the new dictionary.　I will give mine[my dictionary] to you.**

(6) **What time shall we come to your house?**

(7) **I had to stay (at) home yesterday.**

解説 (1)「（人）に手紙を書く」write to 〜
(2)答えの文は「見ます」となっているが，未来のことなのでwill[be going to]とする。
(3)「家の近く」near his house，「公園で」in the parkはどちらも場所を表す言葉なので，小さい範囲・単位のものから先に言う。
(4)動詞の原形beを忘れないようにする。It is fine in Kyoto.から考えるとよい。
(5)「ぼくの」はmyだが，名詞を伴わずには使えないので，「ぼくのもの」mineを用いる。　(6)「行きましょうか」だからgoを使いたいところだが，相手から遠ざかって行くのがgoで，ここでは「あなたに近づいて行く」のでcomeを用いる。　(7)「〜しなければならなかった」だから，mustの過去形had toを用いる。

10

問1　(1) E[e]

(2) 1

(3) MY[my]

(4) TOMORROW[tomorrow]

問2　COME TO MY HOUSE TOMORROW[come to my house tomorrow]

解説　それぞれのヒントを参考にしつつ，順に暗号中の数字・記号にアルファベットを

記入していくとわかりやすい。

全訳　これはあなたへのメッセージです，アキ。それには5つの単語があります。あなたはそれを読めますか。

1234　54　3@　62784　5232&&29

あなたにいくつかのヒントをあげます。
(1)「8」は「S」という文字です。私の名前は「874」です。
(2)「M」は最初と3番目と5番目の単語にあります。
(3)「O」は最初と2番目と4番目と5番目の単語にあります。
(4)「H」は4番目の単語にしかありません。
(5)「Y」は3番目の単語にしかありません。
(6)5番目の単語は今日の後にくる日です。
(7)あなたはそのメッセージを読み終えるのに「C」が必要です。
これであなたはメッセージが読めますよ。

9 不定詞の名詞的用法

▶**58**

(1) **To speak**

(2) **to play**

(3) **is**

(4) **to live**

(5) **to visit**

解説　(1)「英語を上手に話すことは」
(2)begin[start] to 〜「〜し始める」
(3)「違う場所を訪れることは」が主語なので，be動詞はisで受ける。複数形のplacesにだまされないように。　(4)「あなたの夢は外国に住むことですか」　(5)I'dはI wouldの短縮形，would like to 〜 = want to 〜「〜したい」

▶**59**

(1) **forget**　(2) **wait**

解説 (1)remember to ~「~することを覚えている」＝「忘れずに~する」don't forget to ~　(2)動詞の原形が入ることはすぐにわかるので，あなたに会うことをどうすることができないのかと考える。「私はすぐにあなたに会いたい」⇒「私はあなたに会うのを待てない」となる。

▶**60**
(1) To read books is a lot of fun.
(2) My brother tried to go to New Zealand last year.

解説 (1)To read booksが主語だから，全体は単数になる。　(2)＜to＋動詞の原形＞

▶**61**
(1) 朝早く起きることは私にはつらい。
(2) 私は将来，芸術家になりたい。
(3) 私の趣味は古い切手を集めることです。

解説 (1)hard「つらい，厳しい，難しい」
(2)want to be ~「~になりたい」

▶**62**
(1) wait, to, see[meet]
(2) is, to
(3) do, want, to, do ／ would, like, to, do
(4) needs[has], to, go

解説 (1)「~するのが待ち遠しい」＝「~することを待てない」と考える。

▶**63**
(1) We hope to see you again.
(2) Don't forget to bring it back.
(3) Jane tried to say something

in Japanese, but she couldn't.
(4) I never fail to write to my mother once a month.

解説 (1)「~することを希望する[望む]」hope to ~　(2)「返すのを忘れるな」と考える。「~を返す」はbring back ~ であるが，~に代名詞が来る場合は間に挟む。
(4)never fail to ~「必ず~する」

▶**64**
(1) Yumi likes to look at flowers.
(2) It will start[begin] to rain this afternoon.
(3) I want[would like] to visit London some day.
(4) She decided to be[become] a nurse.

解説 (2)「雨が降り始める」と考える。　(3)「いつか」some day

10 不定詞の形容詞的用法

▶**65**
(1) エ　(2) エ　(3) ア　(4) エ

解説 (1)＜-thing＋形容詞＋to＋動詞の原形＞「何か~な…するもの（こと）」普通，形容詞が1語で名詞を修飾する場合は，その名詞の前に置くが，-thingを修飾する形容詞は1語であっても -thingの後に置く。
(2)put ~ in「~を入れる」　(3)talk about many things「多くのことを話す」→many things to talk about　(4)「訪れるべき良い場所」と考え，不定詞の形容詞的用法を用いる。また，visitはtoなどの前置詞が不要である。

トップコーチ

●不定詞の形容詞的用法＋前置詞

不定詞の形容詞的用法には，その後に前置詞を伴うものがある。例えば，a house to live「住むための家」としたいところだが，形容詞的用法が修飾する名詞を1度その後に移動させて確かめてみると, to live a house となるが,「家に住む」は live in a house だから, in が足りないことがわかる。従って「住むための家」=「住む家」は a house to live in と表すことがわかる。

他にも, sit on a chair→a chair to sit on「座る (ための) 椅子」

listen to music→music to listen to「聴く音楽」

play with a friend→a friend to play with「遊び友だち」

cut the cake with a knife→a knife to cut the cake with「ケーキを切るナイフ」

write with something→something to write with「何か書くもの (筆記用具)」

などがある。

▶**66**

(1) **last, to, come[arrive]**

(2) **nothing, to**

(3) **have, nothing, don't, have, anything**

(4) **time, to**

(5) **write, on**

解説 (1)「だれもがみんなトムより前に来た」=「トムが最後の人」と考える。 (2)**food = something to eat** に書きかえられることを覚えておこう。ここは not + any = no であることから, nothing を用いることになる。 (3)be free = have nothing to do, no = ＜not + any＞ (4)be busy「忙しい」= have no time「時間がない」 (5)some

paper or something「紙か何か」の部分を言いかえるので, something to ～ は「何か書くもの」という意味になると考えられる。「紙に書く」という場合, write on some paper と on が必要になるので, write on が正解となる。ちなみに, ペンなどの道具について「何か書くもの」という場合には, "手段" を表す with を用いて, something to write with で表す。

▶**67**

right

解説 (1)「正しい，正確な」 (2)**right away**「すぐに」 (3)「権利」,「みんなが幸せな生活を送る権利がある」

▶**68**

(1) (You) **have a good reason to get angry.**

(2) (If you do well in this tournament, you) **will get the chance to play** (in the World Cup).

(3) **Do you have anything to do this weekend?**

(4) **Do you have anything interesting to read on the train?**

(5) **The government is doing nothing special to help poor people.**

(6) **I don't have a house to live in.**

解説 (1)reason「理由」とあることから,「あなたは怒る十分な理由を持っている」と考える。「～する理由」は不定詞の形容詞的用法で reason to ～ と表す。**have a good reason to ～**「～するのももっともだ」と

いう成句で覚えておこう。「怒る」はget angry　(2)「～する機会」はthe[a] chanceの後に不定詞の形容詞的用法を置いて表す。「～に出場する」はplay in ～　(3)「あなたは～がありますか」は「あなたは～を持っていますか」と読みかえてDo you have ～ ? とする。「やらなければならないことが何か」⇒「するべき何か」と考え，something [疑問文・否定文ではanything] to doと不定詞の形容詞的用法を用いて表す。　(4)「何かおもしろい読み物」something interesting to readを，疑問文だからanythingにする。(5)「政府は何もしていない」The government is doing nothing を中心にし，そのnothingを「貧しい人々を助けるための」が修飾する形を考える。不定詞の形容詞的用法で表すが，specialを入れる場所に注意。(6)*p.22* トップコーチを参照。

▶ **69**

(1) **Kyoto has a lot of**[many / lots of / plenty of / a number of] **beautiful places to visit.**

(2) (It is small, but) **there are a lot of**[many] **things to see in it.** /(It is small, but) **it has a lot of**[many] **things to see.**

(3) **Do you have anything [something] to write with?**

(4) **I'm looking for a bag to carry my PC.**

解説　(1)「訪れるための場所」と考える。＝There are a lot of beautiful places to visit in Kyoto.　(2)「見るべきたくさんのものがある」と考え，不定詞の形容詞的用法を用いる。　(3)前置詞withを忘れないこと。相手に肯定の返事を期待する疑問文では，

some[something] を用いる。　(4)「パソコンを持ち運ぶためのバッグ」と考え，不定詞の形容詞的用法で表す。「～を探す」はlook for ～。

11 不定詞の副詞的用法

▶ **70**

(1) **to**

(2) **happy, to**

(3) **makes**

(4) **It, takes, to**

解説　(1)「水なしで生きられない」＝「生きるために水が必要」と考える。　(2)「その知らせが私を幸せにした」＝「私はその知らせを聞いて幸せだった」と考える。　(3)(2)の逆の考え方。　(4)「10分間歩きなさい，そうすればあなたは美術館にいるでしょう」⇒「美術館へ歩いていくのに10分かかる」と考え，It takes <時間> to ～「～するのに<時間>がかかる」を用いる。

▶ **71**

(1) その英国人はこのことを聞いてとても驚いた。

(2) 彼女の夢はいつか海外で勉強することだ。

(3) ジョアンナには再び元気になる見込みがほとんどない。

(4) なぜあなたは駅に行ったのですか。
　　──中国からの友人を迎えるためです。

(5) トムはもっと上手な選手になるためにとても熱心にサッカーを練習します。

(6) 私は日本にいて幸せに感じています。

(7) 私は地図を見るために立ち止まりましたが，すぐに再び歩き始めました。

解説 (1)感情を表す形容詞surprisedの後に置き，感情の原因を表す不定詞の副詞的用法。 (2)be動詞の直後で文の補語になる名詞的用法。 (3)直前の名詞chanceを修飾する形容詞的用法。little「ほとんど～ない」は否定語。(a little「少しの～がある」) (4)Why ～ ? に対して答えるには，＜Because ＋ 主語 ＋ 動詞＞で答えるか，目的を表す副詞の用法で答える。 (5)動詞practicesを修飾する（目的を表す）副詞的用法。 (6)形容詞happyの後に置き，感情の原因を表す副詞的用法。be in Japan「日本にいる」 (7)stop to ～「～するために立ち止まる」は目的を表す副詞的用法。start to ～「～することを始める」は名詞的用法。

▶**72**

(1) エ (2) ウ (3) ウ (4) イ

解説 (1)to buy pizza at と to talk with のいずれも前置詞を伴っていることから形容詞的用法と考えられる。ア 名詞的用法，イ 副詞的用法（形容詞goodを修飾）「～するには」，ウ 副詞的用法（目的），エ 形容詞的用法 (2)副詞的用法（感情の原因），ア 形容詞的用法，イ 名詞的用法，ウ 副詞的用法（感情の原因），エ 副詞的用法（目的），オ 形容詞的用法 (3)副詞的用法（目的），ア 名詞的用法，イ 形容詞的用法，ウ 副詞的用法（目的），エ 名詞的用法，オ 形容詞的用法 (4)名詞的用法，ア 形容詞的用法，イ 名詞的用法，ウ 副詞的用法（感情の原因），エ 副詞的用法（目的）

不定詞の用法の判別法

(1) 動詞の前の不定詞で主語になっていれば名詞的用法。⇒主語になっていなければ目的を表す副詞的用法。
To play tennis is fun.
「テニスをすることは楽しい」

(2) 動詞の直後の不定詞は名詞的用法。ただし，go / come / stop / walk / run / swim などの動詞の直後は，目的（「～するために」）を表す副詞的用法。
My hobby is **to play tennis**.
「私の趣味はテニスをすることです」
He stopped **to give me a ride**.
「彼は私を車に乗せるために止まった」

(3) 名詞の後の不定詞は形容詞的用法。特に，-thingの後の不定詞は必ず形容詞的用法。
I want something **to drink**.
「私は飲み物がほしい」

(4) 場所を表す言葉（前置詞＋～，here，there，homeなど）の後の不定詞は目的を表す副詞的用法。
I went there **to meet John**.
「ジョンに会いにそこへ行った」

(5) early，hardなどの後の不定詞は目的を表す副詞的用法。
I studied hard **to pass the exam**.
「試験に合格するために一生懸命勉強した」

(6) 感情を表す言葉の後の不定詞は，感情の原因（「～して」）を表す副詞的用法。
I was happy **to hear the news**.
「その知らせを聞いてうれしかった」

(7) 人の性質を表す言葉の後の不定詞は，判断の根拠（「～するとは」）を表す副詞的用法。
He is foolish **to do such a thing**.
「そんなことをするとは彼は愚かだ」

※判別法には「100％絶対」はないので，目安として使い，必ず和訳して確認することが大切。
他にも副詞的用法には，
・（結果）「…して，その結果～」
・（形容詞を修飾）「～するには」がある。

▶*73*

(1) イ　　(2) ア　　(3) ウ

解説 (1)ア 名詞的用法，イ 副詞的用法（目的），ウ 名詞的用法，エ 名詞的用法　(2)ア 名詞的用法，イ 副詞的用法（目的），ウ 副詞的用法（目的）stop to ～「～するために立ち止まる」，エ 副詞的用法（目的）　(3)ア 形容詞的用法，イ 形容詞的用法，ウ 名詞的用法，エ 形容詞的用法

▶*74*

(1) **sorry, to, be, missed**
(2) **To**
(3) **only, to**
(4) **grew, up, to, be[become]**

解説 (3)... only to ～「…したが，（その結果）～しただけ」副詞的用法（結果）　(4)grow up to ～「成長して，（その結果）～」副詞的用法（結果）
※結果を表す副詞的用法のその他の例
They separated, **never to see** each other.
（彼らは別れ，2度と会うことはなかった）
The doctor lived **to be** ninety.
（その医者は90歳まで生きた）

▶*75*

(1) (Two years) **was a long time to be without a job.**
(2) **He grew up to be a doctor.**
(3) **George looked happy to hear good news.**
(4) **I am sorry to hear you cannot come** (to the meeting).
(5) **What can we do to stop the war?**
(6) (I) **am very happy to be with you.**

(7) **He decided to be a doctor to help sick people.**
(8) **She is a kind girl to take me to the station.**
(9) (She couldn't move her legs and she) **couldn't get to the telephone to ask for help.**
(10) **How many hours will it take to get there?**

解説 (1)「2年」をひとかたまりとしてとらえているのでbe動詞はwasである。
(2)副詞的用法（結果）　(3)「～に見える」look ～　(4)「～して残念だ」be sorry to ～　また，hearの後に接続詞thatが省略されている。　(5)目的を表す。　(6)感情の原因を表す。　(7)「～する決心をする」decide to ～　(8)理由を表す。
(9)couldn'tの後にget to the telephoneと続けると，couldn't move her legs とandでつながる内容として自然になる。to ask for ～「～を求めるために」を続ける。
(10)「そこに着くのに何時間かかりますか」という文を作る。It takes＋時間＋to ～「～するのに…（時間が）かかる」の'時間'をHow many hoursで問う疑問文を完成させる。ここは助動詞willを使うので，加えるのは原形のtakeになる。

▶*76*

(1) **The children were very happy to talk with Mr. Noguchi in the space shuttle.**
(2) **Why did he come to your house? —— To help me with my homework.**
(3) **Shall we go to the library to study English after school?**
(4) **My father was very glad to**

hear from you.

⑸ He must be tired to say such a thing.

⑹ It takes thirty minutes to walk from here to the library. / The library is a thirty minutes' walk from here.

⑺ I woke to find myself lying on the floor.

解説 ⑴「~と話す」talk with ~ ⑵「~が…するのを手伝う」help ~ with ... ⑷「~から便りがある」hear from ~ ⑸「~にちがいない」must,「そんなこと」such a thing ⑹暗唱例文として覚えておこう。 ⑺副詞的用法（結果）。wake to ~「起きて，（その結果）~」, find ~ lying「~が横たわっていることに気付く」, この文の場合は主語と目的語が同一だから-selfを使う。

12 疑問詞＋不定詞

▶**77**
⑴ エ ⑵ ア ⑶ ア ⑷ エ

解説 ⑴「私は休暇にどこへ行ったらいいかわかりません」 ⑵「その男性は私にエアコンのフィルターをいつ掃除したらいいか教えてくれた」 ⑶彼は姉［妹］の誕生日に何を買うべきか考えている」 ⑷「私たちの学校は来年の修学旅行にどこへ行ったらいいかまだ決めていない」

＜疑問詞＋不定詞＞
・＜what + to ~＞「何が［を］~すべきか［したらいいか］」
・＜who + to ~＞「誰が［を］~すべき

か［したらいいか］」
・＜when + to ~＞「いつ~すべきか［したらいいか］」
・＜where + to ~＞「どこで［に／へ］~すべきか［したらいいか］」
・＜how + to ~＞「~の仕方」

▶**78**
⑴ what to ⑵ way of
⑶ how ⑷ how to play

解説 ⑴「彼らは彼らの子どもたちのために何をすべきかわからない」 ⑵「コンピューターの使い方を知っていますか」 ⑶「私は博物館までの道を知らないので，あなたの助言が必要です」⇒「博物館への行き方を教えていただけますか」 ⑷「ケンはフルートを演奏できない」⇒「ケンはフルートの演奏の仕方を知らない」

▶**79**
⑴ where, to, put［place］
⑵ how, to, pronounce
⑶ what, to, take

解説 ⑴「どこに置くか」は「どこに置けばいいか」と考える。 ⑵「発音の仕方」だからhow to pronounce。 ⑶「何を持っていけばよいか」だから what to take。

▶**80**
⑴ This book will tell you how to study English.
⑵ (A lot of Japanese people don't know) how to give a presentation or take part in (a debate).
⑶ A tourist with a map asked me how to get to To-ji

Temple.

(4) **Will you tell me which button to push** (first)**?**

(5) (If you have a chance to travel, now you know) **what to do in the country you visit.**

(6) (Yesterday,) **didn't I tell you what to do** (first)**?**

解説 (1)「英語の勉強の仕方」だから how to study English。 (2)「プレゼンテーションをする」は give a presentation で，「どのように～したらよいか」なので，これを how to の後ろに続ける。 (3)「東寺への行き方」だから how to get to とする。how が不足。get to ～「～に到着する」 (4)＜which＋名詞＋to ～＞で「どちらの名詞を～すべきか[したらいいか]」を表す。 (5)what to do「何をしたらいいか」を know の目的語として後ろに続ける。 (6)( )内の語から I tell you what to do「あなたに何をすべきか言う」が組み立てられる。Yesterday とあることから過去形の否定疑問文「昨日あなたに言わなかった？」になると考えられるので，didn't を補いこれを I の前に置く。

▶**81**

(1) **about what to do with the injured cat**

(2) **didn't know what time to wake up[get up]**

解説 (1)「どうしたらよいか」は what to do。「怪我した」injured (2)「何時に～すればよいか」は＜what time＋to ～＞で表す。

▶**82**

(1) **I didn't know what to do, so I jumped into the river.**

(2) **My grandfather taught me how to play** *go.*

解説 (1)「川に飛び込む」は jump into the river。 (2)「～の遊び方」は how to play ～で表す。

13 It is ... (for 人)＋不定詞

▶**83**

(1) エ (2) イ (3) ア

解説 (1)＜It is ... (for [of] 人) to ～＞では to の後ろには動詞の原形がくる。 (2)〈for 人〉は不定詞の動作主を表し，for の後ろは目的格となる。 (3)「アマンダが休んでいることはめずらしい」から不定詞を用いたア。

＜It is ... (for[of] 人)＋不定詞＞

◇「～をすることは（―にとって）…」という意味。
　例) It is easy for us to read this book.
　　⇔To read this book is easy for us.
◇It は仮主語で，to ～が本来の主語。
◇for[of] __ は「不定詞の動作主」を表す。

▶**84**

(1) **of, him, to, help**

(2) **for, us, to, win**

解説 (1)kind のような人の性質や評価を表す形容詞の場合は for の代わりに of を用いることが多い。 (2)「私たちは簡単にレースに勝った」⇒「レースに勝つことは私たちにとって簡単だった」と考える。It は仮主語で，本来の主語は to win the race「レースに勝つこと」。

▶**85**

(1) **It, to, answer**

(2) **for, children, to, swim**

(3) **It, is, for**

(4) **for, to, practice**

(5) **of, to, say**

(6) **hard[difficult], to, find**

解説 (1)「～するのは―にとって簡単だった」から，It was easy for ― to ～という文にする。 (2)不定詞の意味上の主語は「子供たち」なのでfor childrenとする。 (5)rude「無礼な」は人の性質を表す形容詞なのでofを用いる。 (6)express one's feelings「感情を表現する」

▶ **86**

(1) **It is very dangerous for a beginner to climb** (Mt. Fuji in winter). [ofが不要]

(2) **Why is it difficult for you to finish your homework** (before dinner)? [ofが不要]

(3) (It is) **important for us to make use of computers and AI robots in order to realize our** (dreams).

(4) **It was brave of him to fight such** (an enemy).

(5) (So,) **it was hard for her to make the best choice.**

(6) **Is it interesting for you to learn Japanese history?**

(7) (Perhaps one day,) **it will be possible for people to travel** (those distances).

(8) **It was difficult to know what she was like** (from her voice).

解説 (1)「―が～するのは…だ」から，It is ... for ＿ to ～構文を用いる。ofが不要。 (2)「なぜ」とたずねる疑問文なので，Whyで始める。疑問詞の後ろは疑問文の形になるので，be動詞isを前に出してis it difficult ... とする。ofが不要。 (3)「～を活用する」はmake use of ～。「～するために」はorderを用いたin order to ～で表せるが，inがないのでinを補う。 (4)「彼があんな敵と戦ったことは勇敢だ」と考えて，It is ... to ～構文を用いる。braveは人の性質を表す形容詞なのでofが用いられている。 (5)make the best choiceで「最善の選択をする」という意味。 (6)疑問文なので，be動詞を主語の前に出す。主語はto learn Japanese history「日本史を学ぶこと」で，Is to learn ... interesting for you?で文が成り立つ。ただし，1語不足とあるので，ここは仮主語itを補い，Is it interesting for you to learn ～の形にする。 (7)it is ～のisの代わりにwill beという未来形になっている文。 (8)まず，It is ... to ～の形を作り，動詞knowの目的語として間接疑問文what she was like「彼女がどんな人だったか」を置けばよい。

▶ **87**

(1) **It is[will be] hard for me to go there so early.**

(2) **I think it is necessary for you to practice more in order to make a good speech.**

(3) **It is important for parents to teach their children how to speak to seniors.**

解説 (1)未来のことなので，It will beと未来形にするのも可。 (2)in order toは単にtoでもよいが，in order to ～を用いるほうが「目的」がよりはっきりと示される。

(3)「話し方」は how to speak で表せる。

14 動名詞

▶**88**

(1) **swimming**

(2) **writing**

解説 (1)**finish -ing**「～し終える」
(2)**Thank you for -ing**「～してくれてありがとう」＜前置詞＋動名詞＞にする。

▶**89**

(1)	イ	(2)	エ	(3)	イ
(4)	ア	(5)	ア	(6)	エ
(7)	イ	(8)	イ	(9)	イ

解説 (1)enjoyの後なので，動名詞を用いる。listen to + 人「人の言うこと (発言) を聞く」**become boring**「退屈になる」 (2)soは「それで，だから」という意味を表す接続詞 (第23, 24章で学ぶ)。＜**stop + to** ～＞「～するために立ち止まる，手を止める」(この不定詞は"目的"を表す副詞的用法)，＜**stop + -ing**＞は「～するのをやめる」の意味を表す。ここは「彼は病気になったので，(お酒を) 飲むのをやめた」となればよいので，後者の形になるよう，drinkingを選ぶ。(3)tomorrowだから，「～するのを忘れる」**forget to** ～を用いる。「～したのを忘れる」**forget -ing** (4)**remember to** ～「～するのを覚えている」，**remember -ing**「～したことを覚えている」 (5)**try to** ～「～しようとする (実際にはやっていない)」，**try -ing**「試しに～してみる (実際にやった)」 (6)How about -ing?「～するのはいかがですか」(= Will you ～ ? = Why don't you ～ ? = What do you say to -ing?) (7)toは前置詞。 (8)**look forward to -ing**「～するのを楽しみにし

て待つ」のtoは前置詞。 (9)**can't help -ing**「～せずにいられない」

> **不定詞と動名詞で意味が異なる動詞**
>
> ⎰ stop to ～ 「～するために立ち止まる」
> ⎱ stop -ing 「～することをやめる」
> ⎰ try to ～ 　「～しようとする」
> ⎱ try -ing 　「試しに～してみる」
> ⎰ forget to ～「～することを忘れる」
> ⎱ forget -ing「～したことを忘れる」
> ⎰ remember to ～
> ⎢ 　　　　　「～することを覚えている」
> ⎢ remember -ing
> ⎱ 　　　　　「～したことを覚えている」
> ⎰ regret to ～「残念ながら～する」
> ⎱ regret -ing「～したことを後悔する」
> ⎰ need to ～ 「～する必要がある(能動的)」
> ⎱ need -ing 「～する必要がある(受動的)」
> You need to repair your bike.
> Your bike needs repairing.

▶**90**

(1) 良い音楽を聴き，音楽についてもっと何かを知ることは，私たちを成長させるもう1つの方法です。

(2) 私たちは次の日曜日にピクニックへ行くのを楽しみにしています。

(3) まもなく，彼が気付かないうちに飛行機は大地を離れます。

解説 (1)isがこの文の動詞であることを見破る。another way of -ing「～するもう1つ別の方法」 (2)**go on a picnic**「ピクニックに行く」 (3)このhisは動名詞beingの意味上の主語。

▶**91**

(1) エ 　(2) ア

解説 (1)イ「5分かかります」 (2)Would

you mind -ing?「～してくれませんか」
は，直訳すると「～することを気にしますか」
となり，Yesで答えると「気にする」＝「し
てはいけない」ということになる。よって，
ア「いいえ，全く（気にしません）」が正解。
またイの文のように，Yesとnotは絶対に
一緒に使わない。

▶**92**
イ，エ，ク

> 不定詞だけを目的語にとる動詞
> want / hope / wish / decide /
> promise / desire / expect / manage /
> offer / pretend / refuse など
> 動名詞だけを目的語にとる動詞
> enjoy / finish / stop / mind / admit /
> allow / avoid / deny / escape /
> imagine / miss / permit / practice /
> suggest / give up / put off など
> 不定詞と動名詞の両方を目的語にとる動詞
> begin / start / like / continue など

▶**93**
(1) **without, saying**
(2) **after, taking**
(3) **at, swimming**
(4) **about, going**
(5) **help, jumping**
(6) **fond, of, dancing**
(7) **mind, opening**
(8) **Would, mind, my[me],
listening**
(9) **Swimming**
(10) **kept[prevented], arriving**

解説 (1)without -ing「～せずに」 (2)after
-ing「～した後で」，before「～する前に」
(3)「泳ぐのが上手ですか」と考え，「～する

のが上手」be good at -ingを用いる。また，
この文はAre you a good swimmer? に
も書きかえられることを覚えておこう。
(4)「ピクニックに行きましょう」⇒「ピク
ニックに行きませんか」と考え，How
about -ing? を用いる。 (5)can't but＋
原形＝can't help -ing「～せずにはいら
れない」 (6)like to ～ = be fond of -ing
(7)Would you ～ ?「～してくれませんか」＝
Would you mind -ing? (8)May I ～ ?
「～してもいいですか」＝Would you
mind my[me] -ing?(my[me]は動名詞
の意味上の主語) (9)「私たちはその川を泳い
で渡れなかった」⇒「その川を泳いで渡ること
は私たちにとって不可能だった」と考え，動名
詞を主語に用いる。 (10)＜keep[prevent]
＋O＋from -ing＞「Oが～しないように
する／Oが～するのを妨げる」

▶**94**
ウ

解説 hopeは名詞的用法の不定詞を目的語
としてとる動詞だから，to seeにする。

▶**95**
(1) **Eating, much, for**
(2) **interested, in, learning
[studying]**
(3) **driving**
(4) **heavy, prevented[kept], going**

解説 (1)＝「食べ過ぎること」 (2)「～に興味
を持っている」はbe interested in ～で，
前置詞inに続く「～すること」は動名詞を用
いる。「学ぶ」はlearnまたはstudyで表す
が，前者は「身につける」，後者は「（教科を）
勉強する」の意味。 (3)＜avoid＋動名詞＞
で「～するのを避ける」，「車で出かける」は
driveを使う。 (4)「大雪が私たちが外出す
ることを妨げた」と考え，prevent[keep] …

96

(1) He read the book **without using a dictionary.**

(2) (He) **never forgets to take a camera with him.**

(3) He is afraid of not having enough money.

(4) (Taija) **wanted to thank Sean for helping her.**

(5) This film is **worth** seeing twice.

解説 (1)「〜せずに」without -ing (2)「いつも〜する」は「〜することを決して忘れない」と考える。forget to 〜「〜することを忘れる」／ forget -ing「〜したことを忘れる」なので，ここでは不定詞を用いる。 (3)「〜しないこと」なので動名詞の否定形not -ingを用いる。「〜を心配する」be afraid of 〜 (4)<thank＋人＋for -ing>「〜してくれたことに対して（人）にお礼を言う」 (5)「〜する価値がある」be worth -ing = It is worth while -ing

97

(1) **We decided to give up climbing the mountain on that day.**

(2) **Do you remember meeting[seeing] Mr. Brown before?**

(3) **We enjoyed lying on the grass.**

(4) **I spent this morning without doing anything.**

(5) **Fall[Autumn] is the good season for reading.**

解説 (1)「〜することにした」=「〜することを決心した」 (2)「以前」before (3)「横になる」lie (4)withoutは否定を含んだ表現だから，anythingにすることに注意。 (5)be good for 〜「〜に適している」

15 | There is 〜 .

98

(1) イ　(2) ウ　(3) イ
(4) ウ　(5) ウ

解説 a lot ofやmuch，manyなどの数量を表す言葉に惑わされず，名詞を見ること。(1)milk は不可算名詞なので単数扱い。(2)rain は不可算名詞なので，is/wasを用いる（a lot of の後には複数名詞／不可算名詞のいずれも用いられる）。last Juneなので過去形にする。 (3)bags，(4)students，(5)pupilsは複数形。

99

(1) 空には何千もの星がありました。
(2) 彼らは部屋をのぞき込みましたが，そこにはだれもいませんでした。
(3) あなたはナイアガラの滝を見ましたか。——いいえ。見たかったのですが，時間がありませんでした。
(4) 地面にはほとんど雪が積もっていませんでした。
(5) 空には雲1つありませんでした。
(6) アジアには何か国ありますか。
(7) 今日の新聞には何かおもしろい記事がありましたか。
(8) 車がなかったので，人々は馬に乗らねばなりませんでした。

（冒頭）from -ing「…が〜することを妨げる」を用いる。「大雪」はheavy snowで表す。

解説 (2)nobody「だれも～ない」 (3)want toの後にseeが省略されている。 (4)little 「ほとんど～ない」(否定語) (5)no = not any「1つも～ない」(否定語)

▶ **100**

(1) **There**

(2) **There**

(3) **has**

(4) **does, have**

(5) **There, are, in**

(6) **We, had**

(7) **aren't, any**

解説 ＜There + be動詞 + ～ in ＿＞ = ＜＿ have[has, had] ～＞ (1)= This city has two big concert halls. (4)「この本には何ページありますか」⇒「この本は何ページ持っていますか」と考える。There be A in B.「BにはAがある」は，B have[has] A. の形に書きかえられる。これはその疑問文。 (6) = It rained little in Osaka last summer. (7)no ～ = not any ～

▶ **101**

(1) **There are two dictionaries on the desk.**

(2) **There weren't any people on the street.**

(3) **What was on the table?**

(4) **Is there an interesting stamp in your album?**

(5) **How many trees are there in the garden?**

(6) **Are there any boys by the window? —— Yes, there are.**

解説 (2)someをanyに変える。 (3)What was there on the table? としない。 (4)単

数にした場合，a[an]を忘れずに。 (5)「～にいくつの…がありますか」＜How many + 複数名詞 + are[were] there ～ ？＞ = ＜How many + 複数名詞 + does[did] … have?＞ (6)someをanyに変える。thereの疑問文にはthereで答える。

▶ **102**

(1) **How, many**

(2) **there**

(3) **Is, there**

(4) **How, are**

(5) **There's, on**

(6) **there, front**

(7) **There, is, something, wrong**

(8) **There's, at**

(9) **What, is, is / Is, something, is**

解説 (1)「何回」How many times ～ ？ = How often ～ ？ (4) = How many days does a week have? (6)「～の前に」in front of ～ (7)「～のどこか調子が悪い」There is something wrong with ～ = Something is wrong with ～ (8)somebody = someone「だれか」

▶ **103**

(1) **There are a lot of fish under this bridge.**

(2) **My sisters are in the park.**

(3) **There is a man at the bus stop.**

(4) **Is there any juice in the bottle?**

(5) **What was on the wall? —— There was a clock on it.**

解説 (1)fishは単数と複数が同じ形だが，不

可算名詞ではない。他に，sheep, deer な
どが単複同形。(2)＜There + be 動詞～＞
の主語には，特定の人・もの（固有名詞や代
名詞など）は使えないので，＜主語 + be 動
詞 + (場所)～＞の通常の形を使う。
(3)(2)とは逆に，不特定の人・ものには
＜There + be 動詞～＞を使う。　(4)juice
は不可算名詞。　(5)a clock は不特定のも
のなので，＜There + be 動詞～＞を使っ
て答える。

▶ *104*

(1) **There are a lot of fish in
the lake.**
(2) **How many players are there
in the team?**
(3) **There are twelve months in
a year.**
(4) **Is there any milk in** (the
fridge)**?**
(5) **There are many interesting
places in Tokyo.**
(6) (There) **is enough time
before noon.**
(7) **There may be something
wrong with this watch.**
(8) (There) **was nothing hot to
drink in that** (restaurant)**.**

解説 (4)fridge（口語）= refrigerator「冷蔵
庫」　(6)「正午までに」⇒「正午前に」と考え，
before noon とする。　enough「十分な」
(7)「かもしれない」だから may を用いる。
(8)「何も温かい飲み物がない」は不定詞（形
容詞的用法）を用いて，nothing hot to
drink で表す。hot の位置に注意。

▶ *105*

(1) **My uncle is in the kitchen.**

(2) **There may be a lot
of[much] work to do today.**
(3) **Look, Father.　There are a
lot of[many] beautiful stars
in the sky.**
(4) **There are four seasons in
Japan. / Japan has four
seasons.**
(5) **There was a big pond
around here[near here] long
ago.**
(6) **There was no food[nothing
to eat] in the kitchen.**
(7) **Once there lived a wise
king in this country.**
(8) **There can be no doubt
about it. / There cannot[can't]
be any doubt about it.**

解説 (1)my uncle は特定の人なので，通常
の＜S + V＞にする。　(2)「かもしれない」
だから may を使う。　(4)「四季」four
seasons　(5)「昔」long ago　(6)「何か食べ
るもの」some food = something to eat,
これを否定にすると no food = nothing to
eat になる。　(7)このように there の後は
be 動詞だけとは限らずに，一般動詞もくる
ことができる。　(8)「疑いがない」=「疑い
がある可能性がない」だから can を使う。た
だし，no を使うと not は使わないので，
cannot[can't] be no doubt にはならない。

16 命令文・感嘆文

▶ *106*

(1) ア　　(2) ア　　(3) イ
(4) イ　　(5) ア　　(6) エ

解説 (1)during the class「授業中」, quiet

「静かな」 (2)buildingsと複数形になっているからa[an]がない。 (3)Tom studies English very hard.を感嘆文にしたもの。
(4)Janeが主語で3人称単数現在の文。
(5)Jane, は呼びかけで，主語ではない。文の主語がないので命令文。 (6)Tom,は呼びかけで，主語が省略されているので否定の命令文。
※感嘆文でWhatを使うかHowを使うかは，まず主語＋動詞を探す（省略されている場合があるので注意！）⇒その前に形容詞に修飾されている名詞があればWhat，なければHowを使う。a[an]のある／なしで使い分けないこと⇒名詞が複数または不可算であればa[an]がない。

▶ 107

(1) 近所の人に親切にしなさい。
(2) トム，正直な男の子でいなさい[になりなさい]。
(3) 教室で歌わないでください。
(4) そんなに悲しまないで。
(5) 湖へ釣りに行きましょう。
(6) 彼はなんて親切な男の子なのでしょう。
(7) 私はなんておもしろい物語を書いたのだろう。
(8) 彼らはなんてすてきな人たちなのでしょう。
(9) 昨日ここはなんと寒かったのだろう。
(10) その犬はなんて速く走っているのでしょう。

解説 (1)neighbor「隣人，近所の人」
(2)honest「正直な」(語頭のhは発音せず，発音上母音で始まる語の冠詞はan)
(3)否定命令文の丁寧な形(Please don't 〜でも可)。 (4)否定命令文「〜するな」
(5)go -ing「〜しに行く」 (7)anになっていることに注意。 (8)people(複数)だからa

がついていない。 (9)天候を表すitが主語。
(10)fast「速い，速く」

▶ 108

(1) **must[should], not**
(2) **Don't**
(3) **Don't, be**
(4) **be, quiet**
(5) **Please, read**
(6) **Let's**
(7) **What, wonderful**
(8) **What, good, swimmer**
(9) **an, riser**
(10) **good, cook**
(11) **an, she**
(12) **good, speaker, of, English**
(13) **How, carefully, drives**
(14) **well**

解説 (1)(2)(3)**Don't**＋命令文＝**You must not**＋動詞の原形 (4)be noisy「うるさい」⇔「静かだ」be quiet (5)**Please**＋命令文＝**Will you**＋動詞の原形〜？ (6)**How about -ing?**＝**Let's**＋命令文＝**Shall we**＋動詞の原形〜？ (7)最後が！になっているので，感嘆文に書きかえればよい。the Cartersは「カーター家」 (8)そのまま感嘆文にするとHow well Hiroshi can swim!になるので， Hiroshi is a very good swimmer. に書きかえてから感嘆文にする。 (9)＝You rise very early. ＝You are a very early riser.「あなたはとても早く起きる人です」 (10)＝Your mother cooks very well. ＝Your mother is a very good cook. (cookerにはならない)
(11)＝Her book is very interesting. ＝She has a very interesting book.感嘆文にすると，veryを消すのでa がanになることに注意。 (12)a good English speaker

とせずに，a good speaker of English と
する。　⒀＝ Mr. Yamada drives very
carefully. careful「注意深い」（形容詞），
carefully「注意深く」（副詞）　⒁文末に！が
あるので感嘆文にする。上の文を She
rides a horse very well.（well「上手に」）
に書きかえてから，How 型の感嘆文にする。

感嘆文の作り方
⑴　very を消す。
⑵　very の後に形容詞に修飾された名詞
　があれば What 型，なければ How 型に
　あてはめる。
What（a[an]）＋形容詞＋名詞（主語＋動
詞～）！
　※（a[an]）は名詞が複数または不可算
　　名詞なら不要。
　※（主語＋動詞～）は省略されている場
　　合もある。
How＋形容詞または副詞＋（主語＋動詞
～）！
⑶　その他の語句は文尾に置く。

▶ **109**
⑴ **How well he plays tennis!**
⑵ **Be kind to old people.**
⑶ **Don't be late for school.**
⑷ **What an interesting book he has!**
⑸ **How glad I am to see you!**
⑹ **Mary, wash the dishes. / Wash the dishes, Mary.**
⑺ **How high the plane is flying!**

解説 ⑵命令文にするには⇒①主語 You を消
す。②動詞を原形にして始める。　⑶否定
命令文だから，Don't を文頭につける。
⑷very が消えて，interesting の前だから

an にすることを忘れずに。　⑸その他の語
句（to see you）は文尾に置く。　⑹呼びか
けの形にする。　⑺very の後に名詞がない
ので，How 型を用いて感嘆文にする。

▶ **110**
⑴ **Be, kind**
⑵ **How, early**
⑶ **What, a, big**
⑷ **What, an**
⑸ **Boys, be**
⑹ **How, kind**
⑺ **Don't, be**

解説 ⑴kind は形容詞なので be 動詞の文に
なる。　⑵⇒Your mother gets up very
early.　⑶主語＋動詞がない形。　⑷This
is a very easy question.

▶ **111**
⑴ **Don't be afraid of making mistakes.**
⑵ (How) **foolish you are to make such** (a mistake)!
⑶ **Be careful not to drop the vase.** [do が不要]
⑷ **How happy I was to hear about his success!** [that が不要]
⑸ (How) **glad I am to see** (you)!
⑹ **Don't talk with your mouth full at the table.** [to が不要]
⑺ **What a pretty hat you have on your head!** [how が不要]

解説 ⑴be afraid of -ing「～することを
恐れる」　⑵foolish「愚かな」，such の位
置に注意。＜such（a[an]）＋形容詞＋名
詞＞＝＜so＋形容詞＋（a[an]）＋名詞＞「そ

ん な 〜 な … 」 (3)不定詞の動作を否定する
not は不定詞の直前に置く。「〜しないよう
に」not to 〜。do が 不 要。 (4)→I was
very happy to hear about his success.
that が不要。 (6)**with 〜 ...**「〜が…なま
まで」to が不要。 (7)→You have a very
pretty hat on your head. how が不要。

▶*112*

(1) **Don't bring any food
[anything to eat] in the
library.**
(2) **How beautiful the lake looks
this morning!**
(3) **Be careful not to leave your
bag in the train.**
(4) **How happy[glad] we were
to hear the news!**
(5) **What beautiful[pretty] dolls
they are making!**

解説 (1)否定命令文だから, any を使う。
(2)→The lake looks very beautiful this
morning.「〜に見える」look 〜 (3)「〜を
(置き)忘れる」leave 〜 (4)→We were
very happy to hear the news.
(5)→They are making very pretty dolls.
they が作っているのだから, a doll より
dolls のほうが適当。感嘆文の英作文は, 解
説のように一度 very を使った通常の文を英
作し, それを感嘆文になおすという作業を
したほうが間違いを少なくできる。

17 付加疑問

▶*113*

(1) エ (2) イ (3) ウ
(4) ウ (5) ア (6) ウ

解説 (1)was を否定にすると wasn't になる。
(2)likes を否定にすると doesn't like にな
る。 (3)read(過去形)を否定にすると
didn't read になる。 (4)have to come を
否定にすると don't have to come になる。
(5)前半の文に助動詞 can があるので, その
助動詞 can を使って付加疑問を続ける。ま
た, 前半が否定文なので, 肯定の付加疑問
にする。 (6)Let's 〜の文に付加疑問を続
ける場合には, ＜, shall we?＞を用いる。
また, (Please/Don't)＋命令文に付加疑問
を続ける場合には＜, will you?＞を用い
る。

▶*114*

(1) イ (2) エ (3) ク
(4) オ (5) ウ

解説 (1)Tom and Bob⇒they (2)You
and Tom⇒you (3)could wait⇒否定
couldn't wait (4)couldn't see⇒肯定
could see (5)weren't living⇒肯定 were
living

▶*115*

(1) **shall, we**
(2) **will, you**
(3) **weren't, you**
(4) **could, she**
(5) **will[won't], you**
(6) **will[won't], you**
(7) **aren't, I**

解説 (1)＜Let's＋命令文, shall we?＞
(2)won't be⇒肯定 will be (3)were⇒否
定 weren't (4)couldn't swim⇒肯定
could swim (5)＜命令文, will you[won't
you]?＞ (6)＜Don't＋命令文, will
you?＞ (7)I am 〜の文に付加疑問を加え
るときは, amn't の形がないので, aren't

で代用する。

▶**116**

(1) この村には，1人も医者はいませんよ
ね。——いいえ，1人います。

(2) トムとその家族は2年前東京にいませ
んでしたね。

解説 付加疑問を訳すときは「〜でしょう／〜
ですね（よね）」を付け加えればよい。
(1)Yes, =「はい」ではなく，肯定の返事を
するという印。よって，このように否定疑
問でたずねられた場合，「いいえ」という訳
になることに注意。

▶**117**

(1) We don't have to work so
hard, do we?

(2) You had a good time in
Sapporo, didn't you?

解説 (1)so 〜「そんなに〜」　　　(2)have a
good time「楽しい時を過ごす」

▶**118**

(1) The girls cannot[can't]
speak Japanese, can they?
—— Yes, they can.

(2) It rained a lot this morning,
didn't it? / We had a lot of
rain this morning, didn't we?

(3) You are often late, aren't
you?

(4) Nancy will get[arrive] there
in time, won't she?

解説 (1)「話せますよ」だからthey can⇒「い
いえ」に惑わされて，No, にしないこと。
No, they can. はあり得ない文⇒No, 〜 not.
とセットになる。逆にYes, they can't. も

あり得ない文⇒Yes, はnotと共に使えな
い。※Yes, は「肯定の内容を述べますよ」と
いう印。No, は「否定の内容を述べますよ」
という印。だから，内容によってはYes, を
「いいえ」，No, を「はい」と訳す場合がある。
(4)「間に合うように」=「時間通りに」in
time⇒「着く」が動詞なので，be in time
は使えない。

18 文型（SVC，SVO）

▶**119**

(1) イ　　(2) ア　　(3) イ
(4) ア　　(5) エ　　(6) ア

解説 (1)be sunny = be fine「晴れる」
(2)get + 形容詞（主に天候・気分を表す）「〜
になる」⇒make / show / tellではその後
に直接cold（形容詞）をとれない。
(3)< buy + 物 + for + 人 > ⇒ forをとる動
詞は他に，find / cook / make / choose /
get / leave / play / singなどがある。⇔
toをとる動詞には，give / lend / show /
hand / offer / pass / pay / sell / send /
teach / tellなどがある。※askはofをとる。
(4)意味を考える。　　(5)ア・イ・ウはその後
に人を続けるときにはtoが必要。

▶**120**

(1) 補語　　　　　(2) 目的語
(3) 補語　　　　　(4) 目的語
(5) 目的語　　　　(6) 補語
(7) 補語　　　　　(8) 補語

解説 主語とbe動詞でイコールで結べる名詞
や形容詞は補語（C），結べない名詞は目的
語（O）と考える。また，形容詞は目的語に
はならない⇒形容詞は補語になるか，名詞
を修飾するか，どちらかの働きをする。

▶**121**

(1) 私の父はそれを聞いて立腹するでしょう。

(2) 次の日曜日は晴れるでしょうか。

(3) その木の葉が紅葉しました。

解説 (1)このto hearは不定詞の副詞的用法（感情の原因）「～して」。 (3)「赤や黄色になった」⇒「紅葉した」，このleavesはleaf「葉っぱ」の複数形。

▶**122**

(1) **drives, carefully**

(2) **fast, runner**

(3) **good, cook**

(4) **good, swimmers, good, at, swimming**

(5) **had, great**

(6) **good, speaker, of, French**

(7) **rains, a, lot**

(8) **stranger, to**

(9) **man, word**

(10) **Does, belong, to**

解説 (1)careful「注意深い」，carefully「注意深く」⇒この書きかえパターンの場合，be動詞の文なら形容詞，一般動詞の文なら副詞を使う。(2)fast「（速度が）速い」／「速く」(3)cook「料理する」／「料理人」⇒cookerとしないこと。 (4)主語が複数なので，swimmersと複数形にすることを忘れないように。 (5)⇒「大きな夢を持っていた」と考える。 (6)a が付いているので，a good speaker of ～の形にする。もしaがなければgood at speaking English が答えになる。 (7)「私たちはたくさんの雨を持っている」⇒「たくさん雨が降る」と考える。much = a lot of「たくさんの」，a lot「たくさん」 (8)stranger「見知らぬ人」⇒「その男性は私には見ず知らずの人だ」 (9)a man

of one's word「約束を守る人」 (10)「この車はあなたに属していますか」と考える。「～に所属する」belong to ～

▶**123**

(1) エ (2) ア

解説 (1)は become「～になる」⇒第2文型。(2)は take「～に乗る」⇒第3文型。動詞をbe動詞に置きかえて，主語と動詞の後の名詞［形容詞］がイコールで結べるなら第2文型，主語と動詞の後の名詞がイコールで結べないなら第3文型。

▶**124**

(1) **showed, us**

(2) **getting**

(3) **became, a, teacher**

(4) **a, runner**

(5) **made[built]**

(6) **selling**

(7) **taste, sour**

(8) **became, famous, among**

(9) **smells, sweet**

解説 (2)「～になってきている」だから現在進行形にする。 (4)= Jim runs fast. (6)< sell + 副詞 >「売れ行きが～である」，< sell + 名詞 >「～を売る」 (7)taste「～の味がする」，sour「すっぱい」 (8)「～の間で（3者以上）」among，2者間ならbetweenを用いる。 (9)smell「～のにおいがする」

▶**125**

(1) **His son became a pilot last year.**

(2) **She looks like her mother.**

(3) **Please show your hat to me.**

(4) **It is getting warmer.**

(5) **The boy looked happy after**

the game.

(6) **Can I borrow your dictionary?**

(7) **Don't get angry at trifles.**

(8) **We found ourselves in front of the station.**

解説 (2)(5)「〜のようだ／〜のように見える」
＜look ＋形容詞＞，＜look like ＋名詞＞
(8)主語と目的語が同一人（物）になるときには，目的語の位置には目的格ではなく再帰代名詞（-self / -selves）を使う。

▶ 126

(1) **She always looks very beautiful.**

(2) **Your father looks like a police officer.**

(3) **You will get well in a few days.**

(4) **You look very sad. What's the matter (with you)?**

(5) **This may sound strange to you.**

(6) **He is going to [will] show his plans for spring vacation to his parents.**

解説 (3)「（体調が）よくなる」get well
(5)＜sound ＋形容詞＞「〜に聞こえる」
(6)＜show ＋物事＋to ＋人＞「人に物事を見せる」を用いる。「春休みの計画」は「春休みに対する計画」と考え，plans for spring vacation とする。

19 文型（SVOO, SVOC）

▶ 127

(1) ア (2) ア (3) イ

解説 (1)＜give ＋人＋物＞⇔＜give ＋物＋to ＋人＞ (2)＜name ＋O ＋C＞「OをCと名付ける」 (3)＜keep ＋O ＋C＞「OをC（の状態）に保つ」で，Oには名詞が，Cには名詞または形容詞がくる。ここのopenは「開いた」という意味の形容詞。

▶ 128

(1) オ (2) オ

解説 (1)＜name ＋O ＋C＞their daughter ＝Mary だから第5文型／ア 第1文型／イ 第2文型（He ＝ busy）／ウ 第3文型（She ≠ a letter）／エ 第4文型（＜make ＋人＋物＞me ≠ some nice cakes）／オ 第5文型（＜make ＋O ＋C＞his son ＝ a doctor） (2)＜give ＋人＋物＞him ≠ a book だから第4文型／ア 第3文型（He ≠ the big iron anchor）／イ 第5文型（Antonio ≠ Pablo ＝ coming）現在分詞 coming が形容詞の働きをしている。／ウ 第2文型（I ＝ a lazy man）lazy「怠惰な」／エ 第1文型（well は副詞）／オ 第4文型（you ≠ me ≠ your car）

文型のまとめ
第1文型：**SV**（Vの後に名詞や形容詞がない）
第2文型：**SVC**⇒S ＝ C（名詞／形容詞）
第3文型：**SVO**⇒S ≠ O（名詞）
第4文型：**SVO₁O₂**⇒S ≠ O₁（名詞（人）），O₁ ≠ O₂（名詞（物））
第5文型：**SVOC**⇒S ≠ O（名詞），O ＝ C（名詞／形容詞）

SV人 物⇔SV物＋to[for/of]物
(1)**for** をとる動詞…buy, make, sing, cook, get, find, choose
(2)**of** をとる動詞…ask
(3)その他の動詞には **to** を用いる。

▸**129**

(1) **teaches, them**

(2) **for, him**

(3) **for, me**

(4) **happy, makes**

(5) **What, made**

(6) **call, Beth**

(7) **book, interesting**

(8) **listen, to**

(9) **cost, me**

(10) **called, him**

(11) **do, you, call**

(12) **lend, me**

(13) **Walking, make, you**

解説 (1)「彼らの英語の先生」⇒「彼らに英語を教える」と考え，＜teach＋人＋物＞を用いる。 (4)feel「～と感じる」 (5)「なぜタケシは気が変わったのですか」＝「何がタケシに心を変えさせたのですか」と考える。＜make＋O＋動詞の原形＞「Oに～させる」，change one's mind「気が変わる」 (6)ニックネームがBethなのだから「友だちはふつう，彼女をBethと呼ぶ」となる。 (7)＜find＋O＋C＞「OがCだとわかる」 (8)⇒「その歌を聞いて幸せになった」songだから「聞く」はlisten toを使う。 (9)＜cost＋人＋費用＞「人に［費用］がかかる」 (11)「この木の名前は何ですか」＝「この木を何と呼びますか」と考える。 (12)「借りてもいいですか」＝「貸してくれませんか」と考える。 (13)「あなたが毎日歩けば，あなたはより健康的になるでしょう」⇒「毎日歩くことが，あなたをより健康的にするでしょう」と考え，主語を動名詞にして，＜make＋O＋C＞の構文を用いる。また，この文はWalk every day, and you will be healthier. にも書きかえられることを押さえておこう。ifは「（もし）～すれば」という

接続詞で，第24章で学ぶ。

▸**130**

(1) **made, his, son, a, doctor**

(2) **made, him**

(3) **makes, me, sleepy**

(4) **his, coffee, sweet**

(5) **give, ride**

(6) **made, famous**

(7) **her, waiting, for**

(8) **do, call**

(9) **ask, favor, ask, favor, of**

(10) **keep, cool**

(11) **found, quiet**

(12) **leave, open**

(13) **keep, warm**

解説 (1)「OをCにする」＜make＋O＋C＞ (2)＝「何が彼をそんなに怒らせたのですか」と考える。 (3)＝「お風呂が私を眠らせる」と考える。 (4)＜like＋O＋(to be) C＞「OがCなのを好む」(to beは通例省略する) (5)＝「私に乗ることを与える」と考える。rideは「乗る」(動詞)の他に，「乗る(乗せる)こと」(名詞)の意味を持つ。 (6)＝「その絵が彼女を有名にした」と考える。 (7)＜keep＋人(物)＋-ing＞「人(物)に～させ続ける」 (8)＝「この花を英語で何と呼びますか」と考える。 (9)＜ask＋人＋物＞＝＜ask＋物＋of＋人＞ (10)「OをC(好ましい状態)に保つ」＜keep＋O＋C＞ (11)「静かな」quiet (12)「OをC[好ましくない状態]のままにしておく」＜leave＋O＋C＞ (13)＝「このセーターがあなたを暖かく保つでしょう」と考える。

▸**131**

(1) **This book will give you a clear idea of life in Japan.**

(2) **The news of his marriage made us very happy.**

(3) **Why don't you lend your pen to him?** [for が不要]

(4) **You have to keep your room clean.** [be が不要]

(5) **His success on the examination made his parents very happy.**

(6) **This picture made the young artist famous.**

(7) **(Well,) it gives me some idea of Hawaiian culture.**

解説 (1)「この本があなたに，日本の生活の明瞭な考えを与えるでしょう」と考える。(2)「彼の結婚の知らせが私たちをとても幸せにした」と考える。 (3)「〜してはどうですか」はWhy don't you 〜？で表す。「彼にあなたのペンを貸す」は語群にtoがあることから，＜lend＋人＋物＞ではなく，＜lend＋物＋to＋人＞の形で表す。(不要語はfor) (4)「部屋をきれいに保たねばならない」と考える。(不要語はbe) (5)「試験での彼の成功が，彼の両親をとても幸せにした」と考える。(6)「この絵がその若い芸術家を有名にした」と考える。 (7)「それは私にハワイの文化について理解させてくれます」この場合のideaは「理解」という意味の不可算名詞。

▶ *132*

(1) **You look different this morning.**

(2) **Ichiro made her his wife.**

(3) **My sister made me a cup of tea. / My sister made a cup of tea for me.**

(4) **The man looks young for his age.**

(5) **It will be cold tonight[this evening]. Keep your room warm.**

(6) **My friend named his son George after his grandfather.**

(7) **Bring me a piece of chalk. / Bring a piece of chalk to me.**

解説 (1)感じがちがう＝異なって見える (3)紅茶は数えられないので，a cup of 〜 [... cups of 〜]で数える。 (5)「あなたの部屋を暖かい状態にしておきなさい」と考える。(7)チョークは数えられないので，a piece of 〜 [... pieces of 〜]で数える。

第2回 実力テスト

1
(1) イ　(2) エ　(3) エ
(4) ウ　(5) ア

解説 (1)ア[e] イ[ei] ウ[e] エ[e] say は[ei]だが，says や said では[e]となるので注意。
(2)ア[əːr] イ[əːr] ウ[əːr] エ[ɑːr]
(3)ア[t] イ[t] ウ[t] エ[d]
(4)ア[z] イ[z] ウ[ʒ] エ[z] news は[njúːz ニューズ]。
(5)ア[i] イ[ai] ウ[ai] エ[ai]

2
(1) 2　(2) 2　(3) 1
(4) 3　(5) 2

3
(1) **Would you mind closing the door?**

(2) **I'm looking forward to hearing from you soon.**

(3) ○

(4) ○

(5) **Will you give me something hot to drink?**

解説 (1)mindの後には不定詞の名詞的用法は使えない。 (2)**look forward to 〜**「〜を楽しみにして待つ」のtoは不定詞のtoではなく，前置詞のtoだからその後は動名詞にする。 (3)「ツカサは彼女を雨の中待つことをあきらめませんでした」**give up -ing**「〜することをあきらめる」 (4)**be used to -ing**「〜することに慣れている」 (5)-thingを修飾する形容詞は1語であっても -thing の後に置く。

4

(1) ア　　(2) ウ　　(3) イ

解説 (1)the womanを修飾しているので形容詞的用法。 (2)主語はtheyなので，目的を表す副詞的用法。 (3)主語になっているので名詞的用法。ア places（名詞）を修飾しているので形容詞的用法。イ 主語と補語になっているので，いずれも名詞的用法。ウ workedを修飾しているので，目的を表す副詞的用法。

5

(1) **How, about, going**

(2) **how, to**

(3) **good, at, playing**

(4) **for, him, to, solve**

(5) **mind, turning, would, like /
please, turn, would, like**

(6) **without, saying, anything**

(7) **do, you, call**

(8) **an, interesting**

解説 (1)Shall we 〜 ? = How about -ing? (2)the way to make 〜「〜を作る方法」⇒「〜の作り方」ということから，＜how + to 〜＞を用いて how to make とする。 (3)「〜できる」は be good at -ing「〜するのが上手だ」と考える。 (4)「彼はあの問題を簡単に解いた」⇒「あの問題を解くことは彼にとって簡単だった」と考える。 (5)「〜してくださいませんか」はWould you mind -ing?でも表せる。mindの後だから動名詞とする。また，want to = would like toを用いればよい。 (6)「キョウコは何も言わずに出て行った」と考え，**without -ing**「〜せずに」を用いる。また，withoutはwithの否定表現になるのでanythingを用いる。 (7)「あなたがたの国でのこの鳥の名前は何ですか」は「あなたがたの国で，あなたがたはこの鳥を何と呼びますか」と考えればよい。(8)＜What + (a[an]) + 形容詞 + 名詞 (＋主語 + 動詞〜)！＞に当てはめる。

6

(1) **Finishing the homework in a day was hard** (for me).

(2) **The teacher told the students what to do.**

(3) **There is something wrong with this TV set.**

(4) **I have nothing interesting to show you.**

解説 (1)「その宿題を1日でやり終えること」が主語になる。 (2)＜tell + 人 + 事＞の形にする。「何をすべきか」は what to do で表せるので，what を補う。 (3)There is something wrong with 〜 .「〜のどこか調子が悪い」⇒Something is wrong with this TV set.と，there を用いずに表すこともできる。　(4)「何も～ものはない」だから nothing が不足していると考える。

7

(1) **to, bring, with**
(2) **looking, forward, seeing [meeting]**
(3) **to, hear, from**
(4) **were, able, to, weren't, you**
(5) **isn't, he**

解説 (1)「～するのを忘れる」forget to ～ を用いる。また，「筆記用具」は「何か書くためのもの」と考えて to write を用いるが，形容詞的用法であるので前置詞が必要かどうかを検討する⇒道具を表しているので with を付加すること。　(3)「あなたからの手紙を受け取る」は receive your letter ともできるが，文末に you が表されているので，「～から便りがある」hear from ～ を用いる。　(4)「～できた」だから could または was[were] able to を用い，付加疑問文にする。　(5)John を代名詞の he で受ける。

8

(1) なぜあなたは駅に行ったのですか。
—— (私の) 友だちを見送るためです。
(2) 私はあなた (のため) に何か良いことをしたい (と思っています)。
(3) すべてを日本語で説明するのはジョンにとって難しかったです。
(4) 私たちはいつも，世界を平和にする方法を考えるべきです。
(5) 彼女は始発列車に乗り遅れないように，とても早く起きました。

解説 (1)Why ～ ?に対しては，＜Because ＋主語＋動詞＞またはこの問題のように，

To ～ .（不定詞の副詞的用法の目的）で答える。　(2)something good「何か良いこと」 (3)＜It is ...（for 人）＋不定詞＞で「～をすることは（—にとって）…」という意味。 (4)think of ～「～のことを考える」　(5)so as not to ～「～しないように」

9

(1) **A tourist asked me how to get to the station.** / **A tourist asked me the way to the station.**
(2) **What do you want[would you like] to be in the future?**
(3) **Ken studied hard to be a doctor.**
(4) **She looked very pretty in the new dress.**

解説 (1)「～の行き方」は how to get to ～ または the way to ～。　(2)「～になりたい」want [would like] to be ～　(4)「～を着て」は in ～ で表せる。

10

問1 (1) 昔 [何年も前／昔々]，ある国に1人の王様がいました。
(2) 彼は何でも手に入れることができました。
問2 (3) 家来
(4) （家来たちが国中から集めてきた）たくさんの本
問3 **twenty-five years**
問4 自分では全く何もせず，すべて家来に任せきりで，しかも最後にはあたりまえの言葉しか残らなかったので，結局，知恵を得ることはできなかった。

解説 問1 (1)肯定文で any(thing) を用いると「何でも，すべての」の意味になる。

全訳 昔，ある国に1人の王様がいました。彼は多くのものをほしがりましたが，働くことが好きではありませんでした。彼は王様でしたから，何でも手に入りました。しかし，幸せではありませんでした。

ある日，彼は家来たちに「人が持つべき最も重要なものは何だ」と言いました。すると1人の家来が「知恵です，王様。知恵です」と言いました。

「どこで見つけられるのか」王様は言いました。

「本の中です，王様」

それから王様は家来たちに「国のすべての本を買ってくるのだ」と言いました。

すぐに家来たちは多くの，多くの本を王様に買ってきました。「では本をお読みください，王様」と家来の1人が言いました。王様は「読書は嫌いだ。本が多すぎる。それらを読んで，私のためにすべての知恵を書きとめよ」と答えました。

20年後，家来たちは5冊の本を書き終えました。「王様，これら5冊の本ですべての知恵を見つけられます」しかし，王様は「まだまだ多すぎる」と言いました。3年後，家来たちは1冊の新しい本を王様に持って行きました。たった1冊だけ。しかし，王様はまたそれを気に入りませんでした。「すべての知恵を1つの文にするのだ」

2年後，家来たちはついに1枚の紙に1つの文章を書き，それを王様に献上しました。王様はとても喜んで，「よい，よい。では私は世界のすべての知恵を得られるな」彼はその文を読みました。それには「私たちは生まれ，生き，そして死ぬ」とありました。

20 比較級・最上級 (1)

▶ **133**
(1) **heavier**
(2) **more popular**
(3) **the most interesting**
(4) **easier**
(5) **bigger**

解説 (1)than の前だから比較級に。y を i に変えて er をつける。 (2)＜Which ～比較級, A or B?＞「A と B ではどちらが（より）～ですか」は2者の比較だから比較級。(3)of ～があるから＜the ＋最上級＞にする。interesting はそのまま最上級にできないから，most をその前につける。 (4)than の前だから比較級。 (5)than の前だから比較級。g を重ねるのを忘れずに。

▶ **134**
(1) エ (2) ウ (3) イ
(4) エ (5) ウ (6) イ
(7) イ (8) エ

解説 (1)than の前だから比較級を用いる。(2)the と of が付いているから最上級。「～のうちで最も…」 (3)「～より'ずっと'…」の意味で比較級を強めるには，**much[far, still, a lot]** などを用いる。 (4)程度・差を表す by。= John is three years older than Mary. とも言える。 (5)than の前だから比較級を用いる。mistakes は複数形だから little の比較級 less は使えない。(6)of you all「あなたたち全員の中で」の類似表現として of us all, of them all がある。(7)a little「～より少し…」 (8)「日本で最も人気のあるスポーツは何ですか」という意味になるので，最上級の構文を用いる。

▶*135*

ウ

解説 「今日の」はtoday'sにする。「～より難しい」だから＜比較級＋than＞を選ぶ。most difficultは最上級。

▶*136*

(1) **easier, mine**
(2) **much, more, difficult**
(3) **three, years, younger**
(4) **the, oldest, of**
(5) **higher**
(6) **deeper, than, lake**
(7) **No, other**
(8) **nothing, more**

解説 ＜比較の書きかえ・基本＞
① 比べるものを入れかえる
② 反意語を使う
③ 否定語を使う
この3つのうちの2つを組み合わせる。
(1)'比べるものの入れかえ'と'反意語'を用いて書きかえる。　(2)比較級を強めるmuchはそのまま置いておく。　(3)父が52歳で，母が49歳だから，「母が3歳（だけ）年下」となる。　(4)Tom＜Ken＜Billだから，「ビルが最も年上」となる。　(5)price「値段」が「高い」という場合には，形容詞highを用いる。seem to ～「～するようだ／～するように見える」，these days「最近」／those days「当時」　(6)「世界の他のどんな湖より深い」と考え，＜比較級＋than any other＋単数名詞＞を用いる。　(7)＜no other＋単数名詞＞で「他のどの～も…ない」　(8)「同じ間違いを繰り返すことは最も愚かなことだ」＝「同じ間違いを繰り返すことより愚かなことはない」と考え，最上級の内容を比較級を用いて表す。**There is nothing＋比較級＋than ～**「～より…なものは何もない」

▶*137*

(1) **is, more, difficult, than**
(2) **the, fastest, runner, of**
(3) **hotter, than**
(4) **the, hottest, month, of**
(5) **a, little, larger**
(6) **the, most, important, of**
(7) **Which, more, difficult, one**
(8) **Who, is, faster**
(9) **Who, has, most, does**
(10) **What, is, highest, in, is**
(11) **much, longer, than**
(12) **many**

解説 (2)ofとinは＜of＋複数＞＜in＋範囲・グループを表す言葉＞で使い分ける。特にof～は＜of the＋数詞＞，of all「すべての中で」，＜of all the＋複数形＞「すべての～の中で」，of them[us, you] all「彼ら［私たち／あなたたち］みんなの中で」の4パターンがある。　(3)この問題のように，比較するものは常に主語であるとは限らず，目的語や場所・時を表す言葉のこともあるので，比較級の文を考えるときは何と何が比べられているかを明確にし，形を合わせる。　(4)「～の中で最も…な―」は＜the＋形容詞の最上級＋名詞＋in / of＞で表す。　(5)「～より少し」a little，「面積が広い」large（「幅が広い」wide）　(6)「健康はすべての中で最も重要なことだ」と考える。
(7)＜Which ～比較級，A or B？＞の形。that dictionaryとせずに，that one（2度出た名詞は代名詞）とすることに注意。
(8)比べられているものがTomとBob，つまり人だからWhichでなくWhoを使う。
(9)Whoが主語だから，答えるときはhasに合わせて，doesで答える。　(10)Whatが主語であると考え，isが動詞だから，それに合わせて答える。It is Mt. Everest.と答

えてもよい。⑾「〜よりずっと長く生きる」と考える。ここのdidはlivedの代わりに用いられている動詞（代動詞）。　⑿比較級の強調はふつう，muchやstill，farなどを用いるが，＜more＋複数名詞＞の強調はmanyを用いる。

▶ *138*

(1) **You look more beautiful in Japanese clothes.**

(2) **To cut down trees was the easiest way to get more** (land).

(3) (Beckham is) **more popular in Japan** than **in England.**

(4) (The cost of living here) **is much lower than that in my own country.** [veryが不要]

(5) **They have fewer chances to play outside** than (before).

(6) **Nothing makes me happier than jogging along the beach.**

解説　⑴in 〜は「〜を着て」という意味。thanがなくても比較級を使うのは，「洋服を着ているときと比べて」という気持ちを含むため。　⑵「木を切り倒すこと」To cut down trees が主語で単数である。　⑶in Japanと in Englandが比較されている。⑷「ずっと」の意味で比較級を強めるには，veryではなくmuch [far, a lot]を用いる。この文のthatはthe cost of livingの代わりをしている。veryが不要。　⑸「子どもたちは以前より外で遊ぶ機会が減っている」と考える。fewerという比較級があるので，thanを加えて過去と現在を比較する文になると予想できる。また，chancesの後ろに形容詞的用法の不定詞to playを置いて修飾する形を作る。　⑹「浜辺をジョギングす

ることよりも私を幸せにしてくれるものはありません」nothingを主語として「〜より…なものはない」という比較級の文を作る。＜make me happy＞「私を幸せにする」のhappyを比較級にし，than jogging along the beach「浜辺をジョギングすることより」を続ける。「浜辺をジョギングすることが一番幸せだ」という意味になる。

▶ *139*

(1) **The author[writer] is more popular in Japan than in America.**

(2) **Mother is three years older than Father[Mother is older than Father by three years], but she looks younger than he[him].**

(3) **It's colder today than yesterday.　Will it be even[still] colder tomorrow?**

(4) **Math is the most difficult subject of all.**

(5) **Which color is more popular, green or brown?**

(6) **What is the largest city in the world?**

解説　⑴in Japanと in Americaが比較されている。　The author is popular in Japan.から考える。　⑵差を表す言葉を比較級の前につければよい。後ろにつける場合はbyが必要。look 〜「〜に見える」⑶Today is colder than yesterday.としてもよいが，気候を表す場合は主語にItを用いたほうがよい。evenやstillは比較級を強める。⑸「どちらの色」だからwhich colorとする。　⑹都市名を問う質問なので，whereでなくwhatを用いる。「どこで

すか」に惑わされないように。Where is 〜？の場合，地理上の場所を問う質問になる。

21 比較級・最上級 (2)

▶ **140**

(1) ウ   (2) ア   (3) エ
(4) エ   (5) ア   (6) イ
(7) ア   (8) エ

解説 (1)I speak English well.から考える。〜 than anybody else「他のだれよりも〜」 (2)〜 than anything else「他のどんなものより〜」 (3)She can play the piano well.から考える。 (4)「より好き」like 〜 better (5)「一番好き」like 〜 (the) best (6)Which do you like better, A or B?「AとBのどちらが（より）好きですか」

of 〜の使い方
(1) ＜of the ＋数詞＞「〜人[個]の中で」
(2) of all「すべて[みんな]の中で」
(3) ＜of all the ＋複数名詞＞「すべての〜の中で」
(4) of us[you, them] all「私たち[あなたたち，彼ら／彼女たち／それら]みんなの中で」

▶ **141**

(1) food, likes
(2) slowly
(3) faster, than
(4) better, than
(5) faster, than
(6) better, sport
(7) other, city
(8) ①favorite, ②other

解説 (1)「彼女が何の食べ物が一番好きである

か」と考える。 (3)「彼のクラスのだれもヨウヘイより速く泳がない」と考える。
(4)prefer A to B＝like A better than B (5)「私はそのクラスで最も速い走者だった」⇒「私はそのクラスの他のどんな生徒より速く走れた」と考える。
(6)「すべてのスポーツの中で最も好き」⇒「他のどんなスポーツよりも好き」に書きかえる。thanがあることから比較級構文を用いることがわかる。
(8)「私はあの歌手が最も好きだ」は「彼女は私のお気に入りの歌手だ」と「私は他のどの歌手よりも彼女が好きだ」に書きかえられる。

比較の書きかえ
最上級→比較級
＜比較級 ＋ than any other ＋ 単数名詞＞
「他のどんな〜より…」
比較級→比較級
① 比べるものを入れかえる
② 反意語を使う
③ 否定語を使う
このうちの2つを組み合わせる。
比較級→原級
＜not as[so] ＋ 原級 ＋ as＞を必ず使い，これと①または②を組み合わせる。

トップコーチ
「富士山は日本で最も高い山です」
以下のように最上級・比較級・原級を用いて，5通りの表し方ができる。
最上級
1. Mt. Fuji is the highest mountain in Japan.
比較級
2. Mt. Fuji is higher than any other mountain in Japan.
3. No other mountain in Japan is higher than Mt. Fuji.

4. Mt. Fuji is not lower than any other mountain in Japan.

原級

5. No other mountain in Japan is as high as Mt. Fuji. これも any ～ not の語順にはできないので，no を使う。

比較の意味を含む形容詞や動詞（ラテン語を起源とする単語）には，比較の対象を表すのに than ではなく，to を用いるものがある。

(1) **senior to ～**「～より年上の」
　⇔ **junior to ～**「～より年下の」
(2) **superior to ～**「～より優れた」
　⇔ **inferior to ～**「～より劣った」
(3) **prefer A to B**「B より A を好む」
　= **like A better than B**
　※この場合，to の後の代名詞は必ず目的格にする。

She is two years senior to me.
She is two years older than I[me].
「彼女は私より2歳年上だ」

▶ *142*
ア
解説 ＜ **the** ＋序数＋最上級＞「～番目に…」

▶ *143*
(1) ナイル川は世界の他のどんな川よりも長い。
(2) ホワイトさんは彼の妻より5歳年下です。
(3) 彼は，ついにほとんどお金がなくなるまで，どんどん多くのペットを手に入れた。
(4) 実際，すべての年代のアメリカの子どもたちは，他のどんな種類の靴よりもスニーカーをはいて遊ぶことが好きで

す。
(5) 実際彼らは家に帰るのが早ければ早いほど良かった。

解説 (1)＜ **any other** ＋単数名詞＞「他のどんな～」(= The Nile is the longest river in the word.) (2)比較級 younger の前にある five years は比較の程度・差を表している。 (3)＜比較級＋ **and** ＋比較級＞「ますます～」 (4)in sneakers「スニーカーをはいて」と in any other kind of shoe「他のどんな種類の靴をはいて」が比べられている。(5)＜ **the** ＋比較級～, **the** ＋比較級...＞で「～すればするほど，ますます…」を表す。

▶ *144*
ア
解説 (1)＜ **the** ＋序数詞＋最上級＞「～番目に…」なので large を largest にする。

▶ *145*
(1) **better**
(2) **far, ones**
(3) **more**
(4) **earlier, than, any, other**

解説 (1)もとの文は Taro is good at making speeches. だが，than ～が付いたので good を better とする。be good at -ing「～するのが上手である」 (2)比較級を強める far ＋比較級＋ than ～「～よりはるかに…」を用いる。one は前に出た数えられる名詞を受けて，同一種類の不特定の物を表すが，名詞の複数形に対しては ones が用いられる。(4)「一番早く起きた」という最上級の内容を＜比較級＋ than ＋ any other ＋単数名詞＞「他のどんな～よりも…」を使って表す。

▶ *146*
(1) **That writer is becoming**

more and more popular.

(2) ("Robinson Crusoe") **is one of the most famous books in the world.**

(3) (How) much **longer do I have to wait?**

(4) **My sister drives a car the** most **carefully in my family.**

(5) **Which season do you like the best?**

(6) **This movie is the best of all.**

(7) **Gesture is one of the most important things when** (you make a speech).

解説 (1)「ますます〜」は＜比較級＋and＋比較級＞で表す。　(2)「最も…な〜のうちの1つ」＜one of the＋最上級＋複数名詞＞　(3)基本文はHow long do I have to wait? だから，「あと（さらに）どれくらい〜」はHow much longer 〜?とすればよい。　(4)「私の姉は私の家族の中で最も注意深く車を運転する」と考える。　(6)「この映画がすべての中で最も良い」と考える。　(7)ここのwhenは「〜するとき」という意味を表す接続詞で，第24章で学ぶ。

▶ **147**

(1) **These days, we can travel abroad much more easily than before.　Some students spend their summer vacation in Canada every year.**

(2) **I will study English harder.**

(3) **I got up earlier than he** (did) **this morning.**

(4) **I like that one** (the) **best of**

all the pictures.

(5) **It snows more[We have more snow] in February than in January around here.**

(6) **A few people know** (that) **listening[to listen] to others is much more difficult than speaking[to speak].**

解説 (1)「以前より」はthan beforeとし，「ずっと」だから比較級の前にmuchをつける。「〜という者もいる」はsome 〜とする。　(3)heの後にgot upの代わりをする代動詞didを置いてもよい。「今朝」は文全体を修飾するので，文末か文頭に置く。　(4)同じ名詞(picture)が使われることになるので，いずれかを代名詞にしなければならない。基本的には後の名詞を代名詞にするが，＜of all the＋代名詞＞とはできないので，前の名詞を代名詞oneにする。　(5)It snows much[We have much snow] in February. から考える。　(6)Listening[To listen] to others is very difficult. から考える。

単数形と複数形の区別に注意するもの。

1.「Aは__の中で最も〜」

＜A ... (the＋) 最上級＋of＋複数形＞

He is the cleverest of them all.「彼は全員の中で最も賢い」

2.「最も〜なものの1つ」

＜one of the＋最上級＋複数形＞

She is one of the brightest girls in this class.「彼女はこのクラスで最も頭のよい女子の1人だ」

3.「他のどの…よりも〜」

＜比較級＋than any other＋単数形＞

He sings better than any other person I know.「彼は私が知っている他のどの人より歌がうまい」

<比較級＋**than (all) the other**＋複数形>
He sings better than the other
persons I know.

22 asを用いた比較

▶*148*
(1) ウ　　　(2) エ　　　(3) ウ
(4) エ　　　(5) ウ

解説 (1)<～ **times as**＋原級＋**as** ... >「…
の～倍」(ただし，2倍は**twice**とする。)
(2)<**the same**＋名詞＋ **as** ～>「～と同
じ…」　(3)後に I could が続いているので，
<**as**＋原級＋**as** S' **can[could]**>「でき
るだけ～」と考える。「A：あなたは今日来
られないと思いました」「B：ええ，宿題が
たくさんありましたが，できるだけ早く終
えました」　(4)冬と夏で太陽のスピードは変
わらないので，faster と slower は使えない。
(5)<A__**less**＋原級＋**than** B>「A は B
よりも～ではない」は，後ろに置かれた形容
詞や副詞が表す程度が，より低いことを意
味する。less は little の比較級であり，
more が肯定的な意味を表すのに対し，
less は否定的な意味を表す。よって，less
～ than ... の表現は more を使った比較の
文と反対の意味を持つと考えてよい。less
の後には原級を置くことに注意する。

トップコーチ
less ～ than ...は not as ～ as ...「…
ほど～ではない」とほぼ同じ意味になる。
This car is **less expensive than**
that one.「この車はあの車ほど高くない」
　= This car is **not as expensive as**
　　that one.
　= This car is **cheaper than** that one.

　= That car is **more expensive than**
　　this one.

▶*149*
オ

解説 「～ほど…ない」は not as ... as ～で表す。

▶*150*
(1) **not, as, mine**
(2) **harder, than**
(3) **more**
(4) **No, she**
(5) **twice, size**
(6) **good**
(7) **the, best, of**
(8) **as, large, as**
(9) **more, than**
(10) **twice, large**
(11) **as, much, age**
(12) **Nothing, as**

解説 (2)not as ... as と比べるものの入れか
えを組み合わせているので，反意語を使わ
ずに比較級 than に書きかえる。　(3)it
appears「見た目」，than it really is「実際
より」　(5)(10)half[twice] the size of ～
「～の大きさの半分[2倍]」= half[twice]
as large as ～　(6)'比べるものの入れか
え'と'否定'を使っているので反意語を使わ
ない。また，as ... as に挟まれているので
原級を用いる。　(8)the same size = as
large as「同じ大きさ」　(9)'比べるものの入
れかえ'と'否定'を使っているので反意語を
使わない。カッコの数から比較級の表現と
考える。　(10)「あの公園はこの公園の半分の
大きさです」⇒「この公園はあの公園の2倍
の大きさです」と考える。　(12)<Nothing +
動詞＋as[so]＋原級＋as ～>＝<Nothing

＋動詞＋比較級＋than 〜＞「〜ほど…なものはない」 when 〜は「〜するとき」という意味の接続詞で，第24章で学ぶ。

▶*151*
⑷

解説 My camera is not as good as yours. が正しい。比べているのはmy cameraとyour cameraで，名詞の繰り返しを避けるため，この場合はyour cameraをyoursとする。

▶*152*
⑴ 彼はできるだけ多くの会社を訪問するために数日間この町にいましたが，全く仕事を見つけることができませんでした。
⑵ 彼は，彼が自分の小さな子どもたちにした［話しかけた］のと同じくらい親切に私たちに話しかけました。

解説 ⑴to visitは不定詞の副詞的用法（目的）。 ⑵didはspokeの代動詞。He spoke kindly to us. と He spoke kindly to his little children. を比較している。

▶*153*
⑴ **as, leaves**
⑵ **as, possible**
⑶ **twice, as, many, books**
⑷ **almost[about], as, tall, as**
⑸ **Nothing, is, as[so], dangerous, as, swimming /
Nothing, is, more, dangerous, than, swimming**

解説 ⑴manyがあるので，その後は複数形にすることを忘れずに。-f, -feで終わる単語を複数形にするときは-vに変えてesをつける（roof「屋根」は例外）。 ⑶倍数表現。

「約2倍の本」⇒「約2倍多くの本」と考えて，many booksをas ... asで挟む。最後のdoはhaveの代動詞。 ⑷この文の「もう」は「ほとんど」almost，または「約」aboutと考える。 ⑸は原級と比較級で表現できる。

▶*154*
⑴ **Nothing is as important to discuss as the problem of global warming.**
⑵ (This pumpkin is) **three times as big as that one.**
⑶ (I don't) **have as many CDs as you.**
⑷ (You should) **try to talk to as many people as you can.** [possibleが不要]
⑸ **No one in my class can run as fast as he.**
⑹ **Masaharu tried to jump as high as he could.** [possibleが不要]
⑺ **The Amazon is many times as long as the Yodo River.**
⑻ **It is not as cold in Osaka as in Paris this winter.**

解説 ⑵倍数表現＜〜 times as ＋原級＋as ...＞を用いる。 ⑶「〜ほど…ない」はnot as[so] ... as 〜だが，この表現で'数'に関して述べる場合，'…'の部分には'many＋複数名詞'を置く。 ⑷「話しかけてみなさい」⇒「話しかけようとすべきだ」と考える。「できるだけ〜」as 〜 as S' can / could または as 〜 as possible で，ここではpossibleが不要。

トップコーチ
●2種類の比較級・最上級があるもの
old, late, far には意味の違いで2種類

の比較級・最上級がある。

old

- 「古い，年とった」（古さ・年齢）
  old – older – oldest
- 「年長の」（兄弟姉妹間の年齢）
  old – elder – eldest

late

- 「遅い，遅く」（時間）
  late – later – latest
- 「後の」（順序）
  late – latter – last

far

- 「遠い，遠く」（距離）
  far – farther – farthest
- 「いっそう（の）」（程度）
  far – further – furthest

▶ **155**

(1) I cannot[can't] speak English half as well as she.

(2) She looked as young as my eldest sister.

(3) I stayed as far away from the group as possible[I could] and studied[worked] alone[by myself].

(4) He tried to help people as far as possible[he could].

(5) It was not so much a crime as a mistake. / It was rather a mistake than a crime. / It was a mistake rather than a crime. / It was more (of) a mistake than a crime.

解説 (1)「半分上手に話せる」I can speak English half as well as she. を否定文にする。　(2)基本文はShe looked young. これにas ～ as my eldest sisterを加える。(3)「～から遠ざかる」はstay away from ～だが，「できるだけ」があるのでfarを補い，stay as far away from ～ as possibleとする。「自分ひとりで」はaloneまたはby oneselfで表す。　(4)「できるかぎり人を助ける」のは，程度なのでfarを用いる。

(5)**not so much A as B「AというよりはむしろB」 ＝ rather B than A ＝ B rather than A ＝ more (of) B than A**

23 | and, or, but

▶ **156**

(1) エ　　　(2) ア　　　(3) ア
(4) イ　　　(5) ウ　　　(6) エ
(7) ウ

解説 (1)逆接で，空欄の前にコンマがついているので等位接続詞。　(2)理由を表し，空欄の前にコンマがついているので等位接続詞。　(3)「他人に親切にしなさい，そうすれば彼らもあなたに親切にしてくれるでしょう」＜命令文, and ～＞の文にする。「そうすれば」ならand，「さもないと」ならor。意味のつながりを考えて用いる。

(4)～(7)相関接続詞。

接続詞

＜主語＋動詞～＞を節というが，この節と節をつなぐ品詞を接続詞という。接続詞には**and, but, or, so, for**などの等位接続詞と，**when, if, because, though**などの従属接続詞の2種類がある。

等位接続詞

and「～と，そして」（順接），but「～が，

しかし」(逆接)，or「〜か，または」(選択)，so「だから，それで」(理由)，for「というのも…」(根拠・理由を追加的に述べる)
等位接続詞の文では，前の節と後の節で重なる語は省略することができる。**等位接続詞は，節だけでなく語・句も対等の関係でつなぐ。**
特にso，forは節と節を結ぶ用法しかない。等位接続詞が完全な節と節を結ぶ際には，等位接続詞の前にコンマがつけられる。

　＜命令文，**and**＋主語＋動詞…＞
　　「〜しなさい，そうすれば…」
　＜命令文，**or**＋主語＋動詞…＞
　　「〜しなさい，さもないと[そうしないと]…」

相関接続詞は熟語として覚えておく。
・**both A and B**「AとBの両方とも」
　主語になったときは，複数として考える。
・**either A or B**「AかBのどちらか(一方)」
・**neither A nor B**「AもBもどちらも〜ない」
・**not only A but (also) B＝B as well as A**「AだけでなくBも(また)」
・**not A but B**「AでなくB」
　主語になったときは，Bを主語として考える。

▶*157*
(1) **Both, and**
(2) **but, also, has**

解説 (1)「私の兄[弟]は犬が好きだ。私も犬が好きだ」⇒「私の兄[弟]と私の両方とも犬が好きだ」と考え，both A and B「AとBの両方とも」を用いる。主語として用いる場合は複数として考える。　(2)both A and

B「AとBの両方とも」と，not only A but also B＝B as well as A「AだけでなくBもまた」の書きかえで，後者を主語として用いる場合，動詞はBに一致させる。

▶*158*
(1) その男性はだれかが自分のトマトを盗むだろうと思ったので，夜眠りませんでした。
(2) あなたはインターネットを通して，世界のどんな場所にでも[あらゆる場所に]手紙を送るだけでなく，多くの有用な情報を得ることもまたできます。

解説 (1)等位接続詞の文は，前から後の順で訳していけばよい。(2)not only A but also Bで，Aが"send your letters to any place in the world"，Bが"get a lot of useful information"にあたる。また，この文は否定文でなく肯定文と考え，肯定文で使われるanyは「どんな〜でも，あらゆる〜」と訳す。

▶*159*
(1) **Hurry up, or you will be late.**
(2) **Study hard, and you will get good marks on the test.**
(3) **Not only Ken but also Emi enjoys walking** (in the mountains every summer).
(4) **Either he or she speaks French.**
(5) **She is rich, but she isn't happy.**

解説 (1)(2)＜命令文，and[or]＞の形であることを見抜く。　(3)「山を歩いて楽しんでいる」⇒「山で歩くことを楽しんでいる」と考

え，enjoy -ing を用いる。　(4)either he or she「彼か彼女のどちらか一方」が主語で，either A or B「AかBのどちらか一方」が主語になる場合，動詞はBに一致させる。

▶ **160**

(1) **She took off her glasses and put them in her handbag.**

(2) **It was very warm, so we went out. [Because it was very warm, we went out. / It was so warm that we went out.]**

(3) **Hurry up, or you will miss the last train.**

解説　(1)She took off her glasses. と She put them in her handbag. を and でつなぐ。She が重なるので省略することを忘れずに。　(2)「とても暖かった It was very warm.」+「だから so」+「私たちは出かけた We went out」と順番に考えればよい。省略のない節と節を結ぶのでコンマを忘れずに。　(3)「急ぎなさい，さもないと終電に遅れるでしょう」と考える。

24 when, because, that など

▶ **161**

(1) **rose**

(2) **was studying**

(3) **was taking**

(4) **comes**

(5) **is**

(6) **will be**

解説　(1)「救助した」と「水位が上がった」のは同時だから，時制の一致で過去形にする。

(2)(3)も(1)と同様だが，それぞれ過去の一時点ではなく，「数学を勉強していた」「シャワーをあびていた」と継続中の動作になるので過去進行形を用いる。　(4)(5)「トムが来る」のは未来のことなので will come，「明日晴れる」は will be としたいところだが，時や条件を表す副詞節（＝動詞などを修飾する）中では，未来形を現在形で代用するので，それぞれ comes，is にする。　(6)if ～ が名詞節になるときは「～かどうか」の意味になる。

従属接続詞

<主語＋動詞～従属接続詞＋主語＋動詞 ... >
<従属接続詞＋主語＋動詞 ... , 主語＋動詞～. >
という形をとる。

<主語＋動詞～>を主節，<従属接続詞＋主語＋動詞 ... >を従属節と呼び，従属接続詞は節と節を<主><従>の関係で結ぶ。

※従属接続詞が文頭のときはコンマで区切る。等位接続詞の場合の語順，コンマの有無と比較すること。

従属接続詞には主に以下のものがある。

<時を表すもの>

when「～するとき」，while「～する間」，before「～する前」，after「～した後」，till[until]「～するまで」，as soon as「～するとすぐに」，as「～しながら」，since「～して以来」

While she was asleep, thieves broke in and stole her bag.「彼女が眠っている間，どろぼうが押入って彼女のかばんを盗んだ」

<条件を表すもの>

if「～するならば」，unless「～しないならば」「～でない限り」

I can't leave her unless I know she's all right.「彼女が大丈夫だとわからない限

り，私は彼女を置いて行くことはできない」

＜理由を表すもの＞

because ＞ since ＞ as「～なので，～だから」

Since it was still light, they were able to play in the park.「まだ明るかったので，彼らは公園で遊ぶことができた」

＜譲歩を表すもの＞

though「～するけれども」，whether A or B「AであろうとBであろうと」（特にwhether A or not で「Aであろうとなかろうと」）

We must go there whether it's raining or not.「雨であろうとなかろうと，私たちはそこへ行かなければなならない」

※従属節の時制は，主節の時制より後になることはできない。同時（時制の一致）または，主節より前の時制にする。

※従属接続詞thatが導く従属節は，主節の動詞 (think, know, hope, believe, say, be sure, be afraid など) の目的語となり，名詞節になる。このthatは省略可能。

▶ **162**

(1) エ　　(2) オ

(3) ウ　　(4) ア

(5) ア　　(6) ア

解説 (1)「試合が始まる前に雨が激しく降り始めた」beforeは「～する前に／～しないうちに」という意味の接続詞。till[until]「～するまで」，since「～して以来」，after「～した後」 (2)時・条件を表す副詞節中では未来形を現在形で代用するので，アとイは不適切。接続詞の後はS' + V'が続くので，ウを消去。エは「もしあなたが公園に訪れるのをあきらめれば」となり不適切。

(5)条件を表す接続詞 if を選ぶ。「A：何か困ったことがあれば，何でも私に言ってください」「B：ありがとう」 (6)前述の内容が肯定で，後に「～もそうだ」と肯定を重ねる場合は，**So do ～**. とする。また，So I do. は Yes, I do. と同意。なお前述の内容が否定で，後に「～も…でない」と否定を重ねる場合は，**Neither do ～** .とする。

▶ **163**

(1) **take**

(2) **lead, you**

(3) **it, rained**

(4) **soon, as**

(5) **Though**

(6) **because**

(7) **if, don't**

(8) **or, If, don't, study**

(9) **and, in**

(10) **or, Unless**

(11) **hope, it**

(12) **must, be**

解説 (1)「そのバスがあなたを駅に連れて行ってくれるでしょう」と考える。 (2)「道があなたを連れて行く」のではなく「道があなたを導く」と考え，**lead A to B**「AをBへ導く」を用いる。 (3)because of の後には名詞(句)が続くが，これを書きかえる場合は接続詞becauseを用い，その後に＜主語＋動詞～＞を続ける。時制の一致に注意すること。 (4)when ～ at once＝as soon as ～ (5)コンマの位置から従属接続詞にすることがわかる。等位接続詞のbutは従属接続詞のthoughに書きかえられる。

(6)同様に等位接続詞のsoは従属接続詞のbecauseに書きかえられる。「あなたはスピード違反をしたので，罰金を払わねばなりません」 (7)「もしあなたが手伝わなければ」と考える。また「手伝わない」のは現在

より後だが，条件を表す副詞節なので現在形にする。without 〜 ＝ if ＋ not 〜 ＝ unless 〜　(8)(9)＜命令文，and[or] 〜＞の文はif節を用いて書きかえることができる。その際，肯定にするか否定にするか意味をよく検討しよう。また(8)＝ Study hard now, and you will pass the exam. (9)＝ Start at once, or you will be late. などにも書きかえられる。　(10)「もしあなたが急がなければ，遅刻するでしょう」と考え，unlessを用いる。　(11)「もし〜ならば私はうれしい」⇒「私は〜であることを望む」と考え，I hope (that) 〜を用いる。天候を表しているので主語にitを用いる。　(12)I'm sure that 〜「きっと〜だと思う」なので，「〜であるにちがいない」つまり，強い推定を表す助動詞mustを用いる。

▶ **164**

(1) 彼女はドイツ語を話せるけれども［話せますが］，（それを）書くことはできません。

(2) たとえ間違いをすることがときどきあっても，決してあきらめてはいけません。

(3) 好きであろうとなかろうと，あなたはそのニンジンを食べなくてはなりません。

解説　従属接続詞の文は，従属節→従属接続詞→主節の順に訳していこう。(1)though「〜だけれど」はalthoughと同義だが，より口語的。　(2)even if[even though]「たとえ〜でも」 (3)whether 〜 or not「〜であろうとなかろうと」

▶ **165**

(1) **before, it, gets**
(2) **since, last**
(3) **if**
(4) **am, sure, that**
(5) **be, long, before**
(6) **Either**
(7) **see, if**
(8) **unless**

解説　(1)「暗くなる前に」と考える。　(2)直訳すると「私があなたに最後に会って以来，ずいぶんになる」となる。　(3)mindは「〜を気にする」という意味。　(4)「きっと〜だと思う」**be sure (that)** 〜　(5)「〜する前に，長くはないだろう」**It will not be long before** 〜直訳すると「あなたが後悔するまでに長くはかからない」となる。　(6)「**A か B かどちらか（一方）**」**either A or B** (7)直訳すると「あなたが健康かどうか見るために，あのお医者さんがあなたを調べるでしょう」となる。「〜かどうか」はifを名詞節で用いればよい。　(8)「〜しない限り」は接続詞unlessを用いる。

▶ **166**

(1) **When you talk with a person, look him in the eyes.**

(2) **It began to rain as soon as I came home.**

(3) **He told me that he had nothing to do with the crime.**

(4) **I don't think all Japanese are poor at foreign languages.**

(5) **(The earth) looks strange because we are looking at it (from the moon).**

(6) **It was not until 1945 that the war came to an end.**

解説　従属接続詞がどちらの節につき，どの位置に用いるかをよく考えよう。(1)「相手の目を見る」は「相手をまともに見る，相手を直視する」だからlook 〜 in the eyesを用い

いる。この look は他動詞。 (2)「～したと
たん」は「～するとすぐに」と考え，接続詞
as soon as を用いる。 (3)「～に関係ない」
は have nothing to do with ～ で表す。
(4)「私は～でないと思う」は，英語では I
don't think (that) ～「～とは思わない」
と not を think の前に出して表す⇒英語に
は否定語をできるだけ前に出したがる性質
がある。「～が苦手である」be poor at ～
(5)「～に見える」look＋形容詞,「～を見る」
look at ～ (6)「…してようやく～だ，…に
なって初めて～する」は＜It is not until
... that ～＞で表す。

▶ **167**

(1) **When we arrived at the station, it was raining heavily.**
(2) **If you want to lose weight, you should walk more every day.**
(3) **We should buy books because we like them.**
(4) **He is practicing hard because he has a basketball game in a week.**
(5) **How old were you when you became a doctor?**
(6) **It is unknown whether[if] there is life on that planet (or not). / It is unknown whether or not there is life on that planet.**

解説 (1)「激しく雨が降っていた」と考える。
(2)「～したほうがよい」should (3)直訳す
ると「私たちがそれらを好きなので，私たち
は本を買うべきだ」となる。 (4)「1週間後
に」は「1週間のうちに」と考える。

(6) whether[if] は「～かどうか」という意
味で用いられるが，「～かどうか」の if は原
則的に目的語としてしか用いられない。こ
こでは It = whether ～ であり，このよう
な it を形式主語という。

25 前置詞 (1)

▶ **168**

(1) ア	(2) イ	(3) ウ
(4) ア	(5) ア	(6) イ
(7) エ	(8) ア	(9) ウ
(10) ウ	(11) ウ	(12) エ
(13) ウ	(14) ア	(15) ア
(16) ア	(17) ウ	(18) イ

解説 (1) by ～「～までに」, till[until] ～「～
まで（ずっと）」(例) We must finish the
work by five.「その仕事を5時までに終わ
らせなければならない」The shop is open
till nine on Fridays.「その店は金曜日は9
時まで開いている」 (2)「時間通りに」on
time, in time「間に合って」 (3)「2時間
"で"帰宅する」だから，「～(時間)で」in ～
を用いる。 (4)「朝に／午前中に」は in the
morning と言うが，特定の日時を言う場合
には on を用いる。 (5)「～を通って」
through ～，into ～「～の中に」 (6)そ
の後に名詞(句)が続いているので前置詞を
選ぶ。during は「(特定の期間)～の間」
「(不特定の期間)～の間」は for を用いる。
ちなみに，during は"いつ起こるか"を述
べるもので，when でたずねることがで
き，for は"どのくらい長く続くのか"を述べる
もので how long でたずねることができる。
(7)(道具)「～で」with ～ (8)「AのB」は A's
B または B of A で表す。 (9) on vacation
「休暇で」，「仕事で，商用で」on business
(10)「～なしで」without ～ (11) Thank you

for 〜「〜をありがとう」, Not at all. = You're welcome.「どういたしまして」
(12)（付帯状況）「〜して，〜しながら，〜したまま（の）」＜with＋名詞＋形容詞［分詞・副詞（句）］＞の形を用いる。 (13)「デパートに」だからtoやforとしたいところだが，go shopping at the department storeとする。（「湖につりに行く」ならgo fishing in the lake) (14)付帯状況のwith。 (15)＜call on＋人＞「人を訪れる」（＝visit＋人），＜call at＋場所＞「場所を訪れる」（＝visit＋場所) (16)「彼はたいていの仕事を手でした」道具のwith。 (17)「（離れて）〜の上に」over 〜，「（接触して）〜の上に」on 〜，「〜の上方に」above 〜 (18)「あなたの時計では」by your watch

▶ **169**

(1) **in**　　(2) **for**
(3) **from**　(4) **on**

解説 (1)in 〜「〜を身につけて」／（時間の経過）「〜のうちに，経てば」 (2)for 〜（賛成・支持）「〜に賛成して」⇔against 〜／ for 〜（交換）「〜と交換に」Thank you for -ing「〜してくれてありがとう」 (3)from 〜「〜出身」／ be different from 〜「〜と異なる」 (4)have 〜 on「〜を身につけて」／ on one's left[right]「左［右］側に」

▶ **170**

(1) **by, plane[airplane]**
(2) **on, foot**
(3) **from, abroad**
(4) **on, way**
(5) **between**
(6) **after, studying**
(7) **without, water**
(8) **In, my, childhood**
(9) **by**

(10) **without, answering**
(11) **During, stay**
(12) **age**
(13) **because, of**

解説 (1)fly to 〜「〜へ飛んで行く」＝go to 〜 by plane「飛行機で〜に行く」と考える。このby 〜は交通手段を表す。 (2)on foot「徒歩で」，go to 〜 on foot ＝walk to 〜「歩いて〜へ行く」 (3)foreigner「外国人」＝「外国から［出身］の人」と考える。 (4)「駅に行く途中で」と考え，on one's way to 〜「〜に行く途中で」を用いる。 (5)difference between A and B「AとBの違い」 (6)「2時間勉強して寝た」は「2時間の勉強の後で寝た」と考える。ここのafterは前置詞なので，その後に動詞を用いる場合は動名詞にする。 (7)「私たちは生きるために水が必要である」⇒「私たちは水なしで生きられない」と考える。without 〜「〜なしで」 (8)「私が子どもだったとき」は「私の子ども時代に」と考え，in one's childhoodを用いる。 (9)byは程度・差を表して「〜だけ」の意味。 (10)「質問に答えずに」と考え，「〜せずに」without -ingを用いる。 (11)「私のニューヨーク滞在中に」と考える。 (12)「〜の年に」at the age of〜を用いる。 (13)because of〜「〜が原因で」「〜のせいで」を用いる。

▶ **171**

(1) **with**　(2) **for**
(3) **at**　　(4) **to**

解説 (1)（共同・同伴）「〜と一緒に，共に」 (2)（利益）「〜のために」 (3)「学校で」at school (4)speak to 〜「〜に話しかける」

▶ **172**

(1) **to**　　(2) **on**
(3) **of**

解説　(1)write (a letter) to ～「～に手紙を書く」　(2)on a trip「旅行中の」
(3)both of ～「～の両方とも」

▶**173**

イ

解説　イ till は「～まで(ずっと)」という意味で不適当。「8時までに来なければならない」の「～までに」はby を用いる。ウ in time「間に合って」　エ leave for ～「～に向けて出発する」

▶**174**

(1) to→for
(2) from→with
(3) until→by

解説　(1)leave A for B「Bに向けてAを出発する」　(2)「英語のクイズと共に(で)授業を始めます」だからwithにする。　(3)「明日の7時までに宿題を終えねばならない」だからbyを用いる。

▶**175**

ア

解説　「レストランで」at (a, the) restaurant(s)，「～と一緒にいる」be with ～

▶**176**

(1) in, on, of
(2) on
(3) between
(4) with, on
(5) in
(6) To
(7) for
(8) with
(9) to

(10) for
(11) in
(12) with
(13) to

解説　(1)場所を示すin，日付を示すon，「9月の1日に」と考えてof を用いる。　(2)普通はin the morning「朝に，午前に」とinを用いるが，限定する言葉(ここではcold)がついて特定の日・時になればonを用いる。　(3)「2人の太った女性の間に」と考える。　(4)不定詞の形容詞的用法はその後に前置詞を伴う場合がある。write with a pencil「鉛筆で書く」，　write on the paper「紙に書く」から考える。　(5)in those days「その当時は」　(6)＜to one's＋感情を表す名詞＞「…が～したことには」
(7)So much for today.「今日はこれまで」　(8)＜help＋人＋with ～＞「人が～するのを手伝う」　(9)senior to ～「～よりも年上」(＝older than ～)⇔junior to ～「～よりも年下」(＝younger than ～)　(10)for the first time「初めて」

(11)fall in love with ～「～と恋に落ちる」
(12)付帯状況のwith「靴を履いたまま」
(13)happen to ～「(人・物に)起こる」

▶**177**

(1) on
(2) between, and
(3) on
(4) on

解説　(1)focus A on B「Aの焦点をBに合わせる」　(2)between A and B「AとBの間」　(3)on average「平均して」　(4)on account of ～「～の理由で」

▶**178**

(1) She went out of the room

without **making any noise.**

(2) **Wednesday comes** between **Tuesday and Thursday.**

(3) **We have no money** with us **(now).**

(4) **(I met an old friend)** from **high school for the** first time **in forty years.**

解説 (1)「こっそりと」は「音をたてずに」と考える。　(2)「水曜日は火曜日と木曜日の間に来る」と考える。　(3)所有・携帯のwith「〜を持った」「身につけて」(4)「〜ぶり」は「〜の間で初めて」と考え，for the first time in 〜で表す。

▶ **179**

(1) **There is a picture on the wall.**

(2) **Be kind to that girl with long hair.**

(3) **He must finish reading this book in[within] a week.**

(4) **Can you walk straight with your eyes closed?**

(5) **Students don't read many books these days because of television[TV] and comics.**

解説 (1)「壁に」on the wall，壁に接触しているのでonを用いる。　(2)「長い髪を持った」と考え，with long hair とする。(3)(所要時間)「〜で」in 〜，「〜以内で」within 〜　(4)付帯状況のwith ＜with＋名詞＋形容詞[分詞・副詞(句)]＞　(5)「〜のせいで」because of 〜

26 | 前置詞 (2)

▶ **180**

(1) エ　　　(2) ウ　　　(3) エ

解説 (1)look for 〜「〜を探す」／ look after 〜＝take care of 〜「〜の世話をする」　(2)「(本などに)〜について(書いてある)」はabout 〜で表す。　(3)「偉大なピアニストとして(as 〜「〜として」)」とあるので，「尊敬された」となるようエを選ぶ。look up to 〜「〜を尊敬する」⇔look down on 〜「〜を見下す，軽蔑する」，look at 〜「〜を見る」，look into 〜「〜をのぞき込む，〜を調べる[研究する]」

▶ **181**

(1) **after**　　(2) **on**

解説 (1)「私の犬の世話をしてくれますか」look after 〜「〜の世話をする」／「私がボールを投げると，犬が後を追う」run after 〜「〜の後を追う」　(2)「今日は電車は時間通りに運行していますか」on time「時間通りに」／「彼女は新しいパーティードレスを試着した」try on 〜「〜を試着する」

▶ **182**

(1) **am, sure, his, success**

(2) **take, off**

(3) **late, for**

(4) **fond, traveling**

(5) **different, from**

解説 (1)be sure of 〜「〜を確信している」succeedは動詞で「成功する」，successは名詞で「成功」　(2)「くつを履いたまま，畳の部屋に入ってはならない」は「畳の部屋に入るとき，くつを脱がねばならない」と考える。「〜を脱ぐ」take off 〜⇔「〜を着る」put on 〜　(3)be in time for 〜「〜に

間に合う」⇔**be late for ~**「～に遅刻する，遅れる」　(4)**like -ing [to ~]＝be fond of -ing**「～するのが好きだ」　(5)**the same as ~**「～と同じ」「同じでない」⇒「～と異なる」と考え，**be different from ~**を用いる。

▶**183**
(1) **throw, away**
(2) **caught[had], a, cold**
(3) **absent, from**
(4) **to**
(5) **of**
(6) **it, off**

解説　(1)「～を捨てる」**throw away ~**
(2)「風邪をひく」**catch[have] a cold**
(3)「～を欠席する」**be absent from ~** ⇔**be present at ~**「～に出席する」
(4)「～に似ている」**be similar to ~**
(5)「～の代わりに」**instead of ~**　(6)「(音量)を下げる」**turn down ~** ⇔「(音量)を上げる」**turn up ~**，「～を消す」**turn off ~** ⇔ **turn on ~**「～をつける」
※目的語が代名詞の場合，turn ~ off，turn ~ onの語順にする。

▶**184**
(1) **I didn't help him with his homework.**
(2) **This train will take you to Narita Airport.**

解説　(1)I didn't help him (to) do his homework.とも言える。「人の～を手伝う」<**help＋人＋with one's ~**>　(2)「この電車はあなたを成田空港に連れて行く」と考え，<**take＋人＋to ~**>を用いる。

第3回　**実力テスト**

1
(1) ア　　(2) ウ　　(3) イ
(4) ア　　(5) イ

解説　(1)ア[e] イ[ei] ウ[ei] エ[ei]⇒sayは[ei]だが，saysやsaidになると[e]の発音になる。　(2)ア[ou] イ[ou] ウ[ɔː] エ[ou] オープン，ホーム，ホテルといったカタカナ英語に注意する。また，不規則変化でつづりがou, au, aw に変化するものは[ɔː]の発音になるものが多い。　(3)ア[u] イ[uː] ウ[u] エ[u]⇒ウーマン[wuː]ではなく，woは[wu]。　(4)ア[i] イ[ai] ウ[ai] エ[ai] childは[ai]だが，childrenと複数になると[i]の発音になる。　(5)ア[h] ウ[h] エ[h]，イ hourのhは発音しない。

2
(1) **1**　　(2) **3**　　(3) **2**
(4) **1**　　(5) **2**

3
(1) **in**　　(2) **on**　　(3) **by**
(4) **in**　　(5) **with**　　(6) **on**
(7) **as**　　(8) **by**　　(9) **in**
(10) **of**

解説　(1)年，月のin　(2)日付，特定の日のon　(3)「～までに」**by**　(4)「海で」**in the sea**　(5)「～で」道具のwith　(6)**on time**「時間通りに」，in timeは「間に合って」　(7)**be famous as ~**「～として有名である」　(8)差を表すby「～だけ」　(9)**in a low voice**「低い声で」，**in a loud voice**「大声で」　(10)**speak ill of ~**「～の悪口を言う」

4

(1) **fastest, of**

(2) **Nothing, more**

(3) **best, speaker**

(4) **if, you, run**

(5) **As, soon, as**

(6) **without**

解説 (1)「トムは3人の中で一番速く泳ぎます」と考える。　(2)「時間より重要なものは何もない」と考える。「何も〜ない」nothing　(3)「マコトはクラスの中で最も良い英語の話し手です」と考える。a good speaker of Englishの形を押さえておくこと。　(4)「もし速く走れば，あなたは始発バスに乗れますよ」と考える。書きかえの文ではnotがなくなっていることに注意する。　(5)when 〜 at once ＝ as soon as 〜「〜するとすぐに」の書きかえ。　(6)「〜なしで」without 〜

5

(1) **He left Narita for New York** (the day before yesterday).

(2) **Don't be afraid of making mistakes when you** (speak English).

(3) **Our teacher taught us that the sun sets in the west.**

(4) **Mt. Fuji is 3,776 meters above sea level.**

解説 (1)「Bに向けてAを出発する」leave A for B　(2)「〜することを恐れる」be afraid of -ing.「間違いをする」make a mistake　(3)「西に」in the west，方角のinを用い，fromとしないこと。また，「太陽が西に沈む」のは不変の真理だから，時制の一致を受けず，現在形で表していること

にも注意する。　(4)「海抜，標高」above sea level⇔「海面下に」below sea level

6

(1) **on, if, is**

(2) **as, well, as, was**

(3) **famous, for**

(4) **in[having], trouble**

解説 (1)if「〜すれば」以下は条件を表す副詞節（動詞を修飾）なので現在形にする。「ピクニックに行く」go on a picnic　(2)「Aと同様にBも」B as well as A＝not only A but (also) B を用いたとき，動詞はBに合わせること。　(3)「（物事）で有名である」be famous for 〜　(4)「困っている」be in trouble

7

(1) （あなたが）ホテルに着いたらすぐに，この番号宛，私に電話してください。

(2) スミスさんは車かタクシーでここに来るでしょう。

(3) 3番目の角で左に曲がりなさい，そうすれば右手に駅がありますよ。

(4) あなたの姉 [妹] はフランス語を話すのが上手だそうですね。

(5) ガリレオの時代のほとんどの人は，10ポンドの重りは1ポンドの重りの10倍の速さで落ちると考えていました。

解説 (1)as soon as 以下は時を表す副詞節（動詞を修飾）なので現在形になっている。get to 〜 ＝ arrive at[in] 〜 ＝ reach 〜「〜に到着する」　(2)either A or B「AかBのどちらか一方」　(3)命令文，and 〜「…しなさい，そうすれば〜」，on one's right[left]「〜の右側 [左側] に」　(4)I hear (that) 〜「〜だそうですね，〜と

いうことです」 (5)＜～ times as + 原級 + as ...＞「…の～倍―」

8

(1) **What kind of sport(s) do you like the best?**
(2) **Which is more difficult to read, this book or that one?**
(3) **Lake Mashu is one of the most beautiful lakes in Japan.**
(4) **We have to go home before it gets dark.**
(5) **You should write your name in ink.**
(6) **I hope (that) I will be able to speak English as well as you (can).**

解説 (1)「どんな種類の～」what kind of ～ (2)「AとBでは，どちらがより～ですか」＜Which is + 比較級, A or B?＞ (3)「最も…な～のうちの1つ」＜one of the + 最上級 + 複数名詞＞ (4)「暗くならないうちに」は「暗くなる前に」と考え，本来なら「暗くなる」のは未来だから，before it will get dark としたいところだが，before以下は時を表す副詞節（動詞を修飾）なので，現在形にすることを忘れないようにする。(5)「インクで」in ink (6)「私は～だといいなと思う」I hope (that) ～，「～できるようになる」はcan の未来形だからwill be able to ～。

9

問1 映画の撮影にとって天候はとても重要だったので，その映画監督はラジオで天気予報を聞きたいと思いました。
問2 (2)天気予報

(3)インド人（の老人）
問3 その映画監督はインド人の老人が不思議な力を持っていると思いました。
問4 映画監督のラジオを盗んで，それで天気予報を聞いていたから。(29字)

全訳 あるイギリスの映画監督がインドで映画を撮っていました。映画の撮影にとって天候はとても重要だったので，その映画監督はラジオで天気予報を聞きたいと思いました。もちろん，彼はラジオを持って来ていました。しかし，そのラジオはだれかに盗まれ，それらを聞くことができませんでした。

翌日，ある年取ったインド人がその監督の所にやって来て「今日は雨が降るだろう」と言いました。その日，本当に雨が降りました。そしてそれからというもの，毎朝そのインド人は「今日は日が照るだろう」とか「くもりになるだろう」とその監督に言い，そして彼は常に正しかったのです。その映画監督は彼が不思議な力を持っていると思いました。それで，彼は毎日，天候についてその老人にたずねました。

しかしある朝，その年取ったインド人は幸せそうでなく，映画監督に話しかけませんでした。監督は優しく「どうしたんですか。病気なんですか」と言いました。

そのインド人は「あんたのラジオ。壊れた」と答えました。

27 受動態(1)

▶**185**
(1) **liked**   (2) **carried**
(3) **caught**   (4) **written**
(5) **done**

解説 「～が…している[た]」ならば現在分詞

(be動詞 + -ing)，「〜が…される［た］」ならば過去分詞 (be動詞 + 過去分詞) にする。(1)「その人形は好かれる」 (2)「たくさんのものが運ばれる」 (3)「その魚は捕まえられましたか」 (4)「この本は彼によって書かれた」 (5)「この仕事はされた」

> **能動態と受動態**
> 「AがBを〜する」能動態
> 「BがAによって〜される」受動態
> **受動態の形**
> <主語＋be動詞＋過去分詞＋ (by ...).>
> ※be動詞は主語と時制に応じて，is, am, are, was, were, will beとする。
> ※助動詞の受動態は<助動詞＋be＋過去分詞>とし，beは原形のまま。
> ※laugh at 〜, take care of 〜, speak to 〜などは，これでひとかたまりの動詞で群動詞と呼ばれる。群動詞の受動態はbe laughed at by ..., be taken care of by ..., be spoken to by ...のようになる。

▶ **186**

(1) **was, written, to**
(2) **are, taught**
(3) **are, caught**
(4) **spoken**
(5) **were, read**
(6) **will, be, invited**
(7) **encouraged, by**
(8) **invited**

解説 能動態の目的語を主語にして書きかえる場合，動詞は受動態<be動詞＋過去分詞>の形にする。このとき動詞の時制に注意して，現在ならばis, am, are，過去ならばwas, were，未来ならばwill beを用いる。 (1)「メグは手紙を書き，ボブはその

手紙を受け取った」⇒「メグによってボブに手紙が書かれた」と考える。by Megがあるので，write to 〜 ｜〜に手紙を書く」を受動態にすればよいことがわかる。 (2)「ブラウン氏は私たちの英語の先生です」⇒「私たちはブラウン氏によって英語を教えられる」と考え，受動態を用いて書きかえる。また，この文の書きかえとして，Mr. Brown teaches us English. (= Mr. Brown teaches English to us.) / We are Mr. Brown's English students. (= We are English students of Mr. Brown's.) などがある。 (5)主語がKenなので，現在ならばreadsとなるが，3単現のsがついていない。つまり，過去形のreadと見抜き，wereを用いる。 (6)受動態の未来形<will＋be＋過去分詞>とする。 (7)物が主語の場合は現在分詞，人が主語の場合は過去分詞を用いるものがある (interest, exciteなど)。 (8)「彼女は旧友たちに結婚式の招待状を送った」⇒「彼女の旧友たちが彼女の結婚式に招待された」と考える。invitation「招待，招待状」から，invite「招待する」を受動態にすればよい。

▶ **187**

(1) 木は彼らによって，暖めるために使われました。
(2) 多くの美しい写真が昨日彼らによってとられました。
(3) 5つ星，すなわち南十字星は，夜にオーストラリア中から見られます。
(4) 英語は国際共通語として多くの人々に使われています。

解説 (3)このコンマは同格を表し，「つまり」「すなわち」などの意味になる。can be seenはcan see「見ることができる」の受動態で，「見られることができる」⇒「見られる」と訳す。

▶ 188

(1) was, told[advised]
(2) will, be, made
(3) may, not, be
(4) was, laughed, at
(5) is, always, cleaned
(6) on, wall, was, painted[drawn]
(7) Is, read
(8) must, be, done

解説 (1)「言われた」だからtoldでもよいが，医者や先生などから指示される場合はadvisedが好まれる。 (2)は受動態の未来形。 (3)「夕食が食べられないかもしれない」と考え，may not eat「食べないかもしれない」を受動態にする。 (4)「～を笑う」はlaugh at ～で，群動詞の受動態となる。 (5)「その部屋はトムによって掃除される」と考える。 また，always, sometimes, usually, oftenなどの頻度を表す副詞は，be動詞の後，一般動詞の前に置く。 (8)「～されねばならない」＜must＋be＋過去分詞＞

能動態　A（主語）＋動詞＋B（目的語）
　　　　　↓
受動態　B（主語）＋be動詞＋過去分詞＋by A

＜能動態→受動態の手順＞
① 目的語を主語にする（目的格を主格に）。
② 動詞を＜be動詞＋過去分詞＞にする。時制に注意。
③ もとの主語をby ～にする（主格を目的格に）。

▶ 189

(1) I am helped by Tom every day.
(2) The tree was cut by him.
(3) The windows weren't opened by Nancy.
(4) Was my house built by him?
(5) Were his words understood by you then?
　── No, they weren't.
(6) The room will be cleaned by her mother tomorrow.
(7) You will be taken to the station by the bus.
(8) Tom was laughed at by your friends.
(9) The babies were taken good care of by him.
(10) People of all ages enjoy swimming.
(11) Did Tom break this window?
(12) Ms. Brown doesn't teach music at our school.
(13) When was the diary found by her mother?
(14) Is Bill Cross being looked for by you?
(15) This song has been sung by many singers.

解説 (1)～(9)能動態から受動態への書きかえ。 (8)(9)群動詞の受動態。 (10)(11)(12)受動態から能動態への書きかえは前述の手順の逆にする。ただし，3単現のs，過去形，do, does, didに注意する。 (13)まず受動態に変え，それを疑問詞を用いた疑問文にすればよい。 (14)現在進行形の受動態。 (15)現在完了の受動態は＜have[has] been＋過去分詞＞にする。

トップコーチ

● 受動態の時制

現在	＜is[am, are]＋過去分詞＞
過去	＜was[were]＋過去分詞＞
未来	＜will be＋過去分詞＞
進行	＜is[am, are, was, were, will be]＋being＋過去分詞＞
完了	＜have[has, had]＋been＋過去分詞＞

▶ **190**

(1) He was looked after by his uncle.

(2) You will be laughed at by your friends.

(3) This book is read by a lot of Japanese children. [reading が不要]

(4) The baby is looked after by her grandmother until her parents come back from work. [at が不要]

(5) He was brought up without knowing his true identity, (but it seems he has a special destiny).

(6) He is looked up to by his friends. [respected が不要]

解説 (1)群動詞 look after ～「～を世話する」の受動態。 (2)群動詞 laugh at ～「～を笑う」の未来の受動態。 (3)受動態の文だから reading が不要。 (4)at が不要。 (5)「彼は自分の本当の素性を知らずに育てられたが，特別な運命を背負っているように思われる」be brought up「育てられる」，without –ing「～せずに」 (6)群動詞 look up to ～「～を尊敬する」の受動態を用いる。

▶ **191**

(1) Was he given this watch by his uncle on his birthday?

(2) She was invited to dinner by the Smiths.

(3) Her favorite shoes were bought by her grandmother.

(4) I was given this bag by his aunt last summer.

(5) When I was about to return home[When I was getting ready to go home / Just as I was going home], I was spoken to by a stranger. He said, "Just give[lend] me a hand." ["Would you help me?"]

解説 (3)「彼女のお気に入りの靴は…買い与えられました」と考える。 (4)「私は…与えられました」と考える。 (5)「～しようとしている」be about to ～を使う。また，後半の「ちょっと」は a little を使わず，依頼をやわらげた表現と考えて just を用いるか，「～していただけませんか」と考えて Would you ～？を用いる。群動詞 speak to ～「～に声をかける」の受動態にする。

28 受動態 (2)

▶ **192**

(1) イ	(2) ウ	(3) エ
(4) エ	(5) ウ	(6) エ
(7) ウ	(8) ウ	(9) ウ
(10) イ		

解説 (1)(2)(3)(7)(9)は by 以外の前置詞を伴う受動態。 (5)助動詞の文の受動態は＜助動

詞 ＋ be ＋ 過 去 分 詞 ＞ の 形。 　(6)How many childrenが主語になっている文と考える。疑問詞が主語である文は，直後に述語動詞が続く。この問題は「何人の子どもがトムの誕生日パーティーに招待されましたか」と受動態の意味になる。 　(8)「この机はだれによって塗られましたか」だからBy whom ～？とする。 　(9)be filled with ～「～でいっぱいである」（＝ be full of ～）
(10)moneyは数えられない名詞なので単数扱いになり，be動詞はwasを用いる。また，アのmanyは数えられない名詞を修飾することはできない。「あまりにも多くのお金がこの映画に使われた」

トップコーチ

● **by以外の前置詞を伴う受動態**
be known to＋人「（人）に知られている」
be known for＋物事
　　　　　　　「（物事）で知られている」
be known as ～「～として知られている」
be covered with ～「～で覆われている」
be filled with ～「～でいっぱいである」
（＝ be full of ～）
be satisfied with ～「～に満足する」
be pleased with ～「～に喜ぶ」
be disappointed at[in] ～
　　　　　　　「～にがっかりする」
be interested in ～「～に興味がある」
be killed in ～「～で死ぬ」
be surprised at ～「～に驚く」
be excited at ～「～に興奮する」
be shocked at ～「～にショックを受ける」
be married to＋人「（人）と結婚する」
be made of ～「～でできている」【材料】
be made from ～「～から作られる」【原料】
　　※【材料】はできたものが元の性質を残している場合で，【原料】はできたものが元の性質とは異なっている場合。
be made into ～「～に作りかえられる」

be made in ～「（場所）で作られる」
be caught in a shower
　　　　　　　「にわか雨にあう」
その他の受動態を用いる表現
be seated「着席する」
be drowned「おぼれる」
be born「生まれる」
be wounded[injured]「けがをする」
be delayed「遅れる」

▶ **193**
(1) **known, for**
(2) **with**
(3) **caught, in**
(4) **satisfied, with**
(5) **pleased, with**
(6) **disappointed, at[by]**
(7) **killed, in**
(8) **was, wounded[injured], in**
(9) **married, to**
(10) **made, of**
(11) **made, from**
(12) **made, into**
(13) **made, in**

解説 (8)＜be wounded[injured] in ＋体の一部＞「（体の一部）にけがをする」
(10)「このかばんは紙でできている（⇒紙袋のこと）」紙がかばんになっても紙の性質を留めているのでofを用いる。 　(11)「ワインはぶどうから作られる」ワインは液体でぶどうの性質はないのでfromを用いる。 　(12)「ぶどうはワインに作りかえられる」からintoを用いる。

▶ **194**
(1) **What was your brother named by your parents?**

(2) **When was this doll made by your mother?**

(3) **He is well known to everyone.**

(4) **They sell sugar at that store.**

(5) **We don't[cannot] see ostriches in Japan.**

解説 (1)疑問詞の文の受動態。　(2)疑問詞の文の受動態。makeの目的語であるthis dollを主語にするので，受動態に書きかえる。　(3)know ～ well ⇒ **be well known to ～**「～によく知られている，有名である」(4)ここではsugarを売るのはthat storeの人だから，by themが省略されていると考える。　(5)by usが省略されていると考える。

トップコーチ
● 疑問詞の文の受動態
① 能動態の文の疑問詞が主語の場合
　＜疑問詞＋be動詞＋主語＋過去分詞～ by ...？＞
　Who was the novel written by?
　「その小説はだれによって書かれましたか」
　＜By 疑問詞＋be動詞＋主語＋過去分詞～？＞
　By whom was the novel written?
　「その小説はだれによって書かれましたか」
② 能動態の文の疑問詞が目的語の場合
　＜疑問詞＋be動詞＋過去分詞～ by ...？＞
　What was written by him?
　「何が彼によって書かれましたか」
③ 能動態の文の疑問詞が補語の場合
　＜疑問詞＋be動詞＋主語＋過去分詞～ by ...？＞
　What was the baby named by them?
　「その赤ちゃんは彼らに何と名付けられ

ましたか」
④ 能動態の文の疑問詞がwhen, where, why, howの場合
　＜疑問詞＋be動詞＋主語＋過去分詞～ by ...？＞
　How was the ring stolen by him?
　「その指輪はどのようにして彼に盗まれたのか」

▶ **195**
(1) **is, cleaned**
(2) **into**
(3) **You[They], can, teach**
(4) **was, by**
(5) **called**
(6) **interested, in**
(7) **old**
(8) **to, see**
(9) **can, be, seen**
(10) **is, studied, by**
(11) **was, born, on**
(12) **was, built**
(13) **be, repaired**

解説 (1)by usの省略。　(2)「バターは牛乳でできています」⇒「牛乳はバターに作りかえられます」(3)by you[them]の省略。(4)「だれが電話を発明しましたか」⇒「電話はだれによって発明されましたか」と考え，the telephone を主語にした受動態に書きかえる。 who（主格）はwhom（目的格）でもよいし，By whom ～?と文頭に出してもよい。　(5)「この鳥は英語で何と呼ばれますか」と考える（by themが省略されている）。　(6)＜物事＋ be動詞＋ **interesting to** ＋人＞⇒＜人＋ be動詞＋ **interested in** ＋物事＞　(7)「これらのサンドイッチはいつ作られましたか」⇒「これらのサンドイッチは何歳ですか」と考える。疑問詞how

の後にくる形容詞／副詞を考えるとこれしかない。　(8)「部屋の中でネコを見て驚いた」となるので、be surprised to～「～して驚く」（感情の原因を表す不定詞の副詞的用法）を用いる。　(9)助動詞を用いた文を受動態にすると、＜助動詞＋be＋過去分詞＞の形になる。　(10)「日本語はオーストラリアで、より多くの人々によって勉強されます」と考える。(11)「私は3月5日に生まれました」と考える。(12)「この教会は今500歳以上です」⇒「この教会は500年以上前に'建てられた'」と考え、過去の受動態で表す。　(13)目的語のmy bikeを主語にして書きかえるので受動態にする。willがついているので、助動詞の受動態＜助動詞＋be＋過去分詞＞を用いる。

▶ **196**

(1) **What is this flower called in** (English)**?**
(2) **The boy was covered with mud** (from head to foot)**.**
(3) **Your father will be surprised** at[by] **the news.**
(4) (Who) **was made captain of the team?**
(5) **Such a famous story is known to almost all the students.**［inが不要］
(6) **Who was the lady being spoken to by** (at the restaurant)**?**
(7) **It is believed that this tower was built more than one thousand years ago.**

解説　(1)「この花は英語で何と呼ばれますか」と考える。　(2)be covered with～「～に覆われる」　(3)「～に驚く」be surprised at～を未来形にする。　(4)madeとwasが

あるので、＜make＋O＋C＞の受動態である＜A is made B＞「AはBにされる」という形を考える。「だれがそのチームのキャプテンにされたの」と考え、Whoを主語とする受動態の文にする。　(5)「そんな～な…」＜such (a[an])＋形容詞＋名詞＞＝＜so＋形容詞＋(a[an]) 名詞＞、almost all～「ほとんどすべての～」　(6)進行形の受動態は＜be動詞＋being＋過去分詞＞で表す。また、「～に話しかける」はspeak to～となるので、受動態にした場合にtoを忘れないこと。　(7)「～が…すると信じられている」は、形式主語Itを用いて、It is believed that～．とする。

▶ **197**

(1) **The town will be covered with snow soon.**
(2) **How many languages are used[spoken] in Canada?**
(3) **It is often said (that) Japanese (people) are not good at mastering a foreign language[foreign languages]. / It is often said (that) Japanese (people) are poor at mastering foreign languages.**
(4) **The street is always very crowded. So I am sometimes bothered by the noise.**
(5) **I was spoken to in English by a stranger at Heathrow Airport.**
(6) **I was spoken to by a foreign man in the park yesterday.**

解説　(1)「～で覆われる」be covered with

〜を未来形にする。　(2)「いくつの言語」How many languages を主語として、「使われている」という受動態を述語動詞として続ける。「使われる」を「話される」と考えてもよい。　(3)「〜の修得が苦手だ」は「〜を修得することが得意ではない」と考える。また、often の位置(be動詞の後、一般動詞の前)にも注意する。　(4)always, sometimes の位置に注意する。また、「〜で混雑している」というときには be crowded with 〜 を用いることも併せて覚えておこう。

(5)(6)「〜に話しかける」は speak to 〜 なので、これを受動態にして用いる⇒「…に話しかけられる」< be spoken to by...> また、in English を入れる位置に注意する。

29 | 現在完了 (1)

▶ **198**

(1) **driven**

(2) **risen**

(3) **have known**

(4) **been**

(5) **told**

(6) **have lived, have taught[have been teaching]**

(7) **have been**

(8) **has been raining[has rained]**

【解説】 (1)Have 〜 となっているので、現在完了の疑問文と考え、過去分詞にする。　(2)「ガソリンの価格はこの2か月で急激に上昇しています」　(6)それぞれ for 15 years, for most of the time と期間を表す語があるので、現在完了の継続用法を用いる。　(7)「私たちは1987年以来ずっと東京にいます」　(8)「私は雨に飽き飽きしています。この前の日曜日からずっと雨が降っています」

トップコーチ

● 現在完了の形

「過去のある一時点から始まった動作や状態が、ずっと途切れることなく続いて今に至る」ということを表す時制を現在完了と呼び、<主語＋have[has]＋過去分詞＋ . >で表す。

現在完了には4つの用法(訳し方)があり、各用法に特有なキーワードで判別する。

● 現在完了を表すキーワード

① 継続「(ずっと)〜している」

for 〜「〜の間」　　　　　　　【文末】

since 〜「〜以来」　　　　　　【文末】

How long 〜 ?「どのくらいの間〜」【文頭】

② 経験「〜したことがある」

ever「今までに」　　　　【過去分詞の前】

never「1度も〜ない」　　【過去分詞の前】

　※経験用法を否定文にするときには、not よりも never が好んで用いられる。

often「しばしば」　　　　【過去分詞の前】

once「かつて」　　　　　【過去分詞の前】

　　「1度、1回」　　　　　　　【文末】

　※once は置かれる位置によって意味が異なることに注意する。

twice「2度、2回」　　　　　　【文末】

〜 times「〜度、〜回」　　　　【文末】

　※3回以上は〜 times を用いる。「数回、何度か」several times、「何度も」many times も覚えておこう。

before「以前」　　　　　　　　【文末】

How many times 〜 ?「何回〜」【文頭】

How often 〜 ?「何回〜」　　【文頭】

　※How many times と How often は同じ意味。

③ 完了「〜してしまった」「〜したところだ」

just「ちょうど」　　　　【過去分詞の前】

already「(肯定文で)もう、すでに」

　　　　　　　　　　　【過去分詞の前】

yet「(疑問文で)もう」「すでに」【文末】

「(否定文で)まだ」　　　　　【文末】

※肯定文でalready⇔疑問文・否定文
でyetとする。

now「今」　　　　　　　　　【文末】

④ 結果「～してしまった(だからその結果…)」

have gone to ～「～に行ってしまった
(その結果，今ここにいない)」

have lost ～「～をなくしてしまった(そ
の結果，今持っていない)」

have become ～「～になった(だから
今も～だ)」

have come ～「(季節など)が来た(だ
から今も～だ)」

※【 】はその語を置く位置を表す。
キーワードを覚えれば用法判別がで
きるので，必ずすべて覚えておこう！

▶ **199**

⑴ I have been to Alaska many
times.

⑵ He has never talked with a
foreigner.

⑶ How long has Ken lived in
New York?

⑷ How many times[How
often] have you been to
America?

⑸ It has been cold since
yesterday.

⑹ I have not[haven't] seen you
for[in] five years.

解説 ⑴have gone toとしたいところだが，
「～に行ってしまった(だからここにいな
い)」という意味になり不適当。many
timesは経験用法のキーワードなので，「～
に行ったことがある」have been toを用い
る。　⑵「1度話したことがある」を否定文

にすると「1度も話したことがない」となる
ので，neverを用いる。　⑶下線部は期間
なのでHow longにかえ⇒文頭に出し⇒
残った所を疑問文にする。　⑷下線部は回
数なのでHow many times またはHow
oftenにかえ⇒文頭に出し⇒残った所を疑
問文にする。Iをyouにかえることを忘れず
に。　⑸「昨日は寒かった，そして今もまだ
寒い」⇒「昨日からずっと寒い」という現在
完了の文にする。　⑹「私があなたに最後に
会って以来，5年です」⇒「私は5年間あなた
に会っていない」と考える。

▶ **200**

⑴ エ	⑵ エ	⑶ イ
⑷ イ	⑸ ウ	⑹ イ
⑺ ウ	⑻ エ	⑼ エ
⑽ イ	⑾ ア	⑿ エ

解説 ⑴for a year「1年間」とあるので，
「ずっと死んだ状態である」と考えてエを選
ぶ。「私のネコは1年間死んだ状態だ⇒1年
前に死んだ」また，is dyingは「瀕死である，
死にそうだ」という意味になる。　⑵「あな
たはどのくらいの間ニューヨークに住んで
いますか」　⑶fromとしそうだが，「先週
の日曜日以来」だからsinceを用いる。
⑷for ten yearsがあるので現在完了にす
る。　⑸No, I haven't. と答えてもよいが，
特に完了用法の疑問文に対してNoで答え
るときは，No, not yet.「いいえ，まだです」
を用いることもできる。　⑹「私が日本に来
て以来」だからsinceを用いる。　⑺He's
= He has⇒現在完了の文のときだけ，
haveは-'ve，hasは-'sと短縮することが
できる。　⑻since ～があるので現在完了
の継続用法にする。イとウは「～に行ったこ
とがある」と経験を表すので不可。よって正
解はエになる。「ホームズ氏は昨年からずっ
とロンドンにいます」　⑼visitはtoなどの

前置詞を用いずに，直後に目的語がくる。(10)last eveningだから過去形を用いる。「私は昨晩，何も食べませんでしたが，今あまりお腹が減っていません」※not so ...「あまり…ない」 (12)since last monthがあることから，There be ～の文を現在完了の継続用法にする。主語のa lot of rainは3人称単数であるからエを選ぶ。

> 「…して～年になる」という文は下の形を応用する。
> 現在：It is[has been] ten years since my father died[since my father's death].
> 　　「父が死んで10年になる」
> 過去：My father died ten years ago.
> 　　「父は10年前に死んだ」
> 現在完了：My father has been dead for ten years.
> 　　「父は10年間死んだ状態だ」
> 現在完了：Ten years have passed since my father died[since my father's death].
> 　　「父が死んで以来10年が過ぎた」

▶ **201**
- (1) **first**
- (2) **have, been, good**
- (3) **been, since**
- (4) **haven't, seen**
- (5) **since**
- (6) **have, broken**
- (7) **no, rain**
- (8) **We, had**
- (9) **has, been**
- (10) **has, been, since**

解説 (1)「私はその国に以前に1度も訪れたことがありません」⇒「これが私のその国への最初の訪問になるでしょう」と考える。

(2)「子どものころからずっとスキーが上手です」と考え，be good at -ingを現在完了にする。(3)「私は昨日病気にかかり，まだベッドに（で寝て）いる」⇒「私は昨日からずっと具合が悪い」と考え，「具合が悪い」be sickを現在完了の継続用法で表す。sinceとforの使い分けに気をつけよう。(4)It's a long time since ～「～して長い時間がたつ」だから，「私は長い間，兄に会っていない」と考える。(5)「祖父が死んで10年が過ぎた」と考える。(6)結果用法「私は脚を骨折してしまった（だから今歩けない）」となる。(7)(8)It snows[rains] a lot.⇒We have a lot of snow[rain].の書きかえを参考にし，それぞれを現在完了にすればよい。(9)現在完了を受動態にした場合，＜have[has] been＋過去分詞＞になる。(10)「今もまだ雨が降っている」のrainは動作動詞なので，現在完了進行形＜have[has] been -ing＞にする。

> **トップコーチ**
> ● 現在完了進行形＜have[has] been -ing＞
> ① 「ずっと～している」が状態動詞の場合
> ⇒現在完了形（継続）：過去に始まった状態の継続を表す。
> ② 「ずっと～している」が動作動詞の場合
> ⇒現在完了進行形：過去に始まった動作の継続を表す。

▶ **202**
- (1) **We have known each other for a long** (time).
- (2) (This is) **the best cheese I have ever had.**
- (3) **I have never seen such a long bridge as this.**

(4) **Five years have passed since I saw you** (last).

(5) (Has he) **told you this building was built** (in only a day)?

(6) (How) **many times has Ben read the book?**

(7) (As I) **have never met him, I cannot tell you what he is like.**

(8) **Have you made up your mind to go** (camping)?

解説 (1)「私たちは長い間お互いに知っている」と考える。 (2)「これは，私が今までに食べた最もおいしいチーズです」と考える。cheeseとIの間に関係代名詞thatが省略されている。また，この文は，I have never had such (a) good cheese. に書きかえられる。 (3)as this はなくても文意は通じる。**such A as B [A (,) such as B]**「(たとえば)Bのような A」，**such A as to ～**「～するような A」という表現も覚えておこう。 (4)「私があなたに最後に会って以来，5年が過ぎた」と考える。 (5)Has he ～? から，現在完了の文であることがわかる。＜tell＋人＋(that) ～＞「～を(人)に言う」この文では接続詞のthatが省略されている。 (6)「何 回 ～」＜How many times[How often]＋疑問文＞で表す。 (7)「どんな人かわかりません」⇒「私は，彼がどのようであるか，言うことができない」と考え，「どんな人か[彼がどのようであるか]」は間接疑問what he is likeで表す。 (8)「あなたはキャンプに行く決心をしましたか」という文を作る。「～する決心をする」make up one's mindという語句を用い，haveとmadeが与えられて文末が?であることから，現在完了の疑問文にすることがわかる。

▶**203**

(1) **I haven't heard from[have heard nothing from] my cousin since he[she] graduated from[finished] high school.**

(2) **He said (that) he would come in time for[wouldn't be late for] the meeting, but he hasn't come yet.**

(3) **I hear (that) one third of them have never climbed the mountain.**

(4) **Two years have passed[It is[has been] two years] since I came to this city, and I have stayed with my aunt since then.**

(5) **I have been learning English for three years[Three years have passed since I began to learn English], but I cannot [can't] make myself understood in English.**

解説 (1)「～を卒業する」graduate from ～，または「～を終える」と考えてfinish ～とする。 (2)He says (that) he will come in time for the meeting.を元にして考えるとよい。 (3)「(うわさでは)～だそうだ」I hear (that) ～で表す。 (5)「3年間ずっと英語を学んでいる」と考えるが，learnは動作動詞なので現在完了進行形を用いる。

トップコーチ
●分数の表し方
分数は，分子を基数，分母を序数にして，

＜基数＋序数＞の順に表す。分子が2以上ならば，序数に複数を表すsをつける。

$\frac{1}{2}$	a half
$1\frac{1}{2}$	one and a half
$\frac{1}{3}$	one third
$\frac{2}{3}$	two thirds
$\frac{1}{4}$	a quarter
$\frac{3}{4}$	three quarters
$\frac{1}{5}$	one fifth
$\frac{2}{5}$	two fifths

30 現在完了 (2)

▶**204**

(1) ア　　　(2) イ　　　(3) エ
(4) ウ　　　(5) ア

解説 (1)agoは過去を表す言葉なので，動詞には過去形を用いる。　(2)イは「いいえ，でも（ヨーロッパを）訪れたいと思っています」という意味で，travel to Europeが省略されている。　(3)「〜したことがある」という経験を表すには，現在完了を用いる。agoのように過去の一時点を表す語がある場合には，現在完了を用いることはできない。　(4)アとイはhas＋過去形(went)になっており，ありえない形。「昼食に出かける」はgo out for lunchで表す。「ちょうど今」はjust nowだが，これは過去を表す言葉なのでHelen went out for lunch. とすれば正しい文になる。日本文に惑わされないようにしよう。　(5)「〜して（時間）がたつ」は＜時間＋have passed since 〜＞または＜It is＋時間＋since 〜＞などで表す。

▶**205**

(1) エ

(2) ウ
(3) ア

解説 キーワードで用法を判別する。(1)for 〜：継続　アyet：完了　イhas gone to：結果　ウnever：経験　エHow long：継続
(2)before：経験　アjust：完了　イsince 〜：継続　ウnever：経験　エhas lost：結果
(3)many times：経験
ア often：経験　イjust：完了
ウthese ten years「この10年間」：継続
エhas gone to：結果

▶**206**

ウ

解説 ア for 〜：継続　イHow long：継続
ウbefore：経験　エsince 〜：継続

▶**207**

(1) I **took** this picture last summer.
(2) Ten years have passed since he **left** this town.
(3) **I broke** the window when I was playing with my friends.
(4) When **did you go to** New Zealand? [When **will you go to** New Zealand?]
(5) I haven't finished doing my homework **yet.**

解説 (1)last summerは過去を表す言葉。
(2)＜since＋過去を表す語＞とする。
(3)when以下は過去を表している。
(4)When 〜？の中では現在完了は用いることができないので，過去形または未来形とする。　(5)alreadyは肯定文のみで用いる。否定文だからyetを文末に用いる。

トップコーチ

● gone と been
・have[has] gone to ～
結果「～に行ってしまった（だから今ここにいない）」※主語は3人称のみ
He has gone to Canada.
「彼はカナダに行ってしまった」

・have [has] been to ～
経験「～に行ったことがある」
I have been to Canada.
「私はカナダに行ったことがある」
完了「～に行ってきたところだ」
She has been to the dentist's.
「彼女は歯医者に行ってきたところだ」

・have [has] been in ～
経験「～にいたことがある」
Have you ever been in Egypt?
「あなたはエジプトにいたことがあるのですか」
継続「(ずっと)～にいる」
How long have you been in London?
「ロンドンにはどのくらい（住んで）いるのですか」

は長い間私に手紙を書いていない」⇒「私は長い間彼から便りがない」 (4)「彼女は郵便局に行って，ちょうど帰って来た」⇒「彼女は郵便局に行って来たところだ」と考え，have [has] been to ～「～に行って来たところだ（完了用法）」を用いる。同じ形で「～に行ったことがある（経験用法）」の意味もある。 (5)「彼女はロンドンに行って，今ここにいない」のだから，「～に行ってしまった（その結果，今ここにいない）」を表すhave gone to ～ '現在完了の結果用法'を用いる。 (6)「私があなたに最後に会って以来長い時間がたつ」と考える。since ～はこのようにIt is + (時間) の文にも用いられる。isはIt has beenとしてもよい。 (7)「初めてのニューヨーク訪問」⇒「今まで1度もニューヨークに行ったことがない」と考え，現在完了の経験用法を用いる。「～に行ったことがある」have[has] been to ～
(8)「私の祖父は5年間ずっと死んでいます（ずっと死んだ状態です）」と考える。
(9)experience「経験」だから，「私は外国に行った経験がない」⇒「私は1度も外国へ行ったことがない」と考える。**abroad**には**to**が不要であることも覚えておこう。

▶**208**

(1) **since, known**
(2) **have, lived[been], for**
(3) **heard, from**
(4) **has, been**
(5) **has, gone**
(6) **since**
(7) **have, never, been**
(8) **has, been, dead**
(9) **have, never, been**

解説 (1)「彼が最初に彼女に会って以来2年です」⇒「彼は2年間ずっと彼女を知っている」 (2)「5年間ずっと神戸に住んでいる」 (3)「彼

▶**209**

エ

全訳

フレッド：アキコ，あなたはその本を読み終えてしまいましたか。
アキコ：いいえ，まだです。フレッド，あなたはどうですか。
フレッド：はい，読み終えました。それはとてもおもしろかったですよ。
アキコ：私もそう思います。私はそれを楽しんでいます。
ア　アキコはちょうどその本を読んだところです。
イ　フレッドはまだその本を読んでいます。

76 —— **210～212**（本冊*p.121*～*p.122*）

ウ　フレッドは1度もその本を読んだことが
　ありません。

エ　アキコはまだその本を読んでいます。

▶**210**

(1) **His words have made me happy.**

(2) (You've) **grown so much since I saw you** (last).
　[long が不要]

(3) **How long has Tom been interested in studying** (Japanese history)?
　[interesting が不要]

(4) **What has brought you here** (so early in the morning)?

(5) **We have heard nothing from Mr. Tanaka for the last five years.**

(6) (How) **many months have passed since you moved** (to Nagoya)?

(7) **What kinds of books did you read** (when you were little)? [have が不要]

(8) (More) **than 300 years have passed since that temple was built.**

解説　(1)「彼の言葉が私を幸福にした」と考える。　(2)「しばらく見ないうちに」は「私があなたに最後に会って以来」と考える。long が不要。　(3)「いつから」は「どのくらいの間」と考える。interesting が不要。　(4)brought と what があることから，「何があなたをここに連れて来たのですか」と読みかえて，what を主語にした現在完了の文を作ればよい。　(5)「この5年間」for the last

five years と期間を表す言葉があるので，現在完了の継続用法を用いる。「～から何の便りもない」は，hear from ～「～から便りがある」をもとにして，hear nothing from ～と表す。　(6)「あなたが名古屋へ引っ越して以来，何か月が過ぎましたか」と考える。How many months が主語。
(7)「どんな本」⇒「どんな種類の本」と考え，what kinds of ～ を用いる。when you were little という"過去の一点"を表す副詞節があるので，現在完了を用いず，過去形を用いる。have が不要。　(8)「あの寺が建てられて以来，300年以上がたった」と考える。

▶**211**

(1) **I'm very hungry because I haven't eaten anything[have eaten nothing] since yesterday.**

(2) **I have played the piano since I was a child.**

(3) **How many times have you been to Okinawa?**

(4) **How long have you known him?**

解説　(1)否定文なので not anything または nothing とする。また，eaten は had でもよい。　(3)「～に行ったことがある」は go を現在完了にするのではなく，have been to ～を用いる。「何回」は How many times とし，その後に現在完了の疑問文を続ける。(4)「あなたは彼をどれくらいの間知っていますか」と考える。

31 | 現在完了進行形

▶**212**

(1)　エ　　(2)　ア　　(3)　エ

(4) エ　　(5) イ　　(6) エ

解説 (1)「今朝から6時間ずっと～」ということなので，「(今まで) ずっと～し続けている」と動作の継続を表す現在完了進行形＜have been＋-ing＞。　(2)usually「たいてい」とあるので現在の習慣を表す現在形。
(3)「1998年から (ずっと) 学んでいる」ということ。　(4)「帰って来てから4時間ずっと～」から，has been watching。　(5)「子どものとき」という過去のことなので過去形。
(6)「彼は最近たくさん読書をしている」

▶**213**
(1) haven't eaten
(2) have known
(3) has been sleeping
(4) bought
(5) has been doing

解説 (1)「朝食から食べていない」　(2)「2010年から互いを知っている」　(3)「6時間ずっと寝ている」　(4)「昨日買った」　(5)all morningは「午前中ずっと」ということなので，現在完了進行形にする。

▶**214**
(1) have, been, waiting
(2) have, been, looking, for
(3) has, been, thinking, since
(4) has, been, learning[studying]
(5) have, been, studying, for
(6) has, been, playing

解説 (1)「～を待つ」wait for ～　(2)「～を探す」look for ～　(3)主語はKenという3人称単数なのでhasとする。　(4)疑問文なのでhasを主語の前に出す。

▶**215**
(1) ア　　(2) ウ

解説 (1)「5年間 (ずっと) 住んでいる」ということなので，現在完了進行形＜have been＋-ing＞で表す。I've は I haveの短縮形。
(2)「最近よく行っている」という継続して行っていることなので，ウ。

▶**216**
(1) I have been studying[I have studied] English for five years, but I'm not good at speaking it.
(2) I decided to stay home because it has been raining hard since this morning. / Because it has been raining hard since this morning, I decided to stay home.

解説 (1)「勉強し始めてから5年」⇒「5年間ずっと勉強している」と考える。　(2)「今朝からずっと雨が降っている」は主語に天候を表すitを用いて，it has been rainingとする。

32 some, any, one

▶**217**
(1) ア　　　(2) ウ　　　(3) イ
(4) エ　　　(5) ウ　　　(6) イ
(7) イ

解説 (1)「コーヒーをもう少しいかがですか」⇒人に物を勧めたり，相手の肯定の返事を期待したりする疑問文では，疑問文であってもsomeを用いる。　(2)「ワインをもう1杯いかがですか」⇒「もう1つ別の」を表すときはanotherを用いる。　(3)「2匹いて，一方がピンクで残りの1匹が白黒のぶち」であり，残りの1匹を特定するのでthe other

を選ぶ。不特定の1匹ならanother，複数いて残りの全部であれば，the othersを用いる。 (4)「私には3人子どもがいて，1人は日本に，その他は海外にいます」(3つ・3人以上あるうちの)「1つは〜，その他(残り全部)は…」one 〜 , the others ... (5)物がいくつかある中から1つを取り，「さらにもう1つの(もの)」，「別の(もの)」と言う場合にはanotherを用いる。「私はこのシャツが気に入りません。別のを見せてください」 (6)「(私の)財布を紛失したので，(新しい)財布(= a purse)を買わねばならない。a purseを不定代名詞のoneで表す。(7)「彼女がかわいい時計をくれたが，その時計(the watch)をなくした」のだから，特定のものを指すitを用いる。

トップコーチ
●不定代名詞
特定の人や物を具体的に指し示すのではなく，不特定の人や物・数量などを指すために用いる代名詞を不定代名詞と呼ぶ。

・one
① すでに出た名詞と同種のものだが不特定のものを指す場合，つまり<a[an]＋単数名詞>の代わりにoneを用いる。⇒<the＋単数名詞>はitになる。
② a new one や some old ones のように，oneには冠詞や形容詞のような修飾語句をつけたり，複数形のonesを用いたりすることもできる。

・other
① 何かについて述べた後に，「それ以外の」という意味で用いる代名詞。
② 単数のものを指している場合にはanother「もう1つ別の」になる。
③ 複数のものを指す場合にはothersとなる。「それ以外のすべて」「残り全部」

を指す場合には**the others**となる。
※ **one 〜 , the other ...** (2者で)
「一方は〜，他方は…」
one 〜, the others ... (3者以上で)
「1つ[人]は〜，残りは…」

・some
① 数えられない名詞に関しては「いくらか」(単数扱い)，数えられる名詞に関しては「いくつか」(複数扱い)の意味で，漠然とした数・量を表し，肯定文で用いられる。
② 疑問文・否定文ではanyを用いるが，anyを肯定文で用いると「どれでも，何でも」という意味になる。また，not＋any＝noとなる。
③ 人に物を勧めたり，相手の肯定の返事を期待したりする疑問文ではsomeを用いる。
※ **some 〜 , others ...**「〜する者もいれば，…する者もいる」

・both, either, neither
① **both**：2つ・2人について「両方とも」
② **either**：2つ・2人について「どちらか一方」
③ **neither**：2つ・2人について「どちらも〜ない」⇒not either = neither

・all, none
① **all**：3つ・3人以上について「すべて〜」
② **none**：3つ・3人以上について「どれも[だれも] 〜ない」

・every, each
① **every**：「すべての〜」<every＋単数名詞>の形で用いる。
② **each**：「それぞれ」<each of the ＋複数名詞>，<each＋単数名詞>などの形で用いる。

③ ＜every + 単数名詞＞，＜each + 単
数名詞＞や代名詞のeachは単数扱い
する。

④ eachは2者間でも3者以上の間でも用
いられるが，everyは3者以上の間で
しか用いられない。

▶ **218**

(1) **had, no**

(2) **another**

(3) **Some, others**

(4) **eat, anything**

(5) **Leave, nothing**

(6) **different, from**

解説 (1)not + any = noとする。
(2)**one more = another**「もう1つ～」と
する。 (3)**not all**「すべてが～というわけ
ではない」「～とは限らない」（部分否定）だ
から，「彼らのうちの全員がその本に興味が
あったというわけではありません」⇒some
～ others ...「その本に興味を持った者もい
れば，持たない者もいました」と考える。
(5)not ～ anythingはnothingで表せる。
leave nothing「何も残さない」 (6)「知るこ
とは1つのことで，教えることはまた別の
ことです」⇒「知ることと教えることは別
（物）です」⇒「知ることは教えることとは異
なる」と考える。
※A is one thing and B is another.
「AとBは別（物）です」

▶ **219**

(1) **the, others**　　(2) **not, any**

(3) **any**　　　　　(4) **each**

(5) **any**　　　　　(6) **another**

解説 (1)6匹いて，残り全部（つまり5匹）だ
からthe othersとする。 (2)(3)「1つ・1人
も～ない」no ～ = not any ～ (4)「ひとり

ひとりに」だから「それぞれ」と考え，each
を用いる。 (5)「これ以上～ない」はnot ～
any moreで表す。 (6)「別の（1つの）もの」
だからanotherを用いる。

▶ **220**

(1) **We should help each other.**

(2) **I'm looking forward to
studying** abroad**, but** on **the
other hand I'm worried about
my** (future)**.**

(3) (As) **all of us enjoyed
ourselves at the concert, we
hope you'll invite us to**
another **event.**

解説 (1)「（2者間で）お互いに」each other，
「（3者以上の間で）お互いに」one another
(2)look forward to -ingで「～することを
楽しみにする」を表す。「留学する」study
abroad，「一方で，それに反して」on the
other hand (3)ここのasは理由を表す接
続詞でbecauseやsinceと同じく「～なの
で」を表す。enjoy oneselfで「楽しく過ご
す」（= have a good time）だが，ここでは
主語が1人称複数なのでourselvesとする。
「（もう1つ）別の～」another ～。＜invite
+ 人 + to ～＞「人を～に招待する」

33 数量の表し方

▶ **221**

(1) エ　　　　　(2) イ

(3) イ　　　　　(4) イ

(5) イ　　　　　(6) エ

(7) ウ　　　　　(8) エ

(9) ア，ウ　　　(10) ウ

(11) ア　　　　　(12) ア

(13) ア　　　　(14) エ

(15) ア　　　　(16) ウ

(17) イ　　　　(18) ア

解説 (1)sugarは不可算名詞だからア・イは不適当。「コーヒーに砂糖をいくらかいかがですか」の意味で，相手に物を勧める文なので，疑問文でもsomeを使う。また，few sugarだとWould you likeにそぐわない。(2)moneyは不可算名詞。「私はほとんどお金がないので，それを買えません」の意味になるのでlittleを用いる。(3)booksは可算名詞の複数形だからウ・エは不適当。肯定文でanyを使うと「どれでも」の意味になり不適当。「その少年はかばんにほとんど本が入っていません」(4)「ついに空が暗くなって，星がいくつか現れました」(5)timeは不可算名詞で「朝食を食べる時間がほとんどありません」となるのでlittleを用いる。(6)milkは不可算名詞で「はい，少しだけあります」だからa littleを用いる。littleは否定語なのでYes, には使えない。(7)homeworkは不可算名詞で複数形にできない。(8)a few people「何人か」(複数)が主語なのでareを用いる。(9)areを用いていることから，オを消去。anyを肯定文で用いると「何でも」という意味になるので文意が取れない。また，There be 〜の文の主語に特定のものは使えないので，エが消える(⇒My oranges are in the basket. とする)。noの後には単数・複数いずれも用いられる。(10)snowは不可算名詞だからア・エは不適当。a lotは「たくさん」という意味の副詞だから，名詞のsnowを修飾することはできない。(It snowed a lot last winter.であれば，動詞のsnowを修飾することになるので可。もしくはWe had a lot of snow last winter.であれば可)(11)bootsは2足で1組だからpairとする。a new pair of bootsが省略しない言い方。(12)workは不可算名詞。(13)「彼は

とても注意深かったので，ほとんどミスをしなかった」mistakesと複数形になっているのでfewを用いる。(14)「多くの〜」の意味を表すa great number of 〜の後にくる名詞は可算名詞。(15)「急がなければならない」のだから「ほとんど時間が残されていない」と考え，timeは不可算名詞なのでlittleを選ぶ。(16)almost all 〜「ほとんどすべての〜」で，ア・イ・エの形はない。(17)informationは不可算名詞だからア・ウ・エは不適当。lots of の後には可算名詞の複数形・不可算名詞のいずれも用いることができる。(18)booksは可算名詞の複数形。<quite a few＋可算名詞の複数形>「かなり多くの〜」

トップコーチ

● **数量形容詞**

「多い」「少ない」といった数量を表す形容詞を数量形容詞と呼び，その後に数えられる名詞[可算名詞]の複数形がくるもの，数えられない名詞[不可算名詞]がくるもの，どちらでも使えるものがあるので注意する。

「たくさんの，多くの〜」

<many＋可算名詞の複数形>

<much＋不可算名詞>

<a lot of[lots of]＋可算名詞と不可算名詞のいずれも可>

<a (great[large]) number of＋可算名詞の複数形>

<a (great[good]) deal of＋不可算名詞>

<a large amount of＋不可算名詞>

※the number of 〜「〜の数」

「少しの」「いくつかの〜」(肯定的表現)

<a few＋可算名詞の複数形>

<a little＋不可算名詞>

「ほとんど［少ししか］〜ない」（否定的表現）　※notを使わない否定表現。
＜few＋可算名詞の複数形＞
＜little＋不可算名詞＞

quite a few［little］「かなり多くの数［量］の」
only a few［little］「ほんのわずかの」
not a few［little］「少なくない数［量］の，少なからず，結構たくさんの」
⇒いずれもfewとlittleの使い分けをすること。

▶222
イ

解説　a pair of glasses「1組のめがね」とする。glassは単数だと「ガラス，グラス」を表すが，複数だと「めがね」を表す。めがねは同種の2つのレンズからなる切り離せないものだから，必ずglassesと複数形で用い，a pair of，two pairs ofで数える。同様に複数形にするものにshoes「くつ」，boots「ブーツ」，gloves「手袋」，scissors「はさみ」，trousers「ズボン」，binoculars「双眼鏡」などがある。

▶223
(1) **piece**　　(2) **cups**
(3) **cup**　　(4) **glass**
(5) **sheets**

トップコーチ
●物質名詞の数え方
決まった形を持たない「物質」を表す名詞を物質名詞と呼ぶ。金属・液体・気体・材料などがそれに該当し，不可算名詞である。数える必要がある場合は，それぞれの物質名詞に合った，形・容器・単位を使って数える。複数の場合は，物質名

詞ではなく，形・容器・単位を複数形（-s［es］）にする。

① 形で数える
a piece of paper[chalk, bread, wood]「紙[チョーク，パン，木]1片，切れ」
two sheets of paper「紙2枚」
a slice of bread[meat]「パン[肉]1枚」
a loaf of bread「パン1個[斤]」
a cake of soap「せっけん1個」
two pairs of scissors[glasses]「はさみ2丁[めがね2つ]」
three lumps of sugar「角砂糖3個」

② 容器で数える
a cup of coffee「コーヒー1杯」（熱いもの）
two glasses of water「水2杯」（冷たいもの）
three bottles of wine「ワイン3本」

③ 単位で数える
a pound of butter「バター1ポンド」
two spoonfuls of sugar「砂糖2さじ」
three liters of juice「ジュース3リットル」

▶224
(1) **pieces, pair**　(2) **bottles**
(3) **lumps**　　(4) **spoonful**
(5) **cup**　　(6) **cake**
(7) **slice**

解説　物質名詞を見て，何を使って数えるか，単数か複数かを検討すること。

▶225
(1) **children→child**
(2) **many→much**

(3) **many → much**

解説 (1)「私の家族のそれぞれの子どもは，元日にお年玉としていくらかのお金を与えられます」⇒＜every＋単数名詞＞とする。＜every＋単数名詞＞は単数扱いなので，述語動詞がwasになっていることにも注意。(2)「去年はたくさんの雪が降りました」snowは不可算名詞。 (3)「今日，私たちは昨日したほどたくさんの宿題はありません」⇒not so[as] ～ as ...「…ほど～ない」で，homeworkは不可算名詞。

▶**226**

(1) **Few, students**
(2) **two, glasses, of**
(3) **nothing[little]**
(4) **in, a, few, minutes**

解説 (1)「ほとんど～ない」はfewまたはlittleだが，studentsが可算名詞なのでfewを用いる。 (2)「コップ」はglass。またmilkは冷たいものなのでglass ofで数える。 (3)「世間知らず」⇒「世の中について何も知らない[ほとんど知らない]」と考える。 (4)「数分」a few minutesを用いる。「(制限時間)～で」はin ～とする。

▶**227**

(1) **He has little time to sleep every day.**
(2) (Tom) **had few friends to play with.**
(3) (We) **have had little rain for more than four months.**
(4) (He) **had few friends and little** (money in his school days).
(5) **How many cups of water do you need** (to cook this dish)?

(6) **There is little water in the lake.**

解説 (1)「時間がほとんどない」はlittle timeとする。「時間が（全く）ない」ならno timeになる。 (2)「友だちがほとんどいない」はfew friendsとする。 (3)「～以上もの間」for more than ～ (4)friendsは可算名詞の複数形，moneyは不可算名詞なので，few friendsとlittle moneyの形を作る。 (5)「どれくらいの水」ならばHow much waterだが，「何杯の水」はHow many cups of waterとする。 (6)There is ～の文にする。waterは不可算名詞なので，little waterの形を作る。

▶**228**

(1) **There is a little water in the pond.**
(2) **He bought a few apples and a piece[slice] of bread.**
(3) **Few students were late for school yesterday.**

解説 (1)waterが不可算名詞で，「少しある」のだからa little を用いる。 (2)「リンゴを数個」はseveral applesとしてもよい。※severalは「2よりも多くmanyよりも少ない」という意味で，manyと同じく漠然とした数を表す。a fewは相対的に「少ない」という意味。 (3)「ほとんどの生徒が昨日学校に遅れませんでした」と考え，「ほとんどの生徒が～ない」だからFew studentsを主語とする。notを用いずに否定文になることにも注意する。

34 副 詞

▶**229**

(1) イ　　(2) ウ　　(3) ア

解説 (1)「この本はとてもおもしろいので，良く売れています」⇒well「良く，上手に」，good「良い，上手な」　(2)「これはとても賢いネコです」⇒very「とても」　(3)彼は決して彼女のことを忘れないだろう」⇒never「決して〜ない」

トップコーチ

● 形容詞と副詞

形容詞

① 名詞を修飾する（限定用法）

　※形容詞が1語で名詞を修飾する場合，名詞の前に置く（前置修飾）。

　※形容詞が2語以上のかたまり［形容詞句・節］で名詞を修飾する場合，名詞の後に置く（後置修飾）。-thingを修飾する形容詞は1語でも -thingの後に置く。

② 補語（C）になり，主語を説明する（叙述用法）。

副詞

① 動詞・助動詞・形容詞・副詞・文全体を修飾する。

② 副詞は文の要素にはならない。

▶**230**

(1) **easily**

(2) **abroad**

(3) **drives, carefully**

(4) **always**

(5) **too, late**

解説 (1)「この本は読むには簡単です」⇒「私たちはこの本を簡単に読めます」と考え，副詞のeasilyを用いる。　(2)「私の兄［弟］は外国に行きたがっている」⇒「外国に」はto a foreign country[foreign countries]または，abroadで表す。abroadは副詞であるから，その前に前置詞を用いない。　(3)「ホワイトさんは注意深い運転手です」⇒「ホワイトさんは注意深く運転します」と考え，副詞のcarefullyを用いる。　(4)「彼女はたいてい忙しいですが，時々暇です」⇒「彼女はいつも忙しいというわけではありません」と考え，**not always 〜**「いつも〜とは限らない」（部分否定）を用いる。　(5)「あなたのレポートを遅れずに先生に渡しなさい」=「あなたは遅すぎる（ようになる）前にあなたのレポートを先生に渡さねばならない」と考え，in time「遅れずに」をtoo late「遅すぎる，間に合わないで」を用いた表現にする。

部分否定

not every 〜
「全部が〜というわけではない」
not all 〜「全部が〜というわけではない」
not always 〜「いつも〜とは限らない」
not both 〜「両方が〜とは限らない」

▶**231**

(1) ア　　　(2) イ　　　(3) イ

(4) ア

解説 (1)一般動詞takesの前に置く。「彼はしばしば早朝に散歩します」　(2)be動詞isの後に置く。「私の父は毎週土曜日にはたいてい部屋にいます」　(3)<助動詞 + be動詞>ならその間に置く。「あなたはいつもみんなに親切にしなければなりません」　(4)一般動詞goesの前に置く。「彼は時々電車で通勤します」

トップコーチ

● 頻度を表す副詞

頻度100%　　always「いつも」
　　　　　　usually「たいてい」
　　　　　　often「しばしば」
　　　　　　frequently「ひんぱんに」
　　　　　　sometimes「時々」
　　　　　　occasionally「たまに」
　　　　　　rarely「めったに〜ない」
　　　　　　seldom「めったに〜ない」
頻度0%　　　never「決して〜ない」

通例be動詞や助動詞の直後，一般動詞の直前に置く。

※often，sometimesは文頭や文尾に置かれることもある。

※alwaysを進行形で用いると非難の意味が加わり，「いつも〜ばかりしている」という意味を表すことが多い。

(例) Tom is always complaining.
「トムはいつも不平ばかり言っています」

▶ **232**

(1) **late**　　　(2) **usually**
(3) **too**　　　(4) **always, early**
(5) **either**　　(6) **enough**

解説 (1)late「(時間が) 遅い」(形容詞)，「遅く」(副詞) ※latelyは「近ごろ，最近」(副詞) の意味。Have you seen him lately? (最近彼に会いましたか) (2)「たいてい」usuallyはbe動詞の後，一般動詞の前。(3)「〜すぎる」はtoo 〜で表す。「食べすぎる」eat too much (4)early「(時間が) 早い」(形容詞)，「早く」(副詞) (5)「〜も」を表すには，肯定文・疑問文なら，tooを文尾に用い，否定文なら，eitherを文尾に用いる。 (6)「あなたはワインを飲むには十分に年を取っていません」と考え，enough (副詞) が修飾するold (形容詞) の後に置く。

※ enough が副詞として形容詞や副詞を修飾する場合はその後に置く。

▶ **233**

(1) **I don't know her very well.**
(2) **This hat is too large for Mary.**
(3) (She) **has taken care of me like my own mother.**

解説 (1)not very 〜「あまり〜ない」 (2)「〜すぎる」too 〜 (3)「〜のように[な]」はlike 〜 で表す。「本当の母親」=「自分自身の母親」と考え，one's own 〜「…自身の〜」を用いる。

▶ **234**

(1) **My house is near the park, and my grandfather always takes a walk there.**
(2) **Can your cat catch a mouse[mice] quickly?**
(3) **We often went to the bank of the river to take a walk.**

解説 (1)alwaysは一般動詞の前に置く。「いつも散歩している」⇒「いつも "公園で" 散歩している」と考え，in the park ⇒ thereを忘れずにつけること。 (2)様態を表す副詞の位置は，動詞 (＋目的語) の後になる。様態を表す副詞には，well，fast，hard，quickly，carefullyなどがある。(3)oftenはwent (一般動詞) の前に置く。

| 第**4**回 | **実力テスト** |

1

(1) ア　　　(2) イ　　　(3) ○
(4) ×　　　(5) ウ

解説 (1)アのみ[iː], その他は[e], breathなら[e] (2)イのみ[dʒ], その他は発音しない (3)すべて[əːr] (4)ア[ʌ], イ[uː], ウ[u] (5)ウのみ[s], その他は[z], adviceなら[s]

2

(1) ウ　　(2) ウ　　(3) ア
(4) イ　　(5) ウ

解説
(1)　ア cál-en-dar　イ nú-cle-ar
　　ウ de-lí-cious　エ díf-fer-ent
(2)　ア con-tín-ue　イ ex-ám-ine
　　ウ in-tro-dúce　エ i-mág-ine
(3)　ア ad-více　イ dán-ger
　　ウ ór-ange　エ víl-lage
(4)　ア kan-ga-róo　イ mu-sé-um
　　ウ en-gi-néer　エ af-ter-nóon
(5)　ア per-cént　イ ca-réer
　　ウ més-sage　エ gui-tár

3

(1) イ　　(2) ウ

解説 (1)「何をする」かが聞かれているので, 答えの中心(travel「旅行する」)を強く読む。　(2)「東京または横浜」と聞いているのに対し, 「東京と横浜(の両方)」と答えているので, 前文と異なる部分であるandを強く読む。

4

(1) **Can Mt. Fuji be seen from here?**
(2) **When was your diary found by your mother?**
(3) **Did your brother break the computer?**
(4) **Will his grandmother take**

care of the baby?

解説　能動態の文中にある目的語は, 受動態の文にかえると主語になる。受動態の文中にある主語は, 能動態の文にかえると目的語になる。また, 疑問文・否定文は, まず肯定文にして考えるとよい。(1)We can see Mt. Fuji from here.⇒Mt. Fuji can be seen from here.⇒疑問文に ※by usは一般の人々だから省略する。　(2)Your mother found your diary.⇒Your diary was found by your mother.⇒疑問文にして, Whenの後に続ければよい。
(3)The computer was broken by your brother.⇒Your brother broke the computer.⇒疑問文に　(4)The baby will be taken care of by his grandmother.⇒His grandmother will take care of the baby.⇒疑問文に

5

(1) **We[They], sell**
(2) **mustn't, be, taken, out**
(3) **is, spoken**
(4) **By, whom, was, for**
(5) **has, been, dead**
(6) **Almost, everyone**
(7) **was, built, have, passed, was, built**

解説 (1)by 〜が省略されているので補わなければならない。this storeだから, これを発言している人の店と考え, by us の省略とするのが妥当。また, だれかと買いものに行って「この店ではパンが売っているよ」と考えれば, これを発言している人以外の店とも考えられるので, by themの省略と考えることもできる。　(2)助動詞の受動態<助動詞＋be＋過去分詞>とする。**take out 〜**「〜を持ち出す」　(3)「エジプトでは

何語が話されていますか」と考える。また，上の文で what language は目的語だから，受動態に書きかえると主語になり，その後に動詞が続く形になる。　(4)疑問詞 Who が主語となっている能動態を受動態にする際は，＜By whom＋受動態の疑問文 ～？＞または，＜Whom[Who]＋受動態の疑問文＋by？＞となる。　(5)「彼女のお父さんはどのくらいの間，死んだ状態ですか」と考える。※ have[has] died とすると「ずっと"死ぬ"と言う動作を続けている」となり不適。　(6)「2，3人の会員が欠席した」⇒「ほとんどすべての人が出席した」とする。その後が was になっていることにも注意。(7)「私たちの学校は100歳です」⇒「私たちの学校は100年前に建てられました」※ by them の省略⇒「私たちの学校が建てられてから，100年が過ぎました」と考えればよい。

6

(1) **Both English and French are taught at our school.**
(2) **There were no treasures in the box.**
(3) **I have been living in this house for 40 years.**

解説　(1)「AとBの両方とも」both A and B が主語。　(2)no ～「何も～ない」
(3)「40年間（ずっと）住んでいる」という動作の継続を表すので，現在完了進行形にする。

7

(1) **are, spoken, to**
(2) **was, blown, off**
(3) **have, been, in**
(4) **have, been, practicing**

解説　(1)「～に話しかける」speak to ～ を受

動態にすると，**be spoken to by ～**「～に話しかけられる」となり，ここでは by ～が省略されている。　(2)「～を吹き飛ばす」**blow off** ～ の受動態。　(3)「あなたはどのくらいの間，ずっと日本にいますか」と考える。「ずっと～にいる」have[has] been in ～　(4)「6時間（ずっと）練習している」ということなので，have been practicing と現在完了進行形を用いて表す。

8

(1) サオリは3年間その犬を飼っていて，たくさんのことを彼（その犬）に教えました。
(2) バレンタインデーには，愛に満ちた言葉がカードに書かれます。
(3) 当時，その川には生物が全く見られませんでした。
(4) ここ数日，大雪が降っています。

解説　(1)keep には「飼う」という意味がある。(2)full of ～「～に満ちた」　(3)living things「生物」　(4)for the past few days「ここ数日間」

9

(1) **My mother was pleased [satisfied] with my present [gift].**
(2) **This letter may be found by her some day.**
(3) **The old woman was almost hit by the car while she was crossing the street.**
(4) **Megumi hasn't called me since I saw her last.**
(5) **Though I have been in**

Japan for ten years[Though ten years have passed since I came to Japan / Though it is[has been] ten years since I came to Japan], I have never been to Hokkaido. [I have been in Japan for ten years, but I have never been to Hokkaido.]

(6) I have just been to Ueno Station to see my brother off.

(7) Tom has gone to France to study French.

(8) We can be happy only when we are healthy.

解説 (1)「～に満足する」be pleased [satisfied] with ～ (2)「この手紙」は「見つけられる」のだから受動態にする。(3)「通りを横断中に」⇒「通りを横切っている間に」と考え、while節を用いる。また、「車にはねられる」be hit by a carだが、この文の場合、ひきそうになった車は特定の1台だからtheを用いること。「もう少しで」は「ほとんど」almostと考える。 (4)「～と最後に会う」see ～ last (5)「日本に来て10年になる」は「10年間ずっと日本にいる」と考えればよい。また、「訪れたことがない」は経験を表す否定文だからneverを用いる。(6)「～を見送る」see ～ off、「～に行ってきたところだ」have[has] been to ～ (7)「～に行っています」ということは「今ここにいない」のだから、have[has] gone to ～を用いる。「勉強しに」は「勉強するために」と考え、不定詞の副詞的用法の目的を用いる。 (8)「～であってはじめて」は「～であるときのみ」と考え、only when ～を用いる。

10

問1 (1) 彼は1週間に5日半働きました。
(2) 彼はあまり多くの肉を1度に買おうとせず、追加を購入する前に売ろうとしていました。
(4) 彼はその日、残り（の肉）の全部を売り切ってしまっていました。

問2 a woman came into the shop at five minutes to one

問3 Do you have anything bigger? [Do you have a bigger one?]

問4 その女性に別の肉[大きいほうの肉]に取りかえたように思わせるため。

解説 問1(1)a weekのa[an] には「～につき」という意味がある。 (2)at a time「1度に」 (4)the othersは「残り全部」の意味。had soldはここでは完了用法。
問2 at ～ minute(s) to ...「…時～分前」

全訳 ジョー・ブラウンは肉屋でした。彼は1週間に5日半働きました。彼の店は水曜日だけ1時に閉店し、日曜日は閉まっていました。
　ジョーの店には大きな冷蔵庫がありましたが、彼はあまり多くの肉を1度に買おうとせず、追加を購入する前に売ろうとしていました。
　ある水曜日、ある女性が1時5分前に店にやって来ました。「ごめんなさい、遅くなりましたが、友だちの何人かがちょうど私に電話してきて、今夜の夕食にやって来るって言うんです。だから、お肉がいくらか必要なんです」と言いました。
　ジョーの店には良い肉が1枚しかありませんでした。彼はその日、残り全部を売り切ってしまっていました。彼はその1枚を取り出し、その女性に「12ドル50セントで

す」と言いました。「それは小さすぎるわ」その女性は答え，「もっと大きいのはありますか」と言いました。

　ジョーは店の裏の部屋に入って行き，冷蔵庫を開け，その1枚の肉を冷蔵庫に入れ，再びそれを取り出して大きな音をたてて冷蔵庫のドアを閉めました。それから彼はその肉を女性の所にまた持って行って，「この肉はもっと大きくて高価ですよ。15ドル75セントです」と言いました。

　「それでいいわ」その女性はほほえみながら「両方ともくださいな」と答えました。